Nati Rasch

Ragazza motorizzata

Auf einer halben Vespa
um ganz Italien

Prolog

Mein erstes Moped hieß Lotte. Als ich es von meinem Vater geschenkt bekam, war ich zehn Jahre alt. Das mag ungewöhnlich klingen, zumindest für Stadtmenschen, aber ein wahres Landei fährt früh - besonders wenn es mitten im Wald als Försters Tochter aufwächst und achtzig entlaufene Schafe einfangen muss!

Vater durfte ab Waldbrandstufe drei sein Dienstzimmer nicht verlassen, Mutter hatte seit ihrer verpatzten Motorradprüfung eine massive Zweiradphobie, und meine großen Schwestern studierten schon an der Uni. Übrig blieben eine „Schwalbe" fahrende Rotzgöre, eine verschwundene Schafherde und ein kaputter Zaun. Das war im Jahre 1989, in einem Land namens DDR, fernab des politischen Aufruhrs, unweit von Stralsund in der tiefsten pommerschen Provinz.

So oft es ging, traf ich mich mit den Jungs aus meiner Klasse zum „Crossen". So nannten wir es damals und fanden es saustark. Geräuschvoll bretterten wir durch Vaters matschiges Revier, fanden die desorientierten Tiere und trieben sie auf ihre Koppel zurück.

So gingen meine glücklichen Kindheitsjahre dahin, bis ich in der Pubertät das Interesse an Lotte verlor, und aus dem wilden Mädchen eine Gameboy spielende Plage mit schlechten Noten wurde. Als erzieherische Maßnahme schickte mich Mutti zur Kreismusikschule, wo ich etwas Sinnvolles tun und das Horn-Spiel erlernen sollte - wie es sich für ein ordentliches Försterskind gehört. Mein neues Hobby gefiel mir so gut, dass ich es später sogar zum Beruf machte und mir eine Festanstellung an einem mitteldeutschen Theater erspielte. Im Orchesteralltag hatte ich das Mopedfahren komplett vergessen - bis eine Kollegin ihren Roller zum Verkauf anbot. Es handelte sich um ein chinesisches Baumarkt-Modell namens „Capriolo", und nach einer kurzen Probefahrt war es wieder da – dieses vertraut-verrückte, irre, phantastische Gefühl – das Gefühl von Freiheit!

Das Maschinchen gab zwar recht bald den Geist auf, doch ohne Zweirad mochte ich inzwischen nicht mehr sein. Also kaufte ich mir eine Vespa – oder besser gesagt eine feuerrote fünfziger Piaggio ZIP, die ich stolz auf den Namen Mimi taufte. Als ich in einer hundekalten Herbstnacht von einer Vorstellung heimwärts knatterte, hatte ich plötzlich einen Geistesblitz: Ich muss Mimi nach Hause, in den Süden bringen. Gemeinsam würden wir Italien umrunden und ein richtig großes Abenteuer erleben. Und hier beginnt die Reise!

Inhalt

Kapitel 1 Die Adriaküste - Oder wo geht`s denn hier zum Strand?	7
Kapitel 2 Assisi und die Deutschen Schwestern von Santa Croce	17
Kapitel 3 Von Aussteigern und Hippies	27
Kapitel 4 Erwin am Ende der Welt	35
Kapitel 5 Die Mondlandschaften von Basilikata	53
Kapitel 6 Das süße Nichtstun der Kalabresen	58
Kapitel 7 Sprachlos auf Sizilien	71
Kapitel 8 Die Weggefährten von Amalfi	102
Kapitel 9 Mimi ante portas/Wiedersehen in Rom	130
Kapitel 10 Die toskanische Wildschweinjagd	152
Kapitel11 Ligurische Grenzgänge	168
Kapitel12 Die große Kälte	182
Kapitel13 Der Abschied	190
Epilog	196

„Was machen Sie? Nichts. Ich lasse das Leben auf mich regnen."
Rahel Antonie Friederike Varnhagen von Ense

Kapitel 1

Wie leicht reist es sich in Gedanken, kennen doch Tagträume die Formalien nicht. Sabbatjahr beantragen, Auto verkaufen, unnütze Versicherungen kündigen, Vollmachten erteilen, Auslandskrankenversicherung abschließen, Mimi zum Service bringen, Autozugticket buchen ... bis er irgendwann gekommen ist, der 17.7. - der Tag des großen Aufbruchs.
Draußen regnet es in Strömen, und ich stehe kurz vor dem Nervenzusammenbruch. Die zierliche Gepäckbox am hinteren Ende des Maschinchens, auf Neudeutsch auch Topcase genannt, will sich partout nicht schließen lassen. Einen übervollen Koffer kann man wenigstens durch den Einsatz des Körpergewichts, und sei es auch mit Hilfe eines kräftigen Gesäßes, bändigen. Doch auf mein Topcase kann ich mich schlecht setzen. Schweren Herzens entpacke ich die Sporttasche. Taucherbrille, Roman, drei Sommerblusen, eine Übergangsjacke und die braunen Sandalen fliegen raus, und es verbleiben nur ein Rock, eine Shorts, eine Stoffhose, zwei Poloshirts und eine Bluse. Das Leben kann so grausam sein! Gewaltsam stopfe ich noch zwei Paar Schuhe für unterschiedliche Lebenslagen in das Innere der Sitzbank, wofür aber das Werkzeug, das der Hersteller fürsorglich beigelegt hatte, zu Hause bleiben muss. Bei meinem technischen Geschick, das ungefähr dem einer Amöbe gleicht, werde ich es sowieso nicht benutzen können, denke ich mir und entscheide mich leichthin für die Schuhe. Außerdem ist meine Piaggio in Italien, dem Mutterland des Leichtkraftzweirades gebaut worden. Wäre doch gelacht, wenn sich dort keine passende Werkstatt finden ließe - und was Schuhe angeht, waren meine Prioritäten schon immer klar gewesen ... Als das Gepäck nahezu gewaltfrei verstaut ist, kann es endlich losgehen.
Dicke Wolken hängen am Himmel, und der Wind bläst so heftig, als wolle er mich von meinem wahnwitzigen Unternehmen abhalten. Doch ich schiebe die Zweifel beiseite und konzentriere mich auf die Strecke, deren Verlauf ich im Vorfeld gründlich studiert habe. Weil ich mit Mimi nicht auf die Autobahnen unserer Bundesrepublik darf, repetiere ich seltsame Ortsnamen wie Jüterbog und Treuenbrietzen, und ich frage mich, ob dort auch wirklich Menschen wohnen. Der Regen prasselt unermüdlich auf das Cape, meine Hose ist komplett durchgeweicht, ich friere, der rechte Spiegel dreht sich zeitlupenartig um seine eigene Achse, und mir dämmert, dass es keine besonders gute Idee war, das Werkzeug daheim gelassen zu haben. Da hilft nur, die nächste Tanke anzufahren und den Hundeblick aufzusetzen. „Fuffzehner?",

fragt der graumelierte Fachangestellte. Schulterzucken. „Na dit kriejn wa` schon", beruhigt er mich und präsentiert sogleich all seine funkelnagelneuen Schraubenschlüssel. "N` Zwölfer brauch`n wa` junge Frau", sagt er, macht sich sogleich an die Behebung des Schadens und Mimi wieder flott für den brandenburgischen Asphalt. Ein paar Euro in die Kaffeekasse, und weiter geht es. Argwöhnisch schiele ich nach oben, als eine erneute Welle des Starkregens über mich herein bricht. Doch dessen nicht genug, verspüre ich so einen dumpfen Schmerz am Gesäß, oder kann man etwa Muskeln fühlen, die eigentlich gar nicht existieren dürften, wenn man sie nur lange genug platt gesessen hat?

Klatschnass und durchgefroren erreiche ich nach fünf Stunden, 20 Minuten und rund 200 km Fahrt mein erstes Etappenziel, das Städtchen Caputh, ganz in der Nähe von Potsdam. Hier wohnt meine Schwester mit ihrer Familie und einem verfressenen Kater, der sofort angerannt kommt. Er will Futter, wie immer.

18.7. Es regnet, und die Sonne hat sich hinter einer dicken Wolkendecke verschanzt. Seit Wochen geht das nun schon so, und so etwas will dann Sommer genannt werden. Der Kater hüpft auf die Sitzbank, als wolle er mitfahren. „Du kannst nicht mit Nicki. Einer muss doch auf den Laden hier aufpassen", sage ich, und er verschwindet erhobenen Schweifes im Regen.

Gemächlich tuckere ich auf der Plattenstraße am Templinsee entlang, um die Pfützen herum, bis nach Potsdam, biege dann auf die B 1 Richtung Berlin ab, als die Straße plötzlich endet - Baustelle und Umleitung. Ich folge den gelben Schildern und verliere vollkommen die Orientierung. Doch weil Frauen nach dem Weg fragen, erreiche ich pünktlich das gut versteckte Autozug-Terminal von Berlin-Wannsee.

„Na dit is ja niedlich", amüsiert sich ein Mitarbeiter der Deutschen Bahn AG. Wahrscheinlich geben Mimi und ich ein komisches Bild ab. „Guten Tag", entgegne ich trotzig und zeige ihm das nasse Zugticket. „Nach Trieste bitte links einordnen", grinst er. „Dankeschön", antworte ich schnippisch und surre mit Genugtuung an der Autoschlange vorbei, bis direkt vor den Waggon. Dort lehnt ein Biker an seiner fetten, grauen BMW. „Zieh` den Kopf ein, wenn es soweit ist", empfiehlt er, und mir wird mulmig zumute.

Komischerweise hatte ich, was diese Reise angeht, von Anfang an ein gutes Bauchgefühl, obwohl Freunde und Familie vor allerlei möglichen Gefahren, insbesondere vor der Mafia, warnten. Sogar drei Dosen Pfefferspray bekam ich geschenkt - zwei von meinen Freunden, und die andere von meinem Vater, mit den Worten: „Brauchen wirst du es zwar nicht, aber es wird dich beruhigen." Schmunzelnd nahm ich sie entgegen, wohl wissend, dass es eher sie beruhigen würde, als mich selbst, und jetzt stehe ich hier vor der Laderampe und habe Schweißausbrüche.

„Muss ich denn wirklich den Kopf einziehen?", erkundige ich mich beim nächsten freien DB-Mitarbeiter. „Sie?", fragt der und guckt lächelnd an mir herunter. „Nein!" „Na vielen Dank auch", antworte ich und werde erneut ausgelacht.

„Fahr` mir doch einfach hinterher, dann merkst du schon, wie es läuft", sagt Mister BMW, und der ist wirklich gut beraten, seinen Kopf einzuziehen. Jetzt sind wir an der Reihe. Vorsichtig bugsiere ich Mimi die schmale Rampe hinauf und mache mich instinktiv ganz klein.

„Lateral oder parallel", fragt der juvenile Hüne im Blaumann mit schiefem Kopf, als er Mimi in Empfang nehmen will. „Keine Ahnung", antworte ich. Für mich klingt das eher nach einer Schwangerschaftsuntersuchung, als nach einem Autozug-Check-In. „Parallel", beantwortet er seine Frage schließlich selbst und bockt mein Möftel auf. Versonnen beobachte ich den Festmach-

Ein letztes höfliches Lächeln kurz vor dem Autozug Check-In

vorgang und begebe mich zufrieden in das Abteil 264, wo schon zwei blonde Herren Platz genommen haben. „Guten Tag", begrüße ich die beiden und werfe schwungvoll die Tasche auf den freien Sitz. „Ich bin Holger, der da ist Erik, und wir sind aus Schweden", ruft mir der pausbäckige Mann zu. „Macht ja nichts", erwidere ich fröhlich. „Oh, eine Motorradfahrerin, super", staunt Erik und weist mit erhobenem Daumen auf meinen Helm. „Das ist nur ein Motorroller", erwidere ich trocken und lasse die beiden von Venetien schwärmen. „Jesolo, Caorle, Bibione, Grado - der Norden ist einfach wunderschön", sagt Holger. „Und das Verkehrschaos?", frage ich vorsichtig. „Ach, das geht schon", winkt Erik ab, „du musst nur mutig genug sein und einfach losfahren, selbst wenn du keine Lücke siehst. Die bremsen dann schon." „Na, das klingt ja ermutigend", jammere ich, während sich die beiden ins Fäustchen lachen. „Na toll, ihr habt gut lachen in euren dicken Volvos", sage ich vorwurfsvoll. „Ich würde an deiner Stelle erst einmal den Verkehr beobachten und losfahren, wenn du ein Gefühl dafür bekommen hast. Du wirst sehen, man gewöhnt sich schnell daran", klopft mir Erik auf die Schulter. Darauf einen Schluck.

Ich fahre einfach gerne Zug. Man kann aus dem Fenster schauen, Gedanken nachhängen, mit netten Menschen ins Gespräch kommen, das ganze mitgebrachte Essen mit ihnen teilen und sich ein Bierchen gönnen. „Skal - auf eine gute Reise!", prosten wir uns zu. Draußen dämmert es, und wir mümmeln uns in unsere Decken. Bäuchlings lasse ich meine Blicke über die wie im Schnelldurchlauf vorbeifliegenden Landschaftsfetzen schweifen, während die Schweden leise schnarchen.

19.7. Wohliger Kaffeeduft weckt mich aus erstaunlich tiefem Schlaf. Holger und Erik klappen den Tisch aus, die Schaffnerin reicht Papiertüten mit Croissants und Brotaufstrich, und ich reibe mir die Augen. Es gibt Frühstück ans Bett. Zaghaft ziehe ich den Vorhang zur Seite und sehe das gelbe Ding namens Sonne, das sich zu Hause so lange nicht hatte zeigen wollen, und es strahlt auf wundersame Weise große, schneebedeckte Berge an.
„Bella Italia!", ruft Holger. Ich schließe die Augen, um mein Glück besser zu fassen und spüre ein verheißungsvolles Bauchkribbeln.
Erik hält einen Finger aus dem Fenster. „25 Grad", verkündet er zufrieden. Das Gebirge ist verschwunden. Stattdessen leuchten Weinberge in sattem Grün, und am Horizont glitzert das Meer. Ich ziehe das Fenster weit hinunter und halte meine Nase in den Wind. Die Freiheit riecht nach Zug.

Es ist kurz nach zwölf, als wir in den Triester Hauptbahnhof einrollen – nach 26 Stunden Fahrt. „Viel Glück und gute Reise kleine Mimi", rufen mir die Schweden hinterher. „Altrettanto!", erwidere ich winkend.
Jetzt geht es ans entladen, und an der Rampe ist Mr. BMW bereits in Lauerstellung. „Kann ich dir wieder hinterherfahren?", frage ich höflich. „Null Problemo. Wenn es nur endlich mal losgehen würde in diesem Saftladen hier", antwortet er genervt. Doch die Empfangsdame der Trenitalia hat etwas dagegen. „Aspetti - warten sie!", ruft sie streng, als der Biker den Waggon betreten will. „Warum dauert denn das so lange?", meckert er, während mir der Schweiß den Rücken herunterrinnt. „Mir reicht`s. Ich hole jetzt mein Motorrad", flucht Mr. BMW und lockert routiniert die Gurte unserer Maschinen. „Na bitte, dann kann es ja endlich losgehen", triumphiert er und lässt den Motor aufheulen, worauf ihn die Dame mit bösen Blicken straft. Doch es ist zu spät. Die ungeduldige, teutonische Meute verlässt eigenmächtig den Autozug. Könnte dies etwa einer der Gründe sein, warum wir so unbeliebt sind in der Welt? Was soll`s, Mimi ist auf italienischem Boden, und mir ist heiß. Gewaltsam stopfe ich das Gepäck in das Topcase, die ersten Kraftausdrücke in der neuen Fremdsprache ausstoßend. Helm auf, Jacke an - Italien mach` dich frisch - Mimi kommt!
Doch als ich den dichten Stadtverkehr auf der „Piazza della Liberta" sehe, ist der Übermut schlagartig verflogen und mutiert zu einem dicken Kloß im Hals. Erik hatte recht. Dieses Verkehrschaos verdient eine eingehende Betrachtung. Hundertschaften verbeulter Kleinwagen hängen einander auf der Stoßstange, sie hupen, bremsen und sie fluchen. Na das kann ja heiter werden, denke ich, fädele mich zaghaft in eine nicht vorhandene Lücke ein und schwimme eine Weile mit im Haifischbecken des „traffico intenso".
Als ich merke, dass ich überlebe, kommt mir mein heutiges Etappenziel wieder in den Sinn - Venezia.
Dort bin ich mit meinem „Romeo" verabredet. „Ausgerechnet Venedig hatte er gejammert. Viel zu teuer, viel zu heiß und viel zu überlaufen. Und erst dieser Kanalgestank im Sommer. Widerlich." Ich hingegen hatte da viel romantischere Vorstellungen und sah uns zwei schon in einer Gondel turtelnd in den Sonnenuntergang schippern. „Im nächsten Sommer fahren wir nach Dänemark", versicherte ich, und mein kluger Schatz beugte sich der höheren Gewalt.
Wenn das Meer links und das Festland rechts ist, dann stimmt die Richtung, also muss ich zuerst die Adria finden, sagt mein inneres Navi. Doch statt-

dessen finde ich den Bahnhof und die Piazza della Liberta. Da bin ich wohl im Kreis gefahren. „Merda", fluche ich, und gerade als ich anfangen möchte, mich so richtig schön aufzuregen, sehe ich links im Augenwinkel das Meer friedlich vor sich hin wogen. „Na so was", rufe ich verblüfft, fahre rechts ran und bemerke zum ersten Mal die Schönheit um mich herum. Helle, hochherrschaftliche Häuser mit Palmen davor glänzen unter wolkenlosem Himmel, und im Hintergrund plätschert friedlich die Adria. Kann mich mal jemand kneifen bitte? Schade, dass ich keine Zeit für Trieste eingeplant habe, denke ich, aber in Venezia warten ja Gondeln und Amore.

Die Stadt ist so idiotensicher ausgeschildert, dass die Fahrt durchaus reibungslos hätte verlaufen können, wäre da nicht die Hitze. In der Motorradjacke, die ich mir extra für dieses Abenteuer zugelegt habe, wird mir nicht nur unangenehm heiß, sondern auch klar, dass nur blöde Touristen wie ich, in viel zu warmer Hightech-Kleidung an der Küste entlang fahren, und ich komme mir selten dämlich dabei vor. Auch Mimi hat Probleme. Sie stottert und wird immer langsamer. Die Maschine muss nur herunter kühlen, schiebe ich den Gedanken an eine Panne schnell beiseite und lasse sie auf einem Parkplatz ausrollen. Ich bocke sie auf, hocke mich auf den Bordstein, raufe mir die Haare, kaue Nägel, und ich warte, warte und warte ...
Vorsichtig taste ich nach dem Auspuff. Er glüht. „So ein Mist", fluche ich, setze mich wieder hin, starre auf die Uhr, lasse 30 einzelne Minuten vergehen und betätige bange den Startknopf. Mimi röchelt und speit eine schwarzgraue Rauchwolke in die Luft. Ich gebe Standgas, bis der Motor wieder singt, huste das Abgas aus der Lunge und lasse den Qualm hinter mir. Wir sind wieder on the road - bei 47 km/h Spitzengeschwindigkeit. Der Fahrtwind duftet nach Pinien, ich summe eine erste Melodie des Südens, und die Weinberge lauschen ihr. Halte durch meine Kleine, wir sind gleich da.
Ich finde unseren Treffpunkt, den Flughafen „Marco Polo" auf Anhieb, stelle das Moped auf einen bewachten Parkplatz und eile zum Bootsanleger. Dort wartet mein Romeo im weißen Leinenhemd. Wir nehmen ein Vaporetto und schippern fünf federleichten Tagen in Venedig entgegen.

22.7. Noch kann ich zurück, denke ich und zögere einen Moment. Diese „Mann-Frau-Sache" hat meinen Abenteuergeist in weiße Laken gehüllt und mich vorsichtig gemacht. Warum nicht einfach in das kuschelige Hotel in der Giudecca zurück schippern und ...

Romeo sitzt aber schon längst im Flieger, zerstöre ich das romantische Gedankenkonstrukt und nehme den alten Kampf zwischen Topcase und Tasche wieder auf. Ich fahre nach Venedig Mestre und blicke wehmütig auf diese italienische Variante Berlin-Marzahns, dessen Öde sich im Hinterland nur logisch und konsequent fortsetzt. Schnurgerade Straßen führen durch endlose Monokulturen, und ich weiß, bald wird es schöner werden.

Auf der vielbefahrenen E 55 Richtung Ravenna schleudern mich die Druckwellen der Laster fast vom Sitz. Ich muss von den großen Straßen weg, traue mich aber nicht, vom Kurs abzuweichen und ins Blaue hinein zu fahren. Die ersten Etappen hatte ich von zu Hause aus geplant, weil ich wissen wollte, wo ich schlafe und mir als erstes Ziel das Städtchen Chioggia, 65 km südlich von Venedig, ausgesucht.

Kurz hinter dem Dörfchen Valli wird es besser. Der Verkehr wird schwächer, und wir surren an riesigen Wasserlachen und Wäldern mannshohen Schilfes vorbei, bis wir irgendwann gänzlich von Wasser umgeben sind. „Das ist ja besser als der Rügendamm", jubele ich, und rolle überglücklich in Chioggia ein.

Eine Nonne schlägt kraftvoll die Tür ihres weißen Fiat zu und entschwindet forschen Schrittes, aber der weltliche Teil des Städtchens hält die übliche

Vaporetto ins Glück

Siesta. Verstohlenen beobachte ich einen älteren Herren, der auf einer Bank friedlich vor sich hin döst und frage mich, wie er es schafft, einfach nur dazusitzen und nichts zu tun. Ist die Kunst des Müßiggangs etwa Gottesgabe oder kann man sie erlernen?

Am späten Nachmittag füllen sich die Cafés, als hätte sich der ganze Ort auf einem Schlag zum geselligen Beisammensein verabredet. Auch die taffe Nonne marschiert wieder durch das Stadtbild. Ich folge den Reggae-Gesängen Bob Marleys, der seinen Kummer mit der Weiblichkeit besingt, und lande direkt vor dem Kutter des Capitano Marco. Sein Schiff „Bragozzi Ulisse" ist kurz vor dem Ablegen und prall gefüllt mit osteuropäischen Touristen. „Kommen sie doch an Bord, Signora. Wir machen eine Stadtrundfahrt", ruft er. „Kostet auch nur fünf Euro", fügt er an, als er mein Zögern bemerkt. „Dobri Den", antworte ich und nehme auf der Barke im Kreise einer tschechischen Großfamilie Platz. Ein zotteliger Hund trottet am Ufer neben uns her, bis er sich mit hängender Zunge in den Schatten verzieht. Der Kapitän steuert auf ein Schiffswrack zu, das windschief aus der Adria ragt, doch ich kann seinen Ausführungen nicht folgen.

Zwar hatte ich daheim fleißig mit einer CD nach der hochwissenschaftlichen „Assimil-Methode" geübt, sank aber spätestens nach der vierten Lektion in lieblichen Schlaf - vielleicht hätte ich doch lieber im Sitzen üben sollen. „Na, wer möchte mal fahren?", fragt Marco in die Stille hinein. Zögernd schaue ich mich nach Wrackteilen oder sonstigem Unrat auf der Meeresoberfläche um, und ergreife mutig das Steuer. „So, der nächste bitte", ruft Marco kaum dass ich die Steuerung durchschaut habe, und der kleine Junge von nebenan reißt mir freudig die Kapitänsmütze vom Kopf.

Wieder im Hafen erwarte ich den Sonnenuntergang, und sehe Marco dabei zu, wie er sein Schiff zu Bett bringt. Es muss schön sein, am Wasser zu leben, denke ich und winke ihm sehnsüchtig zu.

23.7. Zwieback und Rührkuchen zum Frühstück - das ist wirklich gewöhnungsbedürftig, aber der Kaffee ist gut. Vor mir liegt die Straßenkarte, ich fahre mit dem Finger bis nach Ravenna, und wenig später rauschen wir auf der 309 mitten durch ein bewaldetes Nichts, vorbei an Auwäldern, Dünen und Salinen. Über uns kreisen seltsame Vögel, keine Menschenseele ist hier, und ich beginne, mit einem Moped zu sprechen: „Oh Mimi, du meine zuverlässige Gefährtin, die du niemals widersprichst, allenfalls ein wenig stotterst, du trägst mich sicher durch die Ödnis", deklamiere ich - und sehr wahrscheinlich verliere ich gerade den Verstand. Endlich in Ravenna pappe ich das Navi auf die Tankanzeige - immerhin habe ich den Stecker extra einbauen und somit nichts dem Zufall überlassen - fahre im Zick Zack um die Schlaglöcher herum, schiele argwöhnisch auf das Gerät hinunter, erreiche verkrampft, aber bestens geführt die Via Nicolodi 12 und checke am späten Nachmittag im „Ostello Dante" ein.

Ravennas Stadtstrand leuchtet bunt. Rotblau gestreifte Schirme verbauen den Blick, aus einem Lautsprecher dröhnen unsägliche Ferienhits, und ein paar Betrunkene grölen schief dazu. Der Lido di Dante ist nicht mein Ort, denke ich und flüchte an die Hostelbar. Dort mixen zwei dunkle Typen ihre Cocktails - der barfüßige Cesare aus Spanien und ein namenloser Schönling aus Brasilien. Gerade kreieren sie eine Ananas-Caipirinha, und wir kommunizieren in einem Mix aus Englisch, Spanisch und Italienisch miteinander. Doch der Alkohol macht profunde Fremdsprachenkenntnisse ohnehin überflüssig. Ich erzähle von meinen Plänen und stelle die bange Frage, ob denn der Süden des Landes sicher sei. „Aber bitte, Italien ist Europa", entrüstet sich Herbergsbesitzerin Michaela. „Das war vor 40 Jahren vielleicht gefährlich, aber heute", winkt sie ab. „Aber was passiert, wenn mein Moped kaputtgeht, mir alles geklaut wird, wenn ich stürze oder von der Mafia verschleppt werde?", jammere ich. „Just go with the flow", ermuntert mich der Namenlose. „But this is not easy for a German", erwidere ich und ernte nur helles Gelächter.

24.7. Im Radio Monte Carlo singen die Gypsy Kings vom Fliegen, und ich träume nur vom Fahren. Hastig kippe ich den Automatensaft hinunter und düse los - Rimini lockt. Das Meer wabert friedlich vor sich hin, ein Flugzeug malt einen Wattestreifen an den Himmel, der Fahrtwind riecht nach Knoblauch, als plötzlich der Lungomare-Traum an einer Mauer aus Bettenburgen zerschellt. Traurig hangle ich mich von Kubus zu Kubus und warte auf das Ende der zivilen Gewalt. Ich fahre 50 km und warte vergeblich. Jahr für Jahr werden hier tausende Adria-Urlauber platzsparend aufbewahrt, fett gefüttert, berieselt und bespaßt, und endlich in Rimini, wird die Sache nicht unbedingt besser. Missmutig checke ich in einem der Quadrate ein, laufe zum Fluss hinunter, lege mich unter die letzte freie Platane, bis das dröhnende Staccato eines Presslufthammers den Schlummer jäh zerhackt. Ich streune rastlos durch die Gassen, betäube mich mit Kaffee und Gelato und warte auf den Abend. Oh selige Stunde, wenn die Pauschaltouristen ans Buffet müssen, die Schirme zugeklappt und die Liegen fort geschoben werden, und ich den

Märkische Weite - ein Sonnenblumenmeer!

Strand zurück bekomme. Barfuß laufe ich der untergehenden Sonne entgegen, der Sand brennt unter den Füßen, aus der Ferne weht ein vertrautes Gitarrenmotiv zu mir herüber - „Here comes the sun ... dededum. It`s been a long cold lonely winter ..." und versöhnt mich mit Rimini.

25.7. Ich bin auf der 16, der „Adriatica", Richtung Ancona, die mich knapp tausend Kilometer, hinunter bis Apulien, begleiten wird - sie muss ich mir zum Freund machen ...
Ein weißer, knubbeliger Bulli mit britischem Kennzeichnen knattert hinter mir her. Der jugendliche Fahrer, der gar nicht britisch aussieht, überholt und grinst mir verschwörerisch zu, als wolle er sagen: „Das ist Freiheit, Baby!"
Ich grinse zurück, doch das gelbe Lämpchen über dem Tacho beendet den Flirt - Tanken, ausgerechnet jetzt. Die Mittagssonne brennt, Poloshirt und Panzerjacke bilden eine schweißverklebte Einheit, und niemand ist hier - nur ein einsamer Tankautomat. Das Setting erinnert an einen Italo-Western, und ich höre den einsamen Laut der Mundharmonika des Todes. Spiel mir das Lied vom Sprit, heult sie. Diese Automaten sind mir suspekt. Ich ziehe den guten, alten Tankwart vor, doch der döst vermutlich unter einem Kaktus, und ich stehe ohne Hilfe da. Brav schluckt die Maschine meinen Schein, aber das

Wechselgeld will sie nicht herausrücken. „Ich wusste es", fluche ich und verpasse dem Ding einen Tritt. „Ich will meine 16,40 Euro wieder haben und zwar pronto", schimpfe ich, warte im Lokal gegenüber und bekomme drei Kaffeelängen später anstandslos mein Geld zurück.

Wer in Italien um die Mittagszeit tanken will, muss entweder Zeit mitbringen oder auf sein Wechselgeld pfeifen. Doch was bedeutet schon Zeit während eines Sabbatjahres? Ich bin frei, und vor mir liegen die Marken mit ihren Sonnenblumenfeldern und den sanften Hügeln.

Anconas Jugendherberge liegt in der Nähe des Hauptbahnhofes in unwirtlicher Gegend, doch der Tag ist jung genug, ihr zu entfliehen. Und schon kurz hinter den Toren der Stadt entfaltet sich das Panorama des Monte Conero. Weiße Felsen ragen grünbewachsen aus dem Meer, und darüber tupften zarte Quellwolken liebliche Gebilde in den Himmel.

Das Städtchen Sirolo ist wahrlich ein Ort zum Bleiben, doch ich habe eine Woche Klosterurlaub in Assisi gebucht. Im Buch „Lektionen des Lebens" meiner Lieblingspianistin Helene Grimaud, hatte ich von der Stadt des heiligen Franziskus gelesen. Es berührte mich, und schnell stand fest, die einzige Inland-Etappe dieser Reise muss nach Assisi führen. Per Email bat ich in der „Monastero Santa Croce" um Quartier, und erhielt die folgende Antwort der fortschrittlichen Schwester Elisabeth: „In Assisi werden sie wahrhaft das finden, was Sie suchen: Stille, Erholung und ... Gott! So grüßen wir freundlich mit dem Segenswunsch des heilgen Franziskus: „Pace e bene."

Kapitel 2

26.7. Es ist noch keine Sieben, und ich sitze schon auf dem Roller. Das Frühstück habe ich sausen lassen, denn in den italienischen Jugendherbergen ist es ohnehin grauenhaft - in Plastik verpackter Zwieback, in Plastik verpackte Matsch-Croissants, in Plastik verpackter Papp-Kuchen, dargereicht auf Plastiktellern, und dazu lauwarmer Milchkaffee - natürlich aus dem Pappbecher. Guten Appetit!

Stattdessen irre ich nun, von einer seltsamen inneren Unruhe getrieben, missmutig im Umland Anconas umher, auf der Suche nach der 76, die ins Landesinnere Richtung Jesi führen soll. Doch auf eine zuverlässige Beschilderung in den ländlichen Marken zu hoffen, ist reichlich naiv, und ein Vertrauen auf meine kartenleserischen Fähigkeiten wäre es auch. Ich habe mich verfahren, und niemand ist da, den ich fragen kann - mal abgesehen von dem Obdachlosen, der sich mit zwei Tüten „Penner-Gucchi" die Straße entlang schleppt. Wider meines Bauchgefühls stoppe ich und formuliere meine Frage: „Dove si trove la strada statale 76?", und ich schäme mich, weil ich ahne, dass der Mann ganz andere Sorgen hat. „Non capisco niente", zischt er durch seine Zahnlücke, und sein Blick verdunkelt sich. Nix verstehen, schon klar. Meine Aussprache ist offenbar noch ausbaufähig. Doch dessen nicht genug, beginnt er plötzlich zu fluchen. „Scusi Signore", entschuldige ich mich kleinlaut, doch es kommt noch besser, denn jetzt brüllt er etwas, das schwer nach „cazzo e merda" klingt. Ich verstehe vollauf und drücke energisch den Gashebel durch. Da werde ich doch tatsächlich um sieben Uhr in der Früh von einem zahnlosen Streuner beschimpft - wäre ich bloß im Bett geblieben!

Endlich auf der Strada Provinciale 502, die laut Karte auf die gesuchte 76 führen könnte, bleibe ich an der Stoßstange eines Holztraktors kleben, der sich mit 40 Sachen über den Gebirgskamm schleppt. Seine Fracht tänzelt bedrohlich auf dem Anhänger hin und her, während sich der linke Hinterreifen sachte von der Felge löst. Je länger ich diesem Monstrum hinterher tuckern muss, desto mehr wächst die Wahrscheinlichkeit, von einem der Stämme perforiert zu werden. Doch all meine Überholmanöver scheitern. Gleich beiße ich in den Lenker. „Dio, ajuta me!", bete ich und ziehe nach zwölf Versuchen endlich am Vehikel des Grauens vorbei. „Arrivederci – auf nimmer Wiedersehen!"

Jetzt, da die Straße wieder mir gehört, habe ich auch ein Auge für die Schönheiten der Natur. Endlose Mischwälder, Sonnenblumenfelder, nackte Berge, ein unnatürlich blauer Himmel, und hin und wieder offenbart ein Schild die Möglichkeiten: Cingoli, San Severino Marche, Gualdo Tadino, Nocera Umbra, Castelraimondo. „Besuch` mich!", raunen mir die fremden Orte zu, doch zunächst einmal muss ich eine Tankstelle finden, sonst kann ich Mimi schieben oder die „Aral-Werbung" nachspielen. „Bitte lieber Gott, mach`, dass eine Tankstelle kommt, und zwar subito!", bete ich erneut, und wider jeglicher Logik taucht am Horizont eine Ortschaft auf. Severino heißt das Dörfchen. Es hat ein paar Häuser, einen Postkasten, einen Brunnen, eine Polizeistation und eine Tankstelle, oder besser gesagt zwei einsame Zapfsäulen mit einer verfallenen Baracke dahinter. „Mehr Glück als Verstand", würde

mein Vater jetzt sagen, und ich atme erleichtert auf, als drei Liter feinsten, italienischen Superbenzins in Mimis Tank rinnen. „Assisi?", fragt der Mann mit dem Zapfhahn. „Lontano", weit, antwortet er und macht eine abwinkende Geste. Danke, wirklich motivierend, denke ich und nuschele den Kilometerstand in meinen Helm, damit ich beim nächsten Mal ja rechtzeitig tanke: „11.358, das heißt, tanken bei Kilometer 11.560 – ungefähr. Gerade als ich mich entspannen und die Fahrt genießen will, taucht er wieder vor mir auf - mein Freund, der Holztraktor. Versonnen betrachte ich die Ladung und frage mich, ob man davon sterben könne, von Kiefernholzstämmen überrollt zu werden? Und wenn ja, ist das dann Karma? Und wenn es Karma ist, gibt es dann so etwas wie ein Leben nach dem Tod oder gar einen Himmel, und ab wann käme man dann in die Hölle? Jetzt habe ich ja Zeit, in Ruhe über die elementaren Fragen des Lebens zu sinnieren ...
„Warum tue ich mir das eigentlich an?", fluche ich und wie vom Universum bestellt, biegt das Vehikel endlich rechts ab.
Die Sonne brennt, der Leib glüht, mein Poloshirt klebt, und ich ringe schon den ganzen Vormittag mit mir, bis ich schließlich um 12:03 Uhr mitteleuropäischer Zeit meinem Leiden ein Ende setze und mir die Bikerjacke vom Körper reiße. Hoch und heilig habe ich es meinen Lieben daheim versprechen müssen, niemals ohne sie zu fahren. „Sicherheit ist oberstes Gebot", höre ich noch Mutters mahnende Worte, und ich blieb ihm ganze zwei Wochen treu. Doch in der umbrischen Hitze schmilzt es sanft dahin, wie ein Ofenkäse von Rougette. Und mal ehrlich, bei diesem lächerlichen Verkehrsaufkommen ist es doch dämlich, in einer Panzerjacke zu schwitzen - was soll denn da die Gebirgsbevölkerung von mir denken? Energisch stopfe ich sie in die Sitzbank, und atme endlich frei!
Mit Roller und Poloshirt könnte ich jetzt glatt als Einheimische durchgehen, doch derlei Gedanken über die eigene Außenwirkung sind an diesem Orte bloße Makulatur. Mal abgesehen von dem zahnlosen Choleriker, dem Geistertraktorfahrer und dem motivierenden Tankwart, ist mir am ganzen Vormittag keine Menschenseele begegnet, und es sieht auch nicht so aus, als würde sich das bald ändern. Mit Gleichmut betrachte ich die Tankanzeige und pfeife ein Liedchen an, als plötzlich ein Eremit mit schneeweißem Haar aus dem Nichts auftaucht. Täusche ich mich, oder streckt er mir gerade sein faltiges Ärmchen in eindeutiger Trampergeste entgegen? Wo bitteschön kommt denn jetzt dieses Hutzelmännchen her? Hilfe, ich verblöde!

Gebannt taxiere ich den Rückspiegel. Da ist niemand, und ich verbringe die nächste Stunde mit der bangen Frage, ob Halluzinationen denn nun erste Anzeichen von Geisteskrankheit sind oder nicht.

Am frühen Nachmittag rolle ich mit leerem Kopf und brennenden Unterarmen auf eine Felsenstadt zu, die stolz und steinern in den umbrischen Himmel ragt. Assisi – nach acht Stunden Fahrt bei vierzig Grad Hitze. Ich wecke den an der Stadtmauer vor sich hin dösenden Polizisten, frage nach der „Monastero Santa Croce" und ob das kleine Verbotsschild da hinten auch für kleine Mimis gilt. „Vai vai", zwinkert er mir zu. Das Kloster kennt er jedoch nicht. Im Slalom wedele ich mich um die Religionstouristen herum, direkt auf ein altes Mütterchen zu. „Santa Croce?", fragt sie. Ich nicke. „Sie meinen die Suore Tedesce", krächzt sie und erinnert mich dabei irgendwie an Meister Yoda. „Dort hinauf", sagt sie und zeigt auf eine steinerne Treppe. „Die Deutschen Schwestern von Santa Croce", lese ich auf einem unscheinbaren Schild.

Ich betätige die Klingel, doch nichts passiert.

„Grrüß Gott und herrzlich willkommen in Santa Crroce", ruft mir eine Stimme mit starkem bajuwarischen Akzent hinterher. Ich drehe mich um, und vor mir steht eine schwarz verschleierte, zierliche Frau. „Guten Tag", erwidere ich überrascht. Eine Nonne mit bayrischem Dialekt hatte ich nicht erwartet. „Sehrr frranziskanisch", sagt sie mit Blick auf meine Tasche, während das „rr" unwirklich lange an der Klostermauer entlang rollt. „Ich bin Schwesterr Rregina." „Angenehm", erwidere ich. „Sie können ihrr Moped hierr herrein schieben", rollt sie weiter, und ich muss innerlich lachen, als ich Mimi aufbocke. Zwischen den staubigen Madonnen, den kaputten Kreuzen und all dem religiösem Tand sieht sie aus wie ein rotes Knallbonbon. „Also ein Moped hatten wir auch noch nicht in unserrem bescheidenen Konvent", lacht die Schwester. „Und so wohl behütet hat sie auch noch nirgendwo gestanden", entgegne ich dankbar, und das ist auch schon alles, was ich an Konversation hinbekomme. „Na kommen Sie, ich zeige Ihnen errstmal ihrr Zimmerr", überbrückt sie die peinliche Stille und führt mich in eine schlichte Schlafkammer mit einem riesigen Holzkreuz über dem Bett. „Jetzt errholen sie sich errsteinmal von ihrrer Fahrrt, und wirr sehen uns dann beim Abendbrrot."

Erleichtert lasse ich die Tasche fallen und Umbriens Weite zum Fenster herein. „Das ist das Tor zur Welt", denke ich und dann lange nichts mehr.

„Bitte geben sie mirr ihrren Ausweis und füllen sie dieses Forrmularr aus", sagt Schwester Regina und klingt plötzlich wie eine Geschäftsfrau. „Haben sie viele Gäste?", frage ich mit dedektivischem Blick auf das Feld, in dem die Steuernummer steht. „Unserr Gästehaus hat vierrzig Betten und ist fast ausgebucht." „Sie haben ja eine Steuernummer!", falle ich ihr ins Wort. „Aberr natürrlich", sagt Regina. Der Fiskus macht nicht einmal vor bajuwarischen Nonnen im Exil halt. „So, jetzt ist es aberr Zeit fürr das Abendessen", sagt die Businessschwester und legt mir beschwichtigend die Hand auf die Schulter.

An der Tafel sitzt schon ein ordentliches Dutzend, und ich wähle den rundlichen Herren mit Glatze und Haarkranz als Tischnachbarn. Der begrüßt mich in breitester sächsischer Mundart, und sofort klingelt Otto Reuters Chanson „Ein Sachse ist immer dabei" in meinem Ohr. Seine Gattin ist im angeregten Gespräch mit einer anderen Nonne. „Es wird mir eine Freude sein, in ihrer Andacht zu musizieren, Schwester Alexia", belausche ich sie. „Meine Frau ist Musikerin von Beruf", errät er meine Gedanken. „Sie spielt Geige an den Landesbühnen." „Das gibt`s ja nicht. Ich bin auch Musikerin", sage ich freudig. „Schön, sie kennzulernen Frau Kollegin. Ich bin Alicia", streckt sie mir ihre Hand zum Gruß entgegen. „Na so ein Zufall", rufe ich, während wir einander herzlich die Hände schütteln. „Es gibt keinen Zufall", korrigiert Schwester Alexia mit schicksalsschwangerem Blick.

Gegenüber sitzen Bruder Michael und Bruder Franz, der in einem Kloster am See Genazareth lebt und in kurzer Hose und Adidas-Jacke gar nicht aussieht wie ein Mönch. „Ich mache hier Winterurlaub", scherzt er. „In der Wüste haben wir 55 Grad im Schatten", sagt er. „Wie überlebt man denn das?", frage ich. „Trinken, trinken, trinken – und zwar bevor du Durst bekommst. Sonst kommen die Kopfschmerzen und dann der Durchfall", erklärt er, und ich unterdrücke ein Lachen.

Der andere ist Bruder Michael aus dem Kloster Weltenburg, dem Konvent mit der ältesten Brauerei der Welt. „Wie oft hält ein Anhänger des Gerstensaftes unseren Gebetssaal für die Schankstube. Sie glauben ja nicht, wie das die stille Einkehr beeinträchtigen kann", kichert er, und wir kichern mit. Auch hier in Santa Croce gibt es Bier und Wein, und Bruder Franz hat einen ordentlichen Zug. Die Schwestern bewirten uns mit frischem Salat und gebratenen Zucchiniblüten, und wir reiben uns die Bäuche. „Das ist eine typisch umbrische Spezialität", erklärt Alexia. „Und die Zutaten sind allesamt frisch aus unserem Garten mit dem trefflichen Namen Parradies", flötet sie. Was für ein Abendmahl.

Die Dunkelheit bricht herein, und ich sitze auf einer Mauer mit Blick auf die festlich beleuchtete Basilika San Francesco hoch über der Stadt. Eidechsen rascheln im Gebüsch, die Grillen zirpen, und Assisi duftet nach Weihrauch.

27.7. Kurz nach Sonnenaufgang: Die unscheinbare Kapelle leuchtet im Schein der Teelichter, und ich beobachte die Schwestern beim Gebet. Auch Franz und Michael sind in ihrer Kontemplation versunken und sehen ganz verwandelt aus in ihren Kutten. Ich habe mir extra den Wecker gestellt, um die Messe zu erleben, und jetzt sitze ich hier und versuche zu beten – was gar nicht so leicht ist, wenn man kaum Erfahrung damit hat. „Alles Quatsch", höre ich noch Vaters Worte. „Wenn wir sterben, werden wir zu Humus. Religion ist Opium für`s Volk, hat doch der Dings gesagt." Nun, ich für meinen Teil bin mir da nicht ganz so sicher. Was wäre, wenn es doch einen Gott gäbe und man glaubte nicht daran. Wie blöd wäre das denn.
Die dünnen Stimmchen der Schwestern verweben sich zu einem seltsamen Klagegesang, als es beginnt. Aufstehen, hinsetzen, beten, aufstehen, hinsetzen, beten - ich bemühe mich, den Ritualen der heiligen Messe zu folgen und nicht aufzufallen, doch das Abendmahl steht an, und ich habe in dunkler Erinnerung, dass nur getaufte Christen die Hostie empfangen dürfen. Nun sind wir aber keine zehn Leute im Raum, und wenn ich sitzen bleibe, wird das unangenehm auffallen. Hilfesuchend schaue ich zu Alicia hinüber, die mich zu sich an den Altar heranwinkt. Warum heißt es denn überhaupt Abendmahl, wenn es schon früh um sieben stattfinden darf, frage ich mich, und mein Kopf glüht, als mir Schwester Coletta eine Oblate auf die Zunge legt. Das war dann wohl ein Fettnäpfchen, fürchte ich, und die Sache muss im Anschluss unbedingt besprochen werden, sonst vergehe ich vor Scham.
„Der Glaube allein genügt", beruhigt mich Alicia, doch ihr Gatte hält dagegen. „Das war nicht richtig. Du musst Schwester Coletta um Vergebung bitten", insistiert er. „Aber das ist so unsagbar peinlich", jammere ich. „Nun, das musst du mit dir selbst ausmachen", entgegnet er und lässt mich unschlüssig zurück. Der Tag hat kaum begonnen, und ich fühle schon das Gefühl des armen Sünders. Beschämt rolle ich mich im Bett zusammen, verfluche das Kreuz über mir und beschließe den Schwestern für`s Erste aus dem Wege zu gehen. Die Messe besuche ich jedenfalls nicht mehr – das steht fest.
Als ich mittags wieder aus meiner Höhle krieche, bin ich immer noch verstimmt und begegne einer jungen Frau, die nicht recht weiß, wohin mit sich.

Das Fenster zur Welt - Der Ausblick aus meinem Kloster-Zimmer

„Bist du neu in Santa Croce?", frage ich sie. „Ja", ich habe eben Quartier bei den Suore Tedesce bezogen", antwortet sie, und schon sind wir im Gespräch. Geneva studiert kreatives Schreiben in der Schweiz und möchte die Auszeit für ihre Arbeit an einem neuen Buch nutzen. Jetzt sitzt sie hier, wie ich gestern, als Neuankömmling am reich gedeckten Tisch und staunt. „Schöne Stimmung hier." Neben uns mampfen zwei hungrige Pilger, die von La Verna bis Assisi gepilgert sind und im Paradiesgarten von Santa Croce übernachten. Die beiden strahlen vor Glück. Endlich haben sie ihr Ziel erreicht. Nachdenklich steige ich die Stufen zu meinem Lieblingsplatz hinauf und frage mich, was eigentlich mein Ziel ist. „Du musst die Antwort heute noch nicht finden", raunt mir eine innere Stimme leise zu.

28.7. Lautes Vogelgezwitscher weckt mich, und ich drehe eine Morgenrunde durch den Ort. Sieben Frauen mittleren Alters lassen harmonisch ihre Becken kreisen, die Schwestern üben sich im Opus Dei, und ich brauche erst mal Kaffee. Am Frühstückstisch sitzt ein Kapuziner, der die Schwestern bei der Gartenarbeit unterstützt und zum Dank die bayrische Staatsbürgerschaft - inklusive Wörterbuch „Italienisch-Bayrisch" - verliehen bekam. „Prima Lezione: Salsiccia bianca - die Weißwurst", verkündet er mit ernster Miene, und wir prusten los. Die reinste Bildungsreise ist das hier!
Bei einem Spaziergang klärt mich Geneva über den Klosteralltag auf. „Regina, Alexia, Coletta und Elisabeth sind Außenschwestern", sagt sie. „Sie bilden die Brücke zur Alltagswelt, während die Innenschwestern in strenger päpstlicher Klausur leben und Santa Croce nicht verlassen dürfen. „Eine Außenschwester ist ein Grenzgänger zwischen den Welten. So etwas ist Berufung", erklärt die Schweizerin, die selbst auf einer Klosterschule war.
Schnell haben wir uns angefreundet, entdecken gemeinsam die Stadt, lauschen gregorianischen Gesängen oder schlürfen Kaffee an der Piazza. „Man müsste sich mal für zwei Stunden hierher setzen, die Leute beobachten und dann darüber schreiben", sagt die angehende Autorin, deren absolutes Lieblingswort „spannend" ist. Jetzt ist auch mein Blick geschärft, und wir beobachten gemeinsam. „Wie unterschiedlich die Kutten aussehen", stelle ich fest. „Das heißt nicht Kutte, sondern Habit", erklärt Geneva. „Wie auch immer, krasse Nonnendichte hier", staune ich und zücke mein Tagebuch. Scharen von Religionstouristen, Pilger, Jugendgruppen und sogar ein Bettelmönch flanieren über den Platz, und alle haben so einen merkwürdig verklärten

Blick. „Irgend etwas Besonderes hat Assisi an sich", sagt Geneva. „Wenn ich nur wüsste, was ..."

Beim Abendessen lernen wir Elvira kennen, eine Italienerin mit bayrischen Wurzeln, die mit ihrer Hornbrille und der strengen Frisur wie eine angespannte Geschäftsfrau wirkt. Sofort ist sie im Streitgespräch mit Bruder Michael. „Ihr Katholiken braucht euch über den Mangel an Nachwuchs nicht zu beschweren, wenn ihr nicht langsam mal eure Kirche öffnet", schimpft sie. Die Frau hat Feuer, das gefällt mir, und Bruder Michael reagiert erstaunlich gelassen auf ihre Kritik: „Natürlich ist das Mönch sein in der heutigen Zeit nicht leicht", beschwichtigt er. „Wie oft habe ich erlebt, dass ein Bruder sich verliebt, heiratet und sogar Kinder zeugt", seufzt er. Oh grausame Vorstellung, denke ich und lächle tief in mich hinein. Auch Bruder Franz hat seine Probleme. „Im Konvent musst du in der Lage sein, schnell und tief zu schlafen. Sonst wird der nächste Tag die Hölle", seufzt er in seinen Humpen. Wie es scheint, sind Kleriker auch bloß Menschen. „Komm, wir gehen noch in die Vesper", unterbricht Geneva meine Gedanken und führt mich zu einer winzigen Kirche mit einem hübschen Glockentürmchen. „Das ist San Stefano", sagt sie. „Für mich eine der schönsten Kirchen in Assisi."
Die Taizé-Gesänge von einer jungen Gemeinde aus Dortmund streicheln Ohr und Seele, und ich erlebe meine erste Taufsegnung. „Du bist Gottes Tochter, gesegnet seist du", spricht Geneva und benetzt mich mit einem Tropfen Wasser. So tut das die Gemeinschaft untereinander, und sogar ich soll segnen. „Ich bin aber nicht getauft", flüstere ich. „Das ist nicht wichtig", entgegnet Geneva. Nun ist das gegenseitige Benetzen mit Wasser ja noch kein religiöser Akt an sich, denke ich, ergreife den Kelch und gebe ihr meinen Segen. „No big deal", würde man auf Englisch sagen, dennoch bin ich verwirrt.
Wieder im Freien führe ich sie zu meinem Lieblingsplatz mit Blick auf San Francesco hinauf. Wir lehnen an der warmen Mauer und beobachten die Sonne beim Untergehen.
„Das Einzige, was sicher ist im Leben, ist die Veränderung", sagt Geneva. „Aber warum gibt es dann die immer wiederkehrenden Rituale und die strengen Regeln im Kloster?", frage ich. „Sie dienen dazu, das Unglaubliche berechenbarer zu machen, denn der Mensch sehnt sich nach Sicherheit", erklärt sie. „Na komm, wir trinken noch ein Gläschen", sage ich, denn der Gedanke an die unausweichliche Veränderung behagt mir nicht.

Auf der Piazza treffen wir die Dortmunder wieder und lernen Anna kennen, die mit einem Ex-Priester verheiratet war und deren Tochter als Novizin ohne Zölibat lebt. Novizin ohne Zölibat?! Das Leben steckt voller Möglichkeiten, finde ich und erhebe freudig mein Glas.

31.7. „Lass uns zur Einsiedelei des heiligen Franziskus wandern", schlage ich vor. Geneva hebt die Nase aus ihrem Milchkaffee und guckt mich ungläubig an. „Dort hat er seine legendäre Vogelpredigt gehalten", erkläre ich. „Was ist denn mit dir los?", lacht sie. „Ich habe letzte Nacht so ein Buch gelesen", antworte ich, und schon kraxeln wir hinauf in die Berge und landen durchgeschwitzt vor einer kleinen Kapelle mitten auf einer quietsche bunten Lichtung. „Die Franziskaner haben aber viel Besuch", flüstere ich, als wir uns mit der Karawane von Bauchtaschenträgern durch die Kammern zwängen, in denen einst spirituelle Dinge geschehen sein sollen. „Ob Franz heute auch noch gern her käme?", frage ich. Geneva grinst nur, und tut das, was alle Katholiken tun, wenn sie ein Gotteshaus betreten. Sie macht einen Knicks, setzt sich, faltet die Hände und versinkt im Gebet. Auch ich gewöhne mich langsam daran, obwohl ich mir immer noch nicht sicher bin, wie das eigentlich richtig geht, dieses Beten. Ich genieße einfach nur die Stille, den Duft von Bäumen, der durch das Fenster weht, und das Zwitschern der Vögel. „Du kannst das ziemlich gut", sagt sie wieder im Freien. „Was denn?", frage ich. „Na, einfach still da sitzen, ohne etwas zu tun", sagt sie. Ich schmunzele. Vor ein paar Tagen hat das noch ganz anders ausgesehen. „Das muss an Assisi liegen", antworte ich.

Am Abend sitzen wir in der Kirche von San Damiano, unterhalb der Stadt, und warten auf den Beginn der Vesper. Das Gotteshaus ist bis zum letzten Platz gefüllt, als ein Mönch einen sonoren Gesang anstimmt, der mir sofort unter die Haut geht. Die anderen Brüder singen das Echo, die Gemeinde fällt auf die Knie und stimmt mit ein. Die Stimme meines linken Nachbarn klingt so weich und voll, dass es mir ganz warm ums Herz wird, und das Mütterchen zu meiner Rechten singt nicht minder inbrünstig, dafür aber unglaublich schief. Vorwurfsvoll blickt „Caruso" zu mir herüber. Ich bin das nicht, sagt mein verzweifelter Blick, doch er lässt seinen Bariton sprechen und singt einfach lauter.

Von der Vesper (gottlob ohne Abendmahl) ganz beseelt, steige ich ein letztes Mal die Stufen zu meinem Lieblingsplatz hinauf und betrachte die umbrischen

Lichter in der Ferne. Santa Croce und die kluge Frau aus der Schweiz haben mir Ruhe und Kraft für die Reise gegeben - danke Assisi, danke Geneva.

Kapitel 3

1.8. Die Tage im Kloster sind im Fluge vergangen. Zeit, Mimi aus dem Schuppen zu befreien und Umbrien zu erobern. Und wie sie so da steht, eingestaubt zwischen kaputten Holzkreuzen und fleckigen Madonnen, gehört sie fast schon zum sakralen Inventar, und vielleicht zeichnet sich sogar ein zarter Heiligenschein über ihrem Lenker ab ...
„Sakrrament", flüstert Regina, als sie hilft, die Tasche in das Topcase zu stopfen. War das etwa ein schwesterliches Fluchen? „Ja, das geht ein bisschen schwer", räume ich schmunzelnd ein. „Behüt` dich Gott", spricht sie nun wieder mit fester Stimme und schüttelt mir herzlich die Hand. „Wirr werrden sie in unserre Gebete einschließen." „Danke für alles", antworte ich zufrieden, und sehe die Schwester im Rückspiegel immer kleiner werden. Sie winkt mir noch lange nach ...

Assisi - mehr Nonnen als Vespas

Ausblick von meinem Lieblingsplatz in Assisi

Vor mir liegt Umbriens Weite, und ich bin auf dem Weg zu einer Farm. Eine Freundin hatte mir das Wwoofen empfohlen. Das ist nichts zu essen, sondern die freiwillige Mitarbeit auf Biobauernhöfen. Gegen eine kleine Mitgliedsgebühr erhält man die Kontaktadressen der Höfe, die Kost und Logis für tatkräftige Unterstützung anbieten. Das klingt gut, in der Theorie, in der Praxis jedoch erhielt ich auf keine meiner Anfragen eine Antwort. Entweder sind die Landwirte offline, haben keinen Strom oder maximal einen Hamster im Laufrad als dessen Erzeuger. Vorgestern bekam ich dann doch noch grünes Licht von einem Hof, ganz in der Nähe des Lago Trasimeno. Dort, wo einst die legendäre Schlacht des Hannibal stattgefunden haben soll. „Hannibal ante portas oder Hannibal ad portas, wie muss es heißen, liebe Freunde?", höre ich noch Dr. Neumanns fragenden O-Ton und sitze wieder mit diesem großen, schwebenden Fragezeichen über dem Haupt im Lateinunterricht der Klasse elf - heiliger Konjugatius! Hier stand er also mit seinen 40 Elefanten, kurz vor Rom, nach beispiellosem Zug über die Alpen. Das war im Zweiten Punischen Krieg, also viel zu lange her, und graue, faltige Rüsseltiere haben sich seither als Transportmittel auch nicht durchsetzen können.
In dieser geschichtsträchtigen Umgebung also darf ich meine Hände in fruchtbare, umbrische Erde stecken. Mein inneres Dorfkind jubelt.

Doch meine Gedanken wandern immer wieder zu Geneva, Schwester Regina, den Dortmundern und den Brüdern Franz und Michael. Schmunzelnd denke ich an den Moment des Abschieds, als der Benediktinerbruder allen Postkarten mit seinem Bildnis schenkte. Darüber die Worte „Saluti da fra Michele, pace e bene". Genevas Karte hätte ich am liebsten gehabt. Dort ist er mitten in der Wüste, auf einem Kamel sitzend, abgebildet - das ist die perfekte Autogrammkarte für einen Geistlichen - ein Lob an die Marketingabteilung des Klosters Weltenburg! Was sie jetzt wohl alle machen?

Umbrien, das grüne Herz Italiens, dessen Einwohner auch „le brave", die Guten, genannt werden, buhlt unterdessen um meine Aufmerksamkeit. Sanfte Hügel, quietsche-grüne Wälder und ein weiter Himmel vermitteln eine Illusion des Nonzivilen - was auf der Karte nur ein daumengroßer, hellbrauner Fleck ist.

Die Farmerin riet mir, in Preggio nach der Hausnummer zu fragen, und ein altes Männlein beschreibt mir spuckend den Weg. „Grazie per la doccia senza pagare - danke für die kostenlose Dusche", denke ich, als plötzlich der Asphalt in eine Schotterpiste mündet und Mimis Räder über faustgroße Stolpersteine rattern. Ratlos greife ich zum Handy und beschreibe der Bäuerin, was ich sehe: „Eine Madonnenstatue." „Gut, das ist richtig. Fahr` ruhig weiter", sagt sie, und ich lege auf. Nun, ruhig würde ich das nicht nennen, denn diese halsbrecherische Fahrt über Stock und Stein erinnert eher an eine Schussfahrt im Riesengebirge, und auch dieser Weg endet – im Gestrüpp. Wieder zücke ich das Handy. „Hochsitz und Hecke, ja, das ist gut. Du musst einfach nur durch den Busch fahren und dann bist du da", ermutigt mich die warme Stimme am Telefon. Mit Anlauf rausche ich durch das Dickicht, und schon steht sie vor mir – Maria, mit dem Telefon in der Hand. Was sich einem alles zeigt, wenn man nur bereit ist, furchtlos durch eine Hecke zu heizen! „War wohl schwer zu finden?", fragt grinsend die strohblonde Maid. Verlegenes Kopfnicken. Fix und fertig parke ich Mimi im Schatten einer Blockhütte. „Sehr franziskanisches Reisen mit so einer kleinen Tasche", sagt sie mit Blick auf mein Stauraumwunder. Ist sie etwa telepathisch mit Schwester Regina verbunden? Zufall kann das ja laut Schwester Alexia nicht sein ...

Eine Kaffeelänge später sieht das Leben wieder freundlicher aus. Marias Mann Andy hat mit Zopf und Zwirbelbart eine verblüffende Ähnlichkeit mit einem Gallier, Sohn Nathan, der in Perugia Klavier studiert, sieht aus wie ein

Nachwuchsdruide, und Marias keltisches Antlitz rundet das Bild der kleinen Asterix-Familie ab. Die Hippies der ersten Stunde wanderten in den 1970ern, genervt von der bürgerlichen Enge Niedersachsens, mit Bulli und Kindern nach Italien aus, wo sie als Selbstversorger frei und ohne Zwänge leben wollten. 1976 hatte die schwangere Maria einen Traum, in dem ihr eine Aussicht auf sanfte grüne Hügel in idyllischer Landschaft erschien. Dieser Traum ließ sie nicht mehr los, und bei jeder Hausbesichtigung suchte sie instinktiv nach diesem Ausblick. In Frankreich wurden sie nicht fündig, also zogen sie weiter nach Italien. Mehr als siebzig verlassene Höfe hatten sie bereits besichtigt, als sie endlich den Ausblick aus ihrem Traum wiedererkannte. In der heutigen Küche hausten Schafe, Fenster und Türen waren kaputt, dicke Spinnweben hingen an den Decken, doch Andy baute alles wieder auf, und jetzt sieht das alte Steinhaus so wunderschön aus, dass es locker auf die Titelseite der „Landlust" gepasst hätte.

Nach der Siesta geht es an die Arbeit. Stolz zeigt mir Maria ihren prächtigen Gemüsegarten und gibt mir die schönste Aufgabe der Welt - morgens und abends gießend der ganzen Pracht beim Wachsen zusehen. „Und hin und wieder mal ein paar Käfer zerquetschen, die zerfressen sonst alles", befiehlt die Hausherrin. Das Landleben ist eben nichts für Susis! Nächster Programmpunkt: Mit einer Sichel Gras abhacken und es dann an die Schafe verfüttern. Mit diesen Instruktionen mache ich mich frisch ans Werk. Völlig durchgeschwitzt und mit hochrotem Kopf (wer schon einmal bei 35 Grad Celsius für ein halbes Stündchen Gras abgehackt hat, weiß, wovon ich spreche) bereite ich mich seelisch und moralisch auf die Raubtierfütterung vor. Meine letzte liegt mit dem Jahre 1992, als wir unsere „Ollings" an den freundlichen Döner-Mann in Stralsund verkauften, schon etwas länger zurück. Erster Schritt: Das Gras auf eine Forke spießen. Zweiter Schritt: Mit der Forke in der Hand vorsichtig die Türe öffnen, aufpassen, dass die Tiere nicht ausbüxen und langsam in den Schafstall vordringen ... und schnell wieder hinaus. Keuchend lehne ich an der Stalltür. Ich bin aus der Übung und habe das Gras mehr auf den Tieren, als im Futtertrog verteilt, aber wenigstens ist die Schubkarre leer. Und jetzt? „Äpfel sammeln ist immer eine gute Idee", hatte Maria bei der Einweisung gesagt. Sie schätzt Mitarbeiter, die selbstständig denken und eigeninitiativ handeln - und eigeninitiativ befinde ich, dass es nun Zeit ist für das Abendessen. Immerhin versinkt die Sonne schon hinter den Hügeln, und ich habe Hunger wie ein Wolf. Freudig stürzen wir uns auf das selbstgebackene Brot aus selbst gemahlenem Getreide. Dazu gibt es Butter und Käse, ebenfalls aus eigener Herstellung - Biokost pur, und Alkohol gibt es auch nicht. Nathan verwechselt sein Buschmesser mit dem Besteck und spießt alles was essbar ist damit auf. Zum Dessert massakriert er eine Melone, die er ganz alleine genüsslich verspeist. Echte Kerle brauchen keine Gabeln. Das versprechen ja reichlich entschlackende Tage zu werden, denke ich, denn so gesund habe ich lange nicht mehr gegessen, und dazu noch die Bewegung an frischer Luft ... Schlagartig wird mir bewusst, wie sehr mir das alles gefehlt hat. Es ist ein bisschen wie nach Hause kommen, und der Tag hätte auch perfekt enden können, hätte mein Bett nicht in der einsamen Blockhütte direkt neben Mimi gestanden. Das heißt, ganz allein über den finsteren Hof laufen. In Deutschland hätte ich das gewiss nicht schlimm gefunden, aber hier soll es giftige Vipern, Wildschweine und sogar Wölfe geben. Na dann prost Mahlzeit! Ich erflehe eine Taschenlampe und schleiche furchtsam durch das Dunkel. Wer garantiert mir denn, dass Schlangen auch wirklich Fluchttiere und Wölfe auch wirklich menschenscheu sind? Mit pochendem Herzen erreiche ich die Blockhütte, doch die Angst bleibt. Was ist, wenn jemand unter dem Bett liegt oder sich im Schrank versteckt hat, oder hinter der Tür? Wie in den Gangsterfilmen arbeite ich mich langsam Zimmer für Zimmer vor, schalte alle Lichter an, schaue in jeden Winkel, bis ich mich sicherer fühle, das Pfefferspray auf den Nachttisch stelle und in einen traumlosen Schlaf falle.

2.8. Um sieben ist die Nacht zu Ende. Nicht, dass das mit dem früh aufstehen noch zur Gewohnheit wird. Im Halbschlaf schlurfe ich hinaus ins Freie und sehe das Tagwerk direkt vor mir liegen - so ein kurzer Arbeitsweg hat doch seine Vorteile. Ausgedörrt und zerbröselt ist die Erde, als hätte das gestrige Gießen nie stattgefunden, die Melonen sind noch mickrig, die Bohnen kommen so langsam, und die Zucchini haben über Nacht bildhübsche, orange Blüten angesetzt. „Man erntet immer die Männlichen", habe ich gelernt und kehre mit vollen Körben in die Küche zurück, um von der Meisterin zu lernen. Heute gibt es gefüllte Zucchiniblüten nach Marias Art, und das geht so: Blüten waschen, den Stempel entfernen, und Eierkuchenteig herstellen. Hierfür Eigelb, Dr. Fischer Gewürzmischung und Mehl vermischen und mit Salz und Pfeffer abschmecken. Dann die Blüten mit Käse füllen, Olivenöl erhitzen und die Zucchiniblüten im Eierkuchenteig ca. 5 Minuten von jeder Seite goldbraun braten. Fertig.

Der „Zucchiniblüten-Code" ist somit entschlüsselt, und auch das Rätsel von Assisi wird gelöst. „In Assisi sind all die Gebete von den Sommergästen in die Steinmauern gekrochen und überwintern dort", sagt Maria. Vielleicht ist das die Erklärung für die besondere Energie dieser Stadt.

Während häuslich-meditativer Tätigkeiten wie dem Weizen-putzen, reden wir über solche Dinge, und es ist, als ob vieles, was in Santa Croce begann, sich auf der Farm logisch fortsetzt. Zwar bin ich nicht mehr in einem katholischen Konvent, wohl aber bei einer sehr spirituellen Familie mit tiefgründigen Gedanken gelandet, der es darum geht, der Natur etwas zurück zu geben, durch biodynamischen Anbau oder Permakultur. Oder es geht um schwer fassbare Dinge, wie Karma und Reinkarnation. An Zufall jedenfalls glaubt auch Maria nicht.

Manchmal sitzen wir schweigend in der Küche und lauschen Nathans Klavierspiel, der für seine Zwischenprüfung Liszt-Etüden und Bachfugen übt. Wie können diese Hände Kühe füttern, Heu ernten, Zäune flicken, Landmaschinen reparieren und gleichzeitig so Klavier spielen? Was die Abwesenheit eines Fernsehgerätes und eine lahme Internetverbindung so alles möglich machen ...

Während wir Frauen angewandte Küchenpsychologie betreiben, ist Andy permanent damit beschäftigt, irgendetwas zu reparieren oder zu bauen. Im Moment fertigt er Holzfenster für die Villa einer Freundin an, und obwohl die Familie mit sehr wenig Geld auskommt, sind solche Aufträge ein wichtiges Zubrot. Schließlich müssen sie immer einen Notgroschen auf dem Konto haben, schon allein wegen der Willkür der Behörden. Diese verhängen gerne Strafen auf alles - sogar für Erdbewegungen auf dem eigenen Gehöft. Sie mussten einmal 1.500 Euro bezahlen, nur weil Andy einen Teil seines Grundstückes planiert hatte. Ich wusste gar nicht, dass es verboten ist, auf dem eigenen Grund und Boden Erde von A nach B zu schieben. Wann ist der Mensch eigentlich so unfrei geworden? Andy ist trotz solcher Ärgernisse mit seinem Aussteigerleben voll zufrieden und sieht seine Tätigkeiten nicht als Arbeit an.

Ich bewundere diese fröhlichen Selbstversorger – Kaffee und Reis sind das einzige, das sie kaufen müssen, alles andere produzieren sie selbst. Einmal im Jahr machen sie einen Großeinkauf, betreiben regen Tauschhandel auf regionalen Märkten, alles wird bar bezahlt, Kredite sind tabu, Steuern werden pünktlich gezahlt, so dass man weitestgehend frei und unauffällig lebt. Sollte

irgendwann die Apokalypse vor der Hoftür stehen oder schlimmer noch, der Finanzsektor kollabieren - die Asterix-Familie ist auf alles vorbereitet.
Und ganz nebenbei besprechen wir auch die Aufgaben des morgigen Tages: Gerstenkaffee für den Markt eintüten und Olivenpaste herstellen. Na dann ist ja alles klar.

3.8. Melli, die Tochter des Hauses, kommt zu Besuch. Sie lebt mit ihrem Freund, einem freischaffenden Geiger, in Berlin, arbeitet dort als Heil-Eurhythmistin, und wir verstehen uns prima. Sie kann besonders gut mit den Schafen umgehen und sie sogar melken. Vor den Kühen hingegen haben alle Respekt, nur Nathan nicht. Er liefert zuverlässig Milch für die Käseküche, wo neben guter Butter auch Mozzarella, Pecorino und Ricotta hergestellt wird. Auch diese werden wie der Gerstenkaffee, das Obst, das Brot und der Fruchtsaft auf dem Markt verkauft. Langeweile kommt da nicht auf.
„Auf zum Grasschneiden und Schafe füttern", ruft Melli, und schon sitzen wir mit Forken bewaffnet auf dem Anhänger eines uralten Traktors, den Nathan steuert, und warten auf unseren Einsatz. Mit einer ufoartigen, wahrscheinlich selbstgebauten Mähmaschine wird das Gras geschnitten, und wir zwei Mädels laden es auf den Hänger. Wenn der prallvoll ist, schaukeln wir gemüt-

Lago Trasimeno voraus!

lich auf dem Heuwagen zum Schafstall. So kenne ich das vom Forsthof auch, und was haben sich damals für menschliche Dramen abgespielt, als meine mittelgroße Schwester Biggi meiner großen Schwester Tini bei der Heuernte aus Versehen die Forke in den Fuß rammte! Ach ja, die Kindheit ...
Hier geht es zum Glück nicht ganz so brutal zu. Aber was das Schafe füttern angeht, bin ich immer noch aus der Übung. Auch beim zweiten Versuch werde ich von der kleinen Herde gnadenlos weggestoßen. Wie habe ich das als Siebenjährige bloß geschafft? „Du musst ganz dominant auftreten und sie einfach wegdrücken", rät Melli, und es klappt. Dass es aber auch nie im Guten geht. Muss man denn immer erst böse werden? Sogar bei Schafen?
Schadenfroh denke ich an den Schafskopf im Schuppen. „Den ham` wir für die Katzen abgekocht", sagt Melli trocken. Das blüht also besonders aufsässigen Tieren, die nicht spuren wollen ...
Vater hatte im Geräteschuppen der Försterei auch öfter mal Rehbockköpfe in irgendwelchen Tiegeln abgekocht, mit Wasserstoffperoxid gebleicht, auf komisch geformte Holzbrettchen geschraubt und an die Wohnzimmerwand gehängt. War diese voll, wurde entweder eine neue Wand aufgemacht oder eine Trophäenschau beliefert ...
Nach diesem abscheulichen Anblick verziehe ich mich lieber wieder in die Küche und lerne ein neues Rezept. Es heißt „Gomasio" und geht so: Sesam in einer Pfanne pur, also ganz ohne Fett, unter stetigem Rühren ganz langsam rösten, bis er anfängt zu duften und einzelne Samen krachend hochspringen. Mit etwas Salz mischen, abkühlen lassen, in der Kaffeemühle fein mahlen und auf das Butterbrot streuen. Achtung lecker!
Die Herstellung dieser und anderer Speisen wird begleitet von einer uralten, leiernden Kassette von Bodo Bach.
Für meditative Tätigkeiten wie das Gerstepulen legt Melli uralte Schallplatten des großartigen Tenors Beniamino Gigli oder ihres Freundes, des Geigers, auf. Pucchini-Arien bei der Hausarbeit sind einfach das Größte! „Neessuuun dorrmaaaa", johlt der Familien-Chor.

8.8. Kurz vor der Abreise weiht mich Melli in die wundersame Welt der Eurhythmie ein. Das ist eine von Rudolf Steiner erfundene Bewegungsform, mit der man Töne und sogar ganze Musikstücke tanzen kann. An Waldorfschulen ist sie ein eigenes Fach und wird sogar zu therapeutischen Zwecken genutzt. Selbst Abnehmen kann man mit Eurhythmie - hierfür muss man nur verstärkt das „O" tanzen. Abgefahren.

Nach zehn Tagen bei der Asterix-Familie bin ich körperlich topfit, künstlerisch und kulturell voll auf der Höhe, komplett entschlackt und sogar fast ein bisschen schlank. Das Selbstversorger-Leben ist die reinste Frischzellenkur - auch für mein Reisebudget - denn ich habe in den ganzen Tagen keinen einzigen Cent ausgegeben. Was für eine Erfahrung!
Jetzt brauche ich erst einmal Urlaub – wie gut, dass ich mit Romeo zum Windsurfen am Gardasee verabredet bin. Als Besitzer eines Surfscheines möchte er mir diese zweifelhafte Form der Fortbewegung schon seit langem schmackhaft machen und hat hierfür extra eine Ferienwohnung mit Seeblick gebucht.
„Lass doch deine Mimi bei uns", schlägt Andy vor. „Und wenn du fertig bist mit Surfen, holen wir dich vom Bahnhof ab." „Dieses Angebot nehme ich gerne an", erwidere ich freudig. Der Gedanke an eine Rückkehr in diese wunderbare Aussteiger-Welt ist einfach zu verlockend.

Kapitel 4

19.8. „Merda, die fahren hier wie die Bekloppten", flucht Nathan, als er in letzter Sekunde einem Geländewagen ausweicht. Die Vorliebe einiger Verkehrsteilnehmer zum Kurvenschneiden ist mir auch schon aufgefallen. Doch ich bin Kummer gewöhnt. Ich habe einen Surfkurs überlebt und bin dankbar, in Nathans altem Benz zu sitzen und die Asterix-Familie wiederzusehen. Wir umarmen uns herzlich und laufen sofort zum Garten hinunter. „Sieh nur, wie groß die Melonen geworden sind", sagt Maria. „Hach ja, der Garten", seufze ich.
Kurz nach Sonnenuntergang liegen Nathan, Melli und ich auf der Wiese, hören den Kühen beim Muhen zu, und erwarten den Sternenaufgang.
„Löwe, Jungfau, Kassiopeia, Perseus", doziert Melli und fährt mit ihrem Sternendeuter über den Nachthimmel. Eine Sternschnuppe fällt. „Ich wünsche mir eine Waschmaschine!", ruft Nathan. „Und ich einen Trockner", lacht Melli.

20.8. Mimi will nach der langen Fahrpause nicht anspringen. Ich schiebe sie die Schotterpiste hoch, nehme Anlauf, bis der Motor endlich kommt, und sehe mich noch ein letztes Mal nach der winkenden Hippie-Familie um. Tschüss ihr Lieben, es war schön bei Euch!

Mich zieht es nach Montepulciano, dem Reich des guten DOC-Weines, und in der „Fattoria Pulcino" genieße ich das volle Programm - ein drei-Gänge-Menü nebst bunter Weinauswahl. Es ist mein erster Abend allein, ich sitze vollgefressen und umringt von glücklichen Familien auf einer Panoramaterrasse mitten in der Toskana und frage mich, was ich hier eigentlich soll. „Sono da sola - ich bin allein", flüstere ich, und mir wird klar, dass ich zurück nach Assisi muss. Dieser vertraute Ort wird mir Kraft für meine Reise geben. Das spüre ich.

21.8. Im Schlafsaal der Jugendherberge von Assisi massiert eine Pilgerin ihre wunden Füße. Tatiana ist auf dem Franziskusweg gepilgert, und ihre Augen leuchten vor Freude. „Ich habe meinen Bürojob geschmissen", sagt sie stolz. „Weil meine Seele etwas anderes wollte, als das Portemonnaie – und das war der Camino", erklärt sie. „Beim Pilgern lernt man das Loslassen. Da spürst du jedes einzelne Gramm auf deinen Knochen, und jedes Stück, das du nicht brauchst, ist nur sinnloser Ballast", sagt die attraktive Frau aus Bologna. Gedankenverloren schaue ich zum Fenster hinaus. Mimi und ich sind auch Pilger, aber rastlose, fürchte ich.

„Möchtest du mit nach San Damiano?", fragt Tatiana. „Nein danke, ich habe schon etwas vor", entgegne ich und greife nach meinem Notizbuch. Ich möchte auf der Piazza del Comune sitzen, die Leute beobachten und dann darüber schreiben - das bin ich Geneva schuldig.

Die Kellnerin ist noch dieselbe und auch die Näherin, die Wunschnamen auf Schürzen stickt, sitzt noch an ihrer Ecke. Sogar der barfüßige Bettelmönch schlurft wieder durch die Straßen, und ich freue mich riesig, ihn wiederzusehen. „Der ist bestimmt fake", hatte Geneva gerufen. „Vielleicht ist er ja ein ganz normaler Büroangestellter", mutmaßte ich.

Traurig streune ich durch die vertrauten Gassen. San Stefano ist verwaist, die Dortmunder sind weg, und Santa Croce möchte ich so in Erinnerung behalten, wie ich es vor drei Wochen verlassen habe.

22.8. „Ruf mich an, wenn du nicht mehr weiter weißt", sagt Tatiana und steckt mir einen Zettel mit ihrer Telefonnummer zu. „Ich werde ihn nicht brauchen", erwidere ich lachend und umarme die Pilgerin zum Abschied.

Auf der 77 quält sich Mimi über Spello, Foligno und durch den „Colfiorito" Nationalpark die umbrischen Berge hinauf, ihr Motor klingt nicht rund, und ich stoppe in Belforte del Chienti. Die Kleinstadt gefällt mir auf Anhieb, und

ich buche mich im „Pinturetta" bei Nadia und Marcello ein. Es ist der heißeste Tag des Jahres, im Café an der Piazza schimpfen die Dorfältesten über „La Merkel", während ich ihren Hund heimlich mit Brot füttere. Die Bank vor dem Alimentari–Lädchen gegenüber ächzt unter der Last einer Dreigenerationen-Familie, welche lautstark über den Platz krakehlt. Vom Spektakel angelockt, wandern meine Blicke über das Spirituosenregal. Peroni, Nastro Azzurro, Moretti, Dreher und Führer-Bier! Führer-Bier???
Mitten in der Pampa starrt mich ein hässlicher Vogel mit Schnauzer und Schleim-Scheitel von einer Bierflasche an. Ich glaube, ich muss mich übergeben. „Wir haben auch noch andere Sorten", sagt die rundliche Verkäuferin. „Auch das Kamerad ist sehr lecker", empfiehlt sie, und ich reibe mir die Augen. „Des weiteren führen wir noch Lenin, Stalin und Bob Marley", verkündet sie stolz. „Ist das alles Bier?", frage ich verdutzt. „Genau, aber das Mussolini müsste ich nachbestellen, das ist ausverkauft", sagt sie. Ich nehme eine Flasche Peroni und verlasse verwirrt den Laden – von der braunen Brühe lasse ich lieber die Finger - der Kapitalismus trägt schon seltsame Früchte! Zurück im Quartier fängt mich der neugierige Marcello an der Schwelle ab und will alles über meine Reise wissen. Ich lege die Karte auf den Tisch und zeige auf die Hackenspitze des italienischen Stiefels. „Was, nach Süden willst du?", fragt er ungläubig. Ich nicke freudig. „Ich gebe dir einen Rat: Kehre in Manfredonia wieder um!", warnt er. „Das geht nicht", sage ich. „Ich muss zum Ende der Welt." „Lass es sein und such dir einen Ehemann", lacht Marcello. „Die Ehe ist was für alte Leute", erwidere ich trotzig. „Nun gut, dann lass` dir wenigstens von einem alten, verheirateten Mann helfen", kichert er und malt ein paar Kreuze in meine Karte. „Du musst die großen Straßen meiden. Die sind gefährlich", sagt er. „Außerdem entgeht dir da unsere wunderschöne Landschaft. Hier, nimm` diese Strecke", sagt er und kritzelt weiter.

23.8. Nadias mütterliche Umarmung droht mich zu zerquetschen, und der gerührte Marcello wischt sich eine Träne aus dem Auge. „Pass` auf dich auf Cara", seufzt er. Ciao, alter Mann – und recht hast du - die Marche, diese göttliche Einöde mit den honiggelben Sonnenblumenfeldern, ist wunderschön. Ich spüre das Meer in der Ferne - Küstenkinder wissen, dass es nah ist, ohne es zu sehen - und fahre auf den Zenit eines Berges zu, hinter dessen Spitze ein Teppich aus Azur hervorblitzt. Ich fahre Schlangenlinien des Glücks, geradewegs auf die tiefblaue Lache zu. „Hallo Adria, du alte Fregatte, lange nicht mehr gesehen", johle ich. Doch die Euphorie zermatscht an den Mauern San

Benedetto del Tronto. Mitten im Industriegebiet leuchtet in grellen Farben ein riesiges Schild: „IPSIA" - der Betonklotz ist die einzige Jugendherberge im Umkreis und somit mein Quartier.

„Ich gebe dir einen Rat, kehre in Manfredonia wieder um", höre ich Marcellos Worte durch meinen Schädel rasen. Vielleicht hatte der Kauz ja recht und das hier ist Schwachsinn, denke ich, während ein D-Zug durch mein Zimmer rast, dass die Pressholzmöbel vibrieren. Warum müssen die Jugendherbergen immer an Bahnhöfen liegen, frage ich mich und schlafe den traurigen Schlaf des einsamen Wanderers.

24.8. Einen Wecker brauche ich nicht, das erledigen die Trenitalia. Benvenuti alla stazione! Missmutig schlurfe ich zum Frühstücksraum. Das Feuerwerk aus Plastik passt perfekt zu meiner Stimmung. Ich wurde immer wieder von den Zügen aus dem Schlaf gerissen, und jetzt tunke ich uninspiriert einen Keks in eine kaffeeähnliche Brühe. Ciao Ipsia, schnell weg hier. Doch wir kommen nicht weit, schleppen uns von Ampel zu Ampel, und der Stau macht alle Verkehrsteilnehmer aggressiv. Sie hupen, drängeln, und sie fluchen aus ihren heruntergekurbelten Fenstern heraus, ein Schwarm Motorinos fährt Slalom um die Kolonne, und ich fahre mit. Ich bin gefangen in einem „Jump-and-Run-Spiel", bei dem man immer irgendwelchen Dingen ausweichen muss, nur dass es auf dem Sofa deutlich mehr Spaß macht. Das hier ist ein wenig zu real für meinen Geschmack, doch hinter Pescara ist der Spuk vorbei, und ich atme tief durch. Ich bin durch das ganze Level gekommen - und das mit nur einem Leben.

Die 16 führt neben einer Bahnstrecke direkt am Meer entlang, und ich wäre jetzt zu gerne Fahrgast der Trenitalia. Der hat bestimmt kein wundes Gesäß, keine tellergroßen Schweißränder unter den Armen, und genießt Premium-Meerblick. Die schnurgerade Straße führt an riesigen, zündelnden Stoppelfeldern und verwachsenen Kakteen vorbei, durch das Brachland, unweigerlich in eine Wüste hinein.

Der Fahrtwind kühlt längst schon nicht mehr, meine Unterarme verschmoren allmählich in der Sonne, und der Brandgeruch, der sacht vom Feld herüberweht, passt perfekt dazu. Vor der Hitze gibt es kein Entrinnen. Weit hinter Termoli kommt endlich das erlösende Schild: Gargano. Irgendwo hier befindet sich das Zimmer, das ich gestern reserviert habe. Nach 10 Stunden Fahrt erreiche ich den Agriturismo mit dem klangvollen Namen „Isola Varano", und ich erstarre vor Schock. Er liegt nicht etwa im Naturschutzgebiet, nein, im 120.000 Hektar großen Nationalpark des Gargano, dem stolzen Sporn des italienischen Stiefels, habe ich mir ausgerechnet den einzigen Bauernhof direkt neben einer Tankstelle ausgesucht. Zerknirscht rolle ich auf den Hof, der einer Müllhalde gleicht und knalle wütend die Sporttasche zu Boden - dieses Vorreservieren aus Angst, kein Zimmer mehr zu bekommen, muss endlich aufhören!

„Sei sposata?", fragt mich das dicke Kind auf der Schwelle. „Uno momento perfavore", antworte ich und bemühe mein knittriges Taschenwörterbuch. „Sporco, sponsor, sposato. Na bitte. Sposato/sposata = verheiratet. Was, verheiratet?" Ein apulischer Dreikäsehoch fragt mich tatsächlich, ob ich verheiratet bin? Ich glaube, es hackt! Ich stammele etwas von „Amico", oder wie heißt nochmal Freund auf Italienisch? Die Rotzgöre grinst verschlagen, und labt sich an meiner verbalen Verstrickung. Als ob ich einem Halbstarken Rechenschaft über meinen Beziehungsstand schulde - wir sind doch hier nicht bei Facebook, Herrgott!

Ein Glatzkopf mit schwarzem Kinnbart belustigt sich über die Konversation. „Raphael", stellt er sich mit dunkler Stimme vor, und ich zucke zusammen, denn er sieht aus wie der Böse aus den alten Piratenfilmen. „Ich, als Carabiniere der dritten Generation, rate Ihnen, parken Sie niemals ihren Roller irgendwo unbeaufsichtigt! Die klauen hier, wie die Raben", mahnt er. „Sie müssen wissen, dass Diebstahl bei uns in Apulien ein Volkssport ist", fährt er fort. „Ich werde daran denken", stammele ich und schiele sehnsüchtig zur Rezeption. „Wenn Sie Hilfe brauchen, wenden Sie sich ruhig an mich. Ich kenne Leute, die auf Ihren Roller aufpassen können, wenn Sie etwas unternehmen möchten", sagt er. „Kennen Sie einen sicheren Parklatz am Hafen?", frage ich und fasse langsam Vertrauen zu dem Mann mit dem stechenden Blick. „Aber natürlich. Raphael kennt alles und jeden", antwortet er. „Danke. Morgen komme ich gern auf Ihr Angebot zurück", erwidere ich und verabschiede mich höflich.

Das Zimmer leuchtet taghell im Lichte der Tankstellen-Leuchtreklame, das Pfefferspray drückt unter dem Kopfkissen, und mein Nachthemd klebt am Laken fest. Der Süden macht mir Angst.

25.8. Don Raphael steigt gähnend aus seinem Wohnmobil und winkt mich zu sich heran. „Möchten Sie eine kostenlose Führung über das Anwesen?", fragt er seinen Bauch kratzend. „Unbedingt", antworte ich und finde mich bald

Das „Traumschiff" auf Apulisch

inmitten rostiger Landmaschinen und vorsintflutlicher Fahrzeuge wieder, die wahllos über das Areal verstreut sind. Fast so, als hätte der Greifarm einer Riesenschrottpresse sie zufällig verloren. Dazwischen meckert es aus verschiedenen Käfigen - Hühner, Gänse, Emus, ein Pfau, Schafe und Kühe – alles bläst ein beißendes Geruchsgemisch in die Atmosphäre und gackert wild durcheinander.

„Steht das Angebot mit dem Parkplatz noch?", frage ich mit dem Brechreiz kämpfend. „Berufen Sie sich am Hafenkiosk auf mich", entgegnet mein einsamer Held des Feinripp.

Dort winkt mich ein Greis zu sich heran. „Ich habe Sie erwartet", krächzt er und weist mir einen Stellplatz für Mimi direkt hinter seiner Hütte zu. Auf Raphael ist Verlass.

Mit den anderen Ausflüglern warte ich an einem Pier des Grauens, vor dem rostige Schiffswracks bizarr aus dem Wasser ragen. Ein hornalter Kutter steuert auf uns zu, und ich bete: „Bitte mach`, dass das nicht unser Boot ist." Glück gehabt, die Rostlaube fährt vorbei.

„Emozioni Nel Blu", steht in tiefblauen Lettern auf dem schneeweißen Schiffsrumpf, der in diesem rostbraunen Umfeld wie ein Fremdkörper wirkt.

„La donna e mobile", krächzt es aus dem Lautsprecher, und drei fesch uniformierte Herren bitten uns an Bord. Die Fähre entpuppt sich bald als Schnellboot, dessen Bug sich bei Vollgas aus dem Wasser hebt. Binnen weniger Minuten bin ich klatschnass, kämpfe mit einem latenten Brechreiz und sehne den Felsen der Insel herbei. „Benvenuti a San Domino", schnarrt es aus dem Lautsprecher.

„Bitte steigen in die kleinen Holzboote um, die sich auf der Backbordseite befinden", sagt der Kapitän.

Der Steuermann der winzigen Holzbarke sieht aus wie Anthony Quinn im Film „Der Mann und das Meer", auf dem Deck aalt sich ein braungebrannter Adonis mit lockigem Haar, der ganz genau weiß, dass er schön ist und mit lasziven Bewegungen die Leinen los macht. Wir umschippern die vielen Schnorchler und steuern geradewegs auf eine Grotte zu. „Kopf einziehen!", ruft Adonis. Der Schöne kann auch sprechen und beginnt einen Kurzvortrag über die Höhle, während die sabbernde Damenwelt an seinen Lippen hängt. Von mir aus hätte er auch die Gebrauchsanleitung einer Küchenmaschine vorlesen können, solange er nur mit freiem Oberkörper über das Vorderdeck tänzelt.

Wir ankern vor einer Bucht, mir brennt der Helm, und der Schöne spricht wieder. In 40 Metern Tiefe soll eine versunkene Padre-Pio-Statue liegen, aber ich sehe nur Schwärme bunter Fische und ein paar Schnorchel. Dann werden wir plötzlich abgesetzt. „Sie haben zwei Stunden Zeit, die Insel zu erkunden, und dann fahren wir zurück", ruft der Traummann, welcher bereits von einer dunklen, mandeläugigen Schönheit am Ufer erwartet wird. Die folgende, Rosamunde-Pilcher-verdächtige Umarmung lässt das Neid-Lämpchen in grellem Gelb aufleuchten, denn das Glück anderer Menschen ist manchmal schwer zu ertragen - besonders wenn man allein durch das Land der Großfamilien reist und durch die Allgegenwärtigkeit der Eierteigware immer fetter wird ...

Ich laufe auf der Insel herum wie Falschgeld, hole mir einen Sonnenbrand, suche Schatten in Kirchen und Cafés, trinke mal wieder zu viel Espresso, beschrifte kitschige Postkarten und warte auf Adonis. Doch der hat schon Feierabend. Stattdessen werden wir vom Alten zurück nach Capiola verschifft. Auch gut, dann kann ich mich wenigstens auf die malerische Landschaft und meinen Sonnenbrand konzentrieren.

Zurück in Capiola grinst mir der Kioskbesitzer lausbübisch zu, und ich gebe ihm einen Schein. Er hat meine Kleine vor der bösen Mafia beschützt.

Wieder auf dem Bauernhof bin ich, wie so oft, die einzige Single-Frau, umringt von lauter glücklichen Familien. Und ich frage mich: Gibt es denn keine Alleinstehenden in diesem Land? Oder wenigstens ein schwules Pärchen oder ein paar Patchworkfamilien vielleicht? Der staatlich subventionierte Beischlaf, kurz auch Ehe genannt, scheint das einzige Lebenskonzept im katholischen Süden ...
Der Kellner bringt Muscheln in Olivenöl und ein undefinierbares, hoffentlich vegetarisches, Grünzeug, das ich mit großen Schlucken Weißwein hinunter spüle. Irgendwie frustrierend, diese einsamen Abendessen ...

26.8. Mit selbst gemachter Orangenmarmelade und guten Wünschen bestens versorgt, winde ich mich auf der SP 53 über Vieste und Mattinata durch eine Spirale von Serpentinen die Steilküste entlang, bis mir schwindelig wird. In einer scharfen Kurve direkt an einer Klippe sehe ich europäische Fahnen im Winde wehen - auch die deutsche. Das ist ein gutes Omen, denke ich, frage nach einem Zimmer, und ein kleiner, untersetzter Herr führt mich zum Bungalow Nummer 5. Ich sehe keine Tankstellen, dafür aber das Meer und sage: „Prendo! Ich nehme es!"
Der Tag ist noch jung, und Monte Sant` Angelo liegt quasi um die Ecke. Wie Assisi ist das Pilgerstädtchen ein Mekka für gläubige Christen aus aller Welt, denn der Legende nach soll der Erzengel Michael dort erschienen sein. Doch was auf der Karte nur einen halben Daumen breit ist, erweist sich im realen Biker-Leben als Mörder-Anstieg. Ich peitsche Mimi gnadenlos in das Gebirge hinauf und folge dem Pilgerstrom zur Grottenkirche San Michele, immer den salbungsvollen Klängen der Orgel hinterher. Die Inschrift an der Archivolte des Eingangsportals gibt es mir schriftlich - nach dem Eintritt in diese geweihte Stätte sind mir alle Sünden vergeben. Welch seliger Gedanke, jubele ich, trete ein, lausche den Gebeten der heiligen Messe, schlafe ein, und als ich erwache, ist die Kirche leer.
Am Himmel bilden sich dunkle Wolken, Wind kommt auf, Blitze zucken, und ein gewaltiger Regenguss donnert über das Kopfsteinpflaster. Die dicken Tropfen machen die übertreuerten Heiligenfiguren nass, die Urlauber rennen wie aufgescheuchte Hühner zu ihren Reisebussen, und ich spaziere barfuß durch den Regen - von einem Regentanz sehe ich aus Gründen der Pietät jedoch ab.
Mimi steht in einer knöcheltiefen Wasserlache, und gerade als ich mich hinunter beuge, um mir die Hose hochzukrempeln, ruft eine Stimme „Signora,

Signora, kommen sie schnell ins Trockene." Es ist der alte Parkwächter, der die Tür seines uralten Dreier-Golfes öffnet, aus dessen Inneren folkloristische Musik in den Regen dudelt.

„Ich bin Matteo, und der da ist mein Assistent", sagt er und zeigt mit schiefen Grinsen stolz seine letzten drei Zähne, und mir wird klar, dass ich mit zwei wildfremden Männern mutterseelenallein in einem rostigen Golf sitze. Heizung und Scheibenwischer laufen auf Hochtouren, und ebenso rattert es in meinem Hirn. Kratzen, beißen, treten, kreischen, gehe ich alle Optionen der Selbstverteidigung durch. „Hier, das ist meine Tochter Mattina", sagt der Zahnlose, und ich entspanne mich sofort, denn böse Typen haben keine Töchter mit Korkenzieherlöckchen und Samtkleid. Doch zur Sicherheit erzähle ich ihnen lieber meine Standard–Lügen–Geschichte von meinem wartenden Ehemann im Hotel, und mein Roller ist natürlich nur geliehen ...

„Fahr` langsam, die nassen Steine sind glatt", warnt mich der Assistent, und nur wenige Minuten später denke ich: „Wäre ich doch lieber bei den beiden Gestalten im Klappergolf geblieben." Auf der Straße liegt Geröll, der Sturm fegt mich gleich vom Sitz, der Regen plattert auf das Cape, und ein verlorener Sonnenstrahl bricht sich durch die Wolkenwand. Er taucht die Landschaft in die mystischen Farben eines Fantasy-Streifens. Für solche Augenblicke lebt man!

Dann kommen die Blitze, der Sturm wird stärker, es dunkelt schon, es geht nur noch im Schritttempo vorwärts, meine Umgebung kommt mir fremd und feindlich vor, und ich habe mich verfahren. In einem Tunnel stockt der Verkehr. „Ey, wie lang ist denn der Stau?", brüllt es aus einem Benz. „Keine Ahnung", brülle ich zurück. Hasstiraden, Flüche und Wutausbrüche schallen aus den offenen Fenstern. Die Nerven liegen blank, und ich bin froh, dass ich mit Mimi an der Kolonne vorbeiziehen kann. Geduld ist nicht gerade die Stärke italienischer Verkehrsteilnehmer. Die Lichtkegel der Fahrzeuge werfen gruselige Schatten in das schwarze Loch des Tunnels, und ihr Qualm reizt Augen und Hals. Wieder im Freien, ist das Gewitter direkt über mir, und ich bete zum Erzengel. „Bitte lieber Michael, bitte sorge dafür, dass ich heil aus deiner Stadt zurückkehre!" Und seine Antwort folgt auf den Fuße. Es donnert, und der Himmel teilt sich. Seine rechte Seite erstrahlt in gleißendem gelb, während die Linke tiefschwarz an einen tödlichen Schlund erinnert. Das ist Dantes Inferno, direkt über mir.

Um 21:36 Uhr betrete ich klatschnass die Lobby der „Albergo San Michele". „Na, haste ein Bad genommen?", fragt der Hausherr trocken. „Sehr witzig", antworte ich, straffe meine Schultern und ziehe eine Schnute. Die bleiche zerzauste Kreatur im Badezimmerspiegel kenne ich nicht, und ich denke nur, jetzt erst recht. Ich ziehe mein feinstes Kostüm an, richte mir die Haare und beschließe mein Leben zu feiern - mit gutem Essen und bestem Vino.

„Heute ist der letzte Ferientag. Da fährt die ganze Nation von A nach B, und der Sturm macht das Chaos perfekt", seufzt die Kellnerin. „Na dann Cin Cin", erwidere ich und erhebe mein Glas.

In der Lobby läuft eine Reportage über ein Kloster in Griechenland. Ein rundlicher Herr mit Glatze ergreift das Zepter und zappt durch die Kanäle: Auf Rai Due läuft ein Nazifilm. Gerade hält ein SS–Offizier einem Gefangenen eine Pistole an den Kopf, und ich versinke vor Scham im Plüschsofa. Und zapp: Albano moderiert das „Mia Puglia"-Musikfestival. „Die sind doch gar nicht mehr zusammen", keift es vom Tresen herüber. „Genau, Romina hat längst einen Neuen", keift es zurück. Was? Skandal! Ich hätte öfter mal die Bunte lesen sollen, denke ich. Regungslos sitze ich vor dem Fernseher, umringt von Fremden, ich bin immer noch durchgefroren und verlängere meinen Aufenthalt. Ich muss meinen Akku laden – der Ausflug zum Erzengel hat Kraft gekostet.

Es ist spät am Abend, ich stehe vor dem Bungalow und schaue auf das Meer. In der Ferne leuchten die Lichter der „Costiera Barese", und zum ersten Mal seit Wochen erfrischt die Abendluft. Am Horizont liegt Bari, und ein Teil von mir möchte Mimi dort auf den Autozug packen und nach Hause fahren. Vor 41 Tagen bin ich losgefahren, und ich habe diesen Tag überlebt.

27.8. Am „Mattinatella-Beach" meditiert eine Yogagruppe und summt das Allerweltsmantra des tibetischen Buddhismus. „Om mani padme hum", wabert es, und in meiner heutigen Verfassung müsste ich mich direkt dazusetzen. Ich bin ein Wrack, ausgemergelt und fertig mit der Welt – aber ich kann den Lotussitz nicht.

Also liege ich regungslos wie ein Tier im Kieselsand herum, die Atmung auf standby und phantasiere von gemäßigtem Klima im flachen Land. Erst kurz vor dem Hitzeschlag tauche ich den müden Kadaver in das Salzwasser, um kurz darauf erneut in totaler Agonie zu erstarren. Für diesen besonderen

Seinszustand gibt es ein wunderschönes Wort im Italienischen: abronzare: bräunen, sich sonnen, ein Sonnenbad nehmen. Und ich halte das nicht länger als eine Stunde aus.

Der Strand bietet keinerlei touristische Attraktionen, keine Imbissbuden, keine Reklame, nichts. Unschlüssig laufe ich zum kleinen Hafen hinüber. Ein Fischer zerrt ein Netz fangfrischer Miesmuscheln von seinem Kahn. „Kann man hier ein Boot leihen?", frage ich ihn. „Frag mal den da hinten", antwortet er und zeigt auf einen bierbäuchigen Mitfünfziger im Feinrippunterhemd, der auf einem Plastikstuhl vor sich hin döst. „Ich habe gehört, sie vermieten Boote", spreche ich ihn an. „Nun ja, nicht offiziell", räuspert er sich. „Ich bin Fidelio und ganz nebenbei auch der Vorsitzende des Fischereifachverbandes von Manfredonia", flüstert er. „Und ich bin Journalistin", lüge ich. Journalistin? Was ist das denn für eine Schnapsidee? Ich war noch nicht einmal bei der Schülerzeitung ... Er glaubt mir, führt mich zu seinem Boot, und wir schippern den weißen Grotten entgegen.

„Sind sie Single?", fragt der „Fischerkönig". „Nein, ich bin vergeben", antworte ich streng. „Ich bin für eine Recherche hier." „Ich verstehe", sagt er, und hält brav Abstand. Stattdessen ermuntert er mich, dieses und jenes zu

Sonne satt!

Journalistin undercover!

fotografieren, und stopft mich mit sinnlosen Informationen über den Gargano voll. Gib dich als Autor aus, und dir wird bereitwillig alles mögliche erzählt werden - weit mehr als du wirklich wissen willst.

Zum Dank lade ich ihn in Lellos Ristorante ein, und wir futtern uns systematisch durch die Fischkarte - mein Interesse ist natürlich rein wissenschaftlich! Sepia alla brace, Spaghetti Cozze und allerlei tentakelartiges Zeug, gebadet in Fett und apulischem Vino Rosso. Hinterher gibt es den obligatorischen Limoncello. Was für eine Küche!

Fidelio macht seit 30 Jahren auf ein und demselben Campingplatz Urlaub, seinen Namen verdankt er Beethovens einziger Oper, und plötzlich möchte er von mir wissen, was „bitte nicht stören" heißt. „Warum fragst du?", erkundige ich mich. „Das liest man häufig an den Wohnmobilen deutscher Urlauber", antwortet er. „Das kann ich auf Italienisch nicht erklären", rede ich mich heraus. „Aber warum Eure Kanzlerin niemals lacht, das kannst du mir vielleicht sagen", neckt er mich. „Frag mich` doch nicht, ich habe sie nicht gewählt", antworte ich seufzend. Offenbar geben wir Deutschen der Welt viele Rätsel auf ... „Nun ja, ich glaube wir sind einfach viel zu beschäftigt und verlieren dadurch an Leichtigkeit", sage ich. „Arbeiten ist ja auch in Ordnung", räumt er ein. „8 Stunden im Büro, 8 Stunden leben und 8 Stunden schlafen, dann ist alles in Balance." „So eine Art heilige Dreifaltigkeit des täglichen Lebens?", unterbreche ich ihn. „So kann man das sagen Cara", lacht er. „Die deutsche Seele ist schwer zu erklären, besonders in der vierten Fremdsprache", stammele ich, und der Fischerkönig lenkt bereitwillig das Thema auf sein lukratives Nebengeschäft – den Vertrieb von Heiligen-Figuren in ganz Europa. „Und was ist mit der Mafia?", unterbreche ich ihn erneut. „Die ist nur für Gewerbetreibende gefährlich! Und ich habe keines angemeldet", lacht der alte Fuchs. Viele Limoncelli später torkeln wir glücklich unserer Wege. Ich bin beschwipst und habe Sonnenbrand. Dennoch bin ich unsagbar glücklich.

28.8. „Kehre in Manfredonia wieder um", höre ich Marcellos mahnende Worte. Ich wische die fiese Gedankenblase weg und denke an meine kluge Schwester. „Wo die Angst ist, da geht's lang", sagt sie. Und ich denke, es wird schon gehen mit dem Süden ... muss es einfach ...
Ich nehme die SP 53, die vermutlich eine der schönsten Straßen des Landes ist. Ihr einziges Manko ist, sie führt nach Manfredonia.

Wieder denke ich an Marcello und brettere mit Vollgas an der gefürchteten Stadt vorbei, mitten in eine Wüste hinein. Karg und flach liegt sie vor mir - links das Meer und rechts, flächendeckend und gleichmäßig verteilt, der Abfall am Straßenrand. Irgendwann hat es angefangen, dass die Leute plötzlich begannen, den Müll aus ihren Fiats zu werfen ...
Das beschauliche Küstenstädtchen Trani erwacht gerade aus seinem Mittagsschlaf, und ich frage mich, was denn hier so gefährlich sein soll, lieber Marcello ...? Ein Kastell, eine Kathedrale, ein Park, das übliche Meer von Motorinos – der Schrecken des Südens lauert anderswo.
In der „Albergo Lucy" bekommt Mimi einen Garagenplatz, denn ihr Besitzer Luca hat nicht nur ein Zimmer mit Aussicht, sondern auch ein Herz für kleine Piaggios.
In der Lobby fällt mir ein deutschsprachiges Buch in die Hände, das ich nicht mehr aus der Hand lege. „Safari des Lebens" von John Strelecky. Ich öffne die Fensterläden, quetschte mich auf die Fensterbank und verliere mich in der Welt der Worte. Ma Ma Gombe, die große, weise Frau aus Afrika sagt: *„Es gibt einen Ort in unserer Seele, an dem wir unsere größten Wünsche aufbewahren. Diese Wünsche sind unsere Lebensziele, unsere Big Five for Life."*, schreibt John Strelecky. Und ich kritzele meine Big Five for Life in die letzte freie Ecke meines Tagebuchs. Mimi, Mimi, Mimi, Mimi und das Meer.

29.8. Luca lädt mich zum Frühstück in sein Lieblingscafé ein und spendiert Kaffee und Croissants. Mit sehnsuchtsvollem Blick erkundigt er sich nach Mimi, und ich spüre, wie es in ihm arbeitet. Ich habe einen Mann mit Fernweh getroffen. „Irgendwann ...", seufzt er. Ich kenne dieses Seufzen ... „Nimm` diese Karte, die ist genau, und kaufe dringend eine Kette für Mimi, sonst ist deine Reise bald zu Ende!", rät er. „Fahr` doch einfach los", ermuntere ich ihn. „Mit einer Weltreise ist es wie mit dem Kinderkriegen: den perfekten Zeitpunkt gibt es nicht." „Irgendwann mache ich es, und dann werde ich an dich denken", antwortet er und umarmt mich ein wenig zu lange zum Abschied.

Wieder auf der 16 Richtung Bari, geistern mir Ma Ma Gombe und die Big Five durch den Kopf. Mimi und das Meer - fehlen also noch drei, denke ich und übersehe fast den allerersten Trulli - diese typischen Rundhäuser von den Postkarten, die dir ganz deutlich zeigen – du bist in Apulien.

Endlich in Bari, sehe ich große, graue Kriegsschiffe im Hafen liegen und mache instinktiv einen Bogen um die Stadt. Von hier aus könnte ich Mimi nach Kroatien und Albanien verschiffen, aber das lockt mich nicht. Mein Ziel ist das Ende der Welt, und so Gott will, werde ich es in zwei Tagen erreichen. „Du musst unbedingt über Ostuni fahren", hatte Luca mit verklärtem Blick gesagt. „Das ist so eine weiße Stadt, wo die Leute gerne heiraten, weißt du?" Also folge ich dem Schild ins Landesinnere, fahre durch ein silbernes Meer von Olivenhainen, an alten Feldsteinmauern entlang, vorbei an kleinen, hutzeligen Trullis, bis am Horizont ein heller Fleck auftaucht, der, von einer mächtigen Kathedrale überragt, aussieht wie eine Märchenstadt. Ich verliere mich im Labyrinth der Treppen und Gassen, finde kein Quartier und bleibe trotzdem ruhig. Denn ich spüre, der Olivenhain wird mich aufnehmen. In Richtung Carovigno habe ich genug Bauernhöfe gesehen, und der erste, den ich finde, heißt „Masseria `N Zeta". Ich folge dem Schotterweg, grüße den älteren Herren auf dem Traktor und spüre, hier ist es richtig. Eine trächtige Hündin schleppt sich an der Hauswand entlang, aus verschnörkelten Käfigen gackern Kanarienvögel, und die Luft duftet nach frisch geschmortem Knoblauch. „Bald ist es soweit", sagt die junge Frau am Eingang, die mich stark an Claire aus „McLeods Töchter" erinnert. Und ich sage meinen Standardsatz: „Ce una camera singola per questa notte?" „Certo!", erwidert „Claire". Also beziehe ich Quartier in einem hübschen kleinen Bungalow mit dunklen Kolonialmöbeln, teste die zum Hof gehörende Trattoria und erfahre beim anschließenden Grappa die Geschichte des Hofes. Der Mann auf dem Traktor ist der Hausherr, der mit seinen drei Töchtern das Land bestellt sowie ein Restaurant plus Gästehaus betreibt. Eine „Mrs. McLeod" gibt es nicht mehr. „Bist du die Verrückte mit dem Motorroller?", fragt die burschikose „Claire" und inhaliert genüsslich den Qualm ihrer Zigarette. „Si", antworte ich selbstbewusst und frage nach dem Ende der Welt. „Santa Marina die Leuca ist wunderschön. Du steigst die Stufen zum Leuchtturm hinauf und blickst in die endlose Weite Richtung Afrika", schwärmt „Vater McLeod". „Deine Idee ist ja wirklich zuckersüß, aber dennoch bist du eine Verrückte", unterbricht ihn „Claire" und erhebt ihr Glas. „Vielen Dank für das Kompliment", antworte ich. „Na dann prost, auf die Verrücktheit!", ruft die Familie. „Auf die Verrücktheit!"

30.8. Verkatert wache ich auf. Die Bauernmädels haben mich unter den Tisch gesoffen. Der Hausherr serviert selbstgebackenen Kuchen, Kaktusfeigen, die unglaublich süß schmecken, und literweise Kaffee. „Ich sehe frischer aus als du, und das, obwohl ich doppelt so viele Grappa getrunken und Nachtwache gehalten habe", neckt mich der Alte. „Wie schaffst du es, so viele Kurze zu trinken?", frage ich stöhnend. „Alles eine Frage der Übung", antwortet er. Wehmütig nehme ich Abschied von dieser fröhlichen Familie. Bei diesen schrägen, trinkfesten Vögeln hätte ich es gut und gerne eine Woche ausgehalten, sagt mein Herz. Nichts wie weg hier, antwortet die Leber.

Durch das Trulli-Land fliegen wir Richtung Lecce, und Lucas Rat, die Städte zu meiden, war goldrichtig. Ich folge dem Asphaltflimmern am Horizont, atme den blumigen Duft des Südens und reite auf meinem Rotross durch die Prärie, stracks auf Brindisi zu. Nur der Müll und die vielen „Jagen verboten"-Schilder lassen vermuten, dass ich nicht in einem Western, sondern im ländlichen Apulien gelandet bin. „Jagen ohne Jagdschein ist zwar verboten, doch Verbote werden eher als Richtlinien empfunden, die man befolgen kann, oder eben nicht", erklärte Polizist Raphael, der selbst gerne Wildschweine schießt. An diesem Vormittag sehe ich allerdings mehr Kaktusfeigen als menschliche Wesen und brauche weder Schüsse noch Wildtiere zu fürchten.

In Brindisi stoße ich auf Kriegsschiffe, und flüchte ins Hinterland. Hier fühle ich mich sicherer, und außerdem habe ich ein konkretes Tagesziel: das von Luca empfohlene B&B „Li Traini" in San Pietro in Lama, südwestlich von Lecce. Die Inhaberin ist seine Schulfreundin, die eine alte Kutschenfa-

Finibus Terrae voraus!

brik liebevoll saniert hat - und der Chefredakteur der Zeitschrift „Schöner Wohnen" hätte gewiss seine Freude an diesem Kleinod inmitten der Apulischen Wüste. Ich richte seine Grüße aus, checke schnell ein und verbringe den Tag am nahegelegenen Strand von Sant` Isidoro. Und während ich so vor mich hin brutzle, kommt mir eine wunderbare Idee: Ich werde einen Sprachkurs machen. Die Menschen im Süden haben es schließlich nicht so mit dem Angelsächsischen, und mein Italienisch könnte ein Upgrade vertragen. Außerdem vermisse ich das Reden in ganzen Sätzen, und das Leben im Infinitiv macht einsam auf die Dauer ...

31.8. Ich bin in Lecce, dem Florenz des Südens, und der Stadtverkehr ist, euphemistisch gesagt, chaotisch. Ebenso wie Verkehrsschilder, werden auch rote Ampeln eher als Hinweis, statt als Gebot interpretiert. Man kann stehen bleiben, muss es aber nicht. Ein jeder fühlt sich frei, so zu fahren wie er will, und selbst in die allerkleinste Lücke wird gnadenlos hinein gestoßen. Der Kontakt zum Vordermann wird keineswegs gescheut und zur Sicherheit noch einmal kräftig aus dem Fenster gebrüllt. Dann wird ein letztes Mal gehupt und ordentlich Gas gegeben. Ich fahre rechts ran, um mir einen Reim auf diese völlig irrsinnige Verkehrssituation zu machen und stelle sachlich fest: Das ist die Apokalypse.

Irgendwann traue ich mich, setze brav den Blinker und reihe mich todesmutig in die Autoschlange ein. Ungefähr drei Sekunden vor dem großen Crash betätigt mein Hintermann doch noch die Bremse, und ich danke meinem Schöpfer - ich lebe – grazie a dio! Kurz nach dem Tod durch den PKW mache ich Nägel mit Köpfen, betrete das erstbeste Internetcafé und buche einen Sprachkurs in Kalabrien als Ode an das Leben.

Auf der 366 Richtung Ortranto endet der Spuk. Vorbei an San Foca und Torre del Orso fahre ich bei ruhigem Verkehr lungomare durch eine Küstenlandschaft, die das Auge betört. „Bari e proprio una merda – ultra Lecce", krakeelt es dunkelgrün von einer Hauswand, ein Trucker hupt mich an, und ich zucke zusammen vor Schreck. „Claire" hatte mir erklärt, dass die Hupe mehr Kommunikationsmittel als Warnsignal ist, und dennoch erschrecke ich jedes Mal zu Tode, wenn ich freundlich gegrüßt werde. Gianna Nannini grölt aus dem Fenster, die Unterarme des Fahrers baumeln lässig heraus, und ich denke, das ist er also, der gefährliche Süden.

Mal abgesehen von dem nervigen Gehupe fahre ich auf Wolke sieben und erblicke Punkt 17:49 Uhr den Leuchtturm von Santa Maria di Leuca. 2.700 Kilometer lang habe ich auf diesen Moment gewartet und verspüre das triumphale Gefühl eines Olympioniken auf der Zielgeraden.

Ich stelle Mimi ab, spurte die Treppe zum Leuchtturm hoch und schaue in die azurblaue Ewigkeit.

Die Idee des „Weltenendes" ist so alt wie die Menschheit selbst: Die Angelsachsen haben ihr Land's End, die Spanier ihr Cabo Finisterre, die Portugiesen ihr Cabo de São Vicente, und die Schweizer dachten, hinter dem Horbistal sei Schluss. Zugegeben: Nüchtern betrachtet ist Santa Maria die Leuca nichts weiter als der südlichste Zipfel Apuliens, doch für mich ist es das Ende der Welt. Denn ich habe es, auf meinen vier tauben Buchstaben sitzend, im wahrsten Sinne des Wortes, „er–fahren". Finibus Terrae. Wahnsinn.

Schnell ein Zimmer suchen und wieder zurück zum Leuchtturm, beschließe ich und verlasse kurz hinter Torre Vado die Hauptstraße ins Landesinnere. Der Reiterhof „Masseria Delle Rose" ist das erste Quartier, das ich finde, und solange ich nicht reiten muss, soll es mir als solches nur recht sein. Ich handele den Preis herunter, checke ein und rase zurück zum Ende der Welt – Sonnenuntergang gucken.

Die Kollegen der Beleuchtung haben das Rot schon auf die kräftigste Stufe gestellt, ein Hochzeitspaar flaniert über die Piazza, und ein Mädchen lässt

Erwin in love

herzförmige Luftballons in den Himmel steigen. Dieser Punkt, an dem Adria und Ionisches Meer zusammentreffen, ist ein Magnet für Paare, Träumer und Phantasten, und ich schaue in leuchtende Augen, berauscht vom Ende-der-Welt-Gefühl.

Doch irgendwann übernimmt mein Verstand wieder das Kommando und meint, in der Ferne eine südlichere Landzunge erspäht zu haben. Das will ich genauer wissen, breite die Karte auf Mimis Sitz aus und messe mit dem Daumen nach. Die „No-Name-Landzunge" scheint wirklich südlicher zu liegen. Sag bloß, das ist gar nicht das wahre „fine del mondo" hier? Haben die Italiener ihre Latüchte etwa an der falschen Stelle aufgestellt, oder stimmt etwas mit meinen Augen nicht, frage ich mich, und meine Mission für den morgigen Tag steht fest: Ich muss das Rätsel von Santa Maria di Leuca lösen, denn Leuca steht für das griechische Wort Leukos. Das bedeutet Licht, und jenes werde ich ins geografische Dunkel bringen – gleich morgen!

1.9. Ein voller Magen und acht Stunden Schlaf verscheuchen die Zweifel. Warum sollte ausgerechnet ein Pommernmädchen die apulische Landvermessung reformieren, frage ich mich, lasse grinsend den Motor an und düse, vorbei an hübschen Badehäuschen, zur vermeintlich südlichsten Klippe. Doch dort wartet nicht etwa die Erkenntnis, sondern Erwin, ein Steuerfachangestellter aus Kiel. Mit Sommersprossen, heller Haut, Sonnenbrand und Schiebermütze hockt er auf einem Stein und grübelt. Schüchtern schleichen wir umeinander herum. „Ist das hier das Ende der Welt, oder der Leuchtturm da drüben?", frage ich vorsichtig. „Ich weiß nicht recht", antwortet er im breitesten Norddeutsch. „Auf der Karte sieht es ein wenig so aus, als ob ..." „Ja genau", falle ich ihm ins Wort. „Vielleicht hat hier kein Leuchtturm hin gepasst", mutmaße ich. „Und dann haben sie ihn eben einfach da drüben gebaut", ergänzt Erwin.

Ich hocke mich zu ihm auf den Stein, und jetzt schauen wir gemeinsam nach Santa Maria di Leuca hinüber. „Vermutlich sind wir die einzigen, die bei bestem Badewetter zweifelnd auf einem Felsen sitzen, anstatt die Sonne zu genießen", scherzt Erwin. „Irgendwie typisch deutsch, findest du nicht auch?", sage ich. „Scheiße", konstatiert er.

Der Kieler fährt mit einem Mietauto, das er auf den Namen „Giorgio" getauft hat, geradewegs ins Blaue hinein, und wir tauschen unsere Erfahrungen mit dem „traffico intenso". „Stell dir vor: Da hat mir doch irgend so ein Trottel

Die vermutlich schönste Bankniederlassung der Welt

den Spiegel abgefahren. Dummerweise hatte ich das Fenster offen, und die Glassplitter flogen mir um die Ohren. Der Fahrer haute einfach ab und ließ mich blutend zurück", flucht er. „Ich sage ja, es herrscht Anarchie auf Italiens Straßen", resümiere ich. „Und wie bist du unterwegs?", erkundigt sich Erwin. „Ich bin mit dem Moped hier", antworte ich. „Was? Bist du wahnsinnig? Das will ich sehen!" „Bitte sehr, darf ich vorstellen? Signora Mimi", sage ich und präsentiere stolz meine Rote. Und sie sieht einfach toll aus, wie sie so einsam unter der Pinie steht. Erwin verliebt sich auf den ersten Blick, umarmt Mimis Lenker, schießt haufenweise Fotos und hört gar nicht mehr auf „cool" zu sagen. „Mit der Vespa durch Italien – was für eine Idee!", begeistert er sich ... Sollte Ihnen also mal ein sommersprossiger Blondschopf auf einem Motorino in Italien begegnen, könnte es Erwin vom Ende der Welt sein ...

„Und wie geht`s weiter?", fragt er. „Sizilien möchte ich noch sehen und Rom natürlich auch", sage ich freudig, und ich denke nur, wie gut, dass ich nicht in Manfredonia umgekehrt bin.
Zurück auf der Ranch höre ich den Pferden beim Kauen zu, blicke hoch zum Mond. Ma Ma Gombe, mein Leben ist leicht.

Kapitel 5

2.9. Ich habe den Blues des Wanderers, der weiß, dass er den ganzen Weg wieder zurück muss. Zum ersten Mal seit Ewigkeiten fahre ich nach Norden, an der Innenseite des „Hackens" entlang. Hart Backbord liegt das Ionische Meer, Steuerbord eine flache Dünenlandschaft mit zerzausten Palmen davor, und ich fühle mich wie ein Streuner, der das Paradies nicht erträgt - bis ich an einer Vollsperrung zum logischen Denken gezwungen werde. Neben einer Kaktusfeige bocke ich das Rotross auf, entblätterte die Karte und grüble ... Neuberechnung im Gang.
Ich bin kurz vor Torre Pali, eine rostige Ape schunkelt behäbig an den mannshohen Verbotsschildern vorbei, und ich frage mich, ob diese eher als freundliche Empfehlung der apulischen Behörden oder als echtes Verbot zu deuten sind. Ein silbergrauer BMW mit Karlsruher Kennzeichen entscheidet sich für ersteres und zieht vorsichtig an der Empfehlung vorbei. Was Prachtkarossen der Bayrischen Motorenwerke können, kann Mimi erst recht, denke ich mir, falte die Karte zusammen und folge dem Wagen bis nach Gallipoli - die Stadt,

in der sich König Idomeneus von den Strapazen des Trojanischen Krieges erholte. Er taufte sie auf den Namen „Kalos – Polis", was soviel wie schöne Stadt bedeutet, und auch heute dämmert das entzückende Hafenstädtchen genüsslich vor sich hin. Der Eisverkäufer an der Ecke zieht die Rollläden seines Geschäftes herunter, ein Hund döst in der Mittagssonne, der Fischer im Hafen seziert einen letzten Fisch, und aus den offenen Fenstern klappert das Geschirr - Gallipoli möchte Mittagsschlaf halten und hat wahrlich eine beruhigende Wirkung. Ehe ich drohe, dem Schlafe anheim zu fallen, ziehe ich weiter Richtung Taranto, wo mitten im geografischen Nichts die 3.000 Kilometer–Marke purzelt. Darauf einen Spritzer Benzin für Mimi und einen Kaffee für mich. Natürlich ist der Tankwart längst fort, doch heute treffe ich einen Verkehrsteilnehmer, der den Automaten bedienen kann. „Die Dinger mögen zwar ein Eigenleben haben, aber Tritte helfen Ihnen da auch nicht weiter", sagt der freundliche Motorradfahrer von der Zapfsäule nebenan, drückt ein paar Knöpfe und reicht mir grinsend mein Wechselgeld. „Grazie", stottere ich, und just in dem Moment, als ich mir schwöre, nie wieder während der Siesta zu tanken, prescht ein kläffender Hund auf mich zu. Ich starte den Motor, würge den Gasgriff bis zum Anschlag durch und stoße einen grässlichen Schrei aus. Mein Hals brennt, das Vieh fletscht seine Zähne, es knurrt und schnappt nach meinem Hosenbein. Ich gebe Vollgas und habe das große Glück, dass ein Hund ein lebendiges Wesen ist, das irgendwann ermüdet. Noch ein letzter Mittelstreckensprint, und das Vieh hat verloren. Moped-Reisen ist wirklich nichts für „Sissis"!
Ich bin fix und fertig, fahre wie besessen und lande zur Strafe in Taranto - zu früh für den gemütlichen Teil und zu spät für eine Tour ins Hinterland. Ich schaue mich um, und die Entscheidung fällt leicht. Weiter. Die Altbauten sind nicht einfach nur alt, sondern fallen jeden Moment auseinander. Hier stirbt eine Stadt. Und wenn ich hier bleibe, sterbe ich gleich mit, fürchte ich und nehme die 106 Richtung Westen.
Hätte ich es nur nicht getan, denn im Raum Taranto befindet sich das größte Industriegebiet des Landes. Häfen, Stahlwerke, Raffinerien und qualmende Fabriken bilden eine Kette dreckiger Geisterstädte im Genre des Horror-Science-Fiction! Eine lebensbedrohliche, vierspurige Beton-Schneise zerschneidet sie, seelenlose Monokulturen brüten jenseits der Leitplanke, und mein atmender Leib ist ein Fremdkörper in nekrotischer Umgebung. Genau so stelle ich mir die Hölle vor - fehlt nur noch die Volksmusik.

Es dunkelt, und zum ersten Mal überhaupt kehre ich um. Es will einfach nicht schöner werden, und meine Rückkehr ins modrige Taranto gleicht einer Kapitulation. Gesenkten Hauptes buche ich ein überteuertes Zimmer im einzig sanierten Gebäude der Stadt. Die „Albergo del Sole" riecht noch nach Beton und kommt mir, vollgestopft mit hässlich-glänzenden Designermöbeln, wie ein neobarockes Spukschloss vor. Punkt neun gehe ich zu Bett und knipse dem Tag seufzend das Licht aus.

3.9. Ich habe ein ganzes kontinentales Frühstücksbuffet für mich allein. Nur der leichenblasse Steward leistet mir Gesellschaft, und die Zacken des viel zu tief hängenden Kronleuchters drohen die Wurst aufzuspießen. Schnell raus aus dieser Designerhölle und vor allem bloß raus aus Taranto!

Zurück auf der 106 starrt mich ein müdes, dunkel beringtes Augenpaar aus dem Rückspiegel an. Ich finde keinen Lungomare, und der Golf von Tarent bleibt ein nah entfernter Sehnsuchtsort. Dunkle Wolken bringen endlich Regen, aber erlösend wirkt er nicht. Es tröpfelt nur gequält vom Himmel hinab, und der wimmert wie jemand, der nicht richtig weinen kann. Bei Regen ist das Industriegebiet noch trostloser.

Nach 50 verkrampften Kilometern auf der Schnellstraße kündigt ein Schild den Hera-Tempel im Badeort Metaponto an. Die Gegenwart des Abscheulichen hat mich weichgekocht und mich der erstbesten Spur nach antiker Schönheit folgen lassen. Es ist Nachsaison, und nur das „Hotel Turismo" hat noch geöffnet. Der Block mit dem DDR-Charme der späten 70er Jahre überzeugt durch seinen günstigen Preis und die Absenz von Designermöbeln. Also checke ich ein, laufe schnell hinunter zum Strand und fühle mich wie Robinson, allein unter Möwen, umgeben von Treibhölzern. Das Meer ist mein Symbol für die Ewigkeit. Dennoch fühle ich mich einsam. Es ist nicht immer leicht, allein zu sein.

Der „Adriano Celentano-Typ" in der Lobby beschreibt den Weg zum Hera-Heiligtum. „Ein besonderer Ort ist das. Besonders abends, wenn niemand mehr da ist und der Tempel im warmen Licht der Scheinwerfer leuchtet", schwärmt er.

Neben einem Müllberg, direkt an der 106, erblicke ich das umzäunte Gelände inmitten der Mondlandschaft. „Antiquarium di Metaponto", steht auf dem hellen Flachbau, und hinter einer Allee blühenden Oleanders taucht plötzlich die geweihte Stätte auf. Zwei Reihen dorischer Säulen baden im faserigen Abendlicht, das unbeirrbar durch graue Wolkenwände schimmert. Ich lege mich auf die warmen Steine, wie Katzen es gerne tun, schaue an einer der narbigen Säulen empor und träume mich zurück ins antike Metapont. Australische Touristen entfachen ein Blitzlichtgewitter, verschwinden wieder und versäumen die hellrote Dämmerung an der letzten Wohnstatt des Pythagoras. Ich atme die Erhabenheit des Bauwerks, bis endlich die Scheinwerfer angehen. „Adriano" hatte recht. Angestrahlt ist Heras Tempel unfassbar schön und strahlt solch einen Frieden aus, dass ich vergesse, mich im Dunkeln zu fürchten.

Zurück im Hotel, teile ich meine Freude mit „Adriano", danke ihm für seine Empfehlung und genieße die angenehme Gesellschaft eines Mannes, der schon einmal über den Tellerrand geschaut hat. Der ehemalige „Ryanair"-Steward stellt sich als Francesco vor und ist gerade erst in seine Heimat Basilikata zurückgekehrt. In den Sommermonaten arbeitet er hier, und im Winter geht er auf Reisen.

„Kannst du mir vielleicht erklären, wie man in Italien eine Überweisung macht?", wechsle ich vorsichtig das Thema. „Eine Überweisung, oh das ist schwierig", antwortet er. „Vorrai fare un bonificio", notiere ich auf einem Zettel, denn morgen will ich bei der hiesigen Bank die Anzahlung für den Sprachkurs überweisen, und verabschiede mich. „Viel Glück", ruft mir Francesco hinterher. Ich werde es wohl brauchen, denke ich.

4.9. Früh morgens am Strand von Metaponto: Ein paar rüstige Pensionäre dehnen ihre Leiber, und auch ich sehe mich als Rentner harmonisch fließende Qi Gong-Übungen machen. Bis dahin beherrsche ich selbstredend auch den Lotussitz. Eine Omi im rosa Sportdress ruft mir freundlich zu: „Ist das nicht ein herrlicher Tag heute?" „Davvero", antworte ich und wandere weit an diesem Morgen.

In der Bankfiliale schickt man mich fort. Ich kann die Überweisung nur in der Hauptgeschäftsstelle erledigen, und die befindet sich in Taranto, dem hässlichen Moloch, aus dem ich gerade komme – und in das mich keine zehn Pferde wieder zurück bekommen. Unverrichteter Dinge ziehe ich weiter nach Westen auf der Schnellstraße durch eine unwirkliche Landschaft, bis ein umsichtiger Mitarbeiter des Bauamtes einen Geistesblitz hatte und eine kleine Parallelstraße direkt neben der 106 errichten ließ. Jetzt fahre ich ohne

Leitplanke und LKW-Druckwellen. Doch dann ist den Bauleuten der Beton ausgegangen, und ich stehe plötzlich mitten auf dem Feld. Das heißt, zurück auf die Staatsstraße und mich erneut der Gefahr aussetzen, als Blutfleck auf dem Erdpech zu enden. Ich fahre so weit rechts, dass ich mit dem Ellenbogen schon fast an der Leitplanke kratze. Ich will noch nicht sterben - nicht hier und nicht so, denke ich, als plötzlich ein blaues Schild das Ende der Region verkündet. „Basilikata-Calabria", steht da, und ehe ich mich an dieses steppenartige Nichts namens Basilikata gewöhnen konnte, endet es auch schon wieder - kurz hinter einem Kaff namens Nova Siri Scalo.

Kapitel 6

Angelockt vom seltsamen Scherenschnitt einer Stadt in den Bergen scheuche ich Mimi die Straße hinauf. Sie wäre lieber auf der schnurgeraden Geister–106 geblieben, das höre ich. Mit 20 km/h schleppen wir uns hinauf nach Rocca Imperiale, einem sagenhaften Monument aus Stein, das so unnatürlich steil in den Himmel ragt, als wolle es im Wettstreit mit Ikarus wertvolle Höhenmeter auf dem Weg zur Sonne schinden.

Vom Aussichtspunkt schaue ich auf Basilikata hinunter, eine Gegend, so fremd und karg, ein von trockenen Flüssen zerfurchtes Ödland. Im Hintergrund wabert das Meer.

Mein Kaffeedurst führt mich zu einer Bar, und als ich Mimi aufbocke, gucken mich sechs ergraute Herren in Feinrippunterhemden und ausgebeulten Stoffhosen unverhohlen an. Sie sitzen auf billigen Plastikstühlen und warten, dass der Tag vorbei geht. Der Sheriff und sein Gefolge bewachen ihren Saloon, doch statt rauchenden Colts halten sie Mokkatassen in ihren Händen. Das senile Spalier schreckt ab - Schaulaufen für einen Café Ristretto? Nein danke. Ich schwinge mich lieber wieder in den Sattel und lasse die Greise im Rückspiegel verschwinden.

Bergab säuselt Mimi wie ein Bienchen, rauscht vorbei an prall gefüllten Orangenbäumen, zurück auf die 106 bis nach Trebisacce. Ich kaufe Brot und Tomaten zum Mittag, breite die Beute auf Mimis Sitz aus, öffne das Topcase und krame nach der Marmelade aus dem Gargano, als ein winziges Plastikteilchen in Zeitlupe zu Boden fällt. Und jetzt? Sanft wie ein Osteopath lege ich meine Hände auf die Gepäckbox. Die wabert hin und her wie die Konfitüre im Glas. Eine Aufhängung ist weggebrochen und der Kampf gegen die

Sporttasche endgültig verloren. „Nicht mal in Ruhe essen kann man hier", fluche ich, pfeffere die Nahrung in den Beutel und ziehe hungrig durch schlafende Städte, immer ein banges Auge im Rückspiegel. Dort tanzt das Topcase den langsamen Walzer der unnützen Dinge. Es wabert nach rechts, es wabert nach links ... und ich fahre im Schritttempo - eine ganze Stunde lang – oh grausame Entschleunigung!

Im Industriegebiet flattern die Fahnen eines schwäbischen Automobilkonzernes im Wind, und wenn jemand seine Siesta frühzeitig beendet, dann sind es deutsche Firmen, öffne ich die Klischee-Schublade meines Zerebrals. Ein junger Typ im Blaumann zwirbelt ein Stück Draht durch Haken und Ösen, beschreibt mir den Weg zur nächsten Piaggio-Werkstatt, ich stecke etwas Kleingeld in die Kaffeekasse und stehe kurz darauf bei Graziano auf der Matte. „Rotto – kaputt", stellt der nüchtern fest, bietet an, ein neues Qualitätsprodukt an Mimis Rücken zu schrauben, präsentiert stolz ein graues, ovales Ding, das zwar nicht unbedingt schöner, aber viel größer ist, als das Alte, und ich stimme sofort zu. Mit Genugtuung lege ich mein Gepäckstück in das neue Topcase, ganz ohne Gewaltanwendung, und zahle 100 Euro in bar für dieses kleine Plus an Stauraum. Danke Graziano, du hast den Kleinkrieg zwischen Box und Tasche beendet!

5.9. Ich verbringe den Morgen auf der 106. Aus dem Inneren eines bunt besprühten Bullis dringt psychedelische Musik, seine Insassen grölen „vai vai vai". Ich gröle zurück und fühle mich wie die Heldin meiner Vision, die mit wehendem Haar engelsgleich am Meer entlang schwebt, bis kurz hinter Crotone die Vision im stinkenden Qualm einer Feuersbrunst erstickt. Ich stoppe, wische die Tränen aus den Augen und drehe unverzüglich um. Überall schwelen kleine Feuer, ein Einheimischer rast mir ohne Helm entgegen, ich schiebe das Visier meiner Hartschale hinunter und drücke energisch den Gashebel durch. Ich kann nur eine Armlänge weit sehen, die Augenhöhlen brennen und ich kämpfe mit dem Hustenreiz, bis es endlich vorbei ist. Capo Colonna lese ich verschwommen auf einem Schild, huste einen gelb-schwarzen Batzen Schleim ins Gras, atme schwer und erahne, wie qualvoll ein Feuertod sein muss.

Auf der Klippe steht ein Wachturm, daneben eine weiße Kirche, dahinter ein Leuchtturm und in seinem Schatten eine einzelne dorische Säule, die windschief in den Himmel ragt. Sie ist das Relikt eines Tempels aus der Magna-Grecia-Zeit, das die Würde von etwas ausstrahlt, das als letztes seiner Art

Metapont - erster, zaghafter Kontakt mit der griechischen Antike

die letzten 27 Jahrhunderte überlebt hat. Die Kirche wird bald den Abgang machen, denke ich, als mich ein Herr mit Stock und Hut zu sich heran winkt. „Salve", grüße ich artig, er öffnet die Tür des Gotteshauses, reicht mir ein brennendes Teelicht. Ich lege es zu den anderen, falte meine Hände, setze mich zum Alten, versinke im Gebet, und wundere mich nicht einmal darüber. Es gibt keinen Zufall, hätte Schwester Alexia jetzt gesagt.

Unter Mimis Auspuff döst ein Hund. Müde hebt er sein Haupt, wir taxieren uns einen Moment, befinden uns für ungefährlich und ziehen unserer Wege. Es ist längst dunkel, als ich diesen sonderbaren Ort verlasse und Quartier im „Convivio die Hera" beziehe.

6.9. Wieder auf der 106. Dunkle Wolken hängen über der Landschaft, ich fröstle, und es riecht nach verkohltem Gras. Heute schlafen die wilden Hunde des Südens, atmen matt den Staub der Straße und schnappen nicht nach mir. Dann regnet es. Endlich. Es ist ein stiller Moment, als ich die Jacke aus dem Rücksitz nehme, das gelbe Leibchen überstreife und das Visier meines Helmes herunter ziehe. Behaglich habe ich es in meiner Kluft, summe einen Ohrwurm, freue mich wie ein Kind, dass der Regen die Wüste in fruchtbares Land verwandeln kann, und drehe eine Runde durch die Bergstadt Monasterace. Auch dort sitzen Männer auf Plastikstühlen, kratzen gähnend ihre

Bäuche und glotzen mich an, als käme ich vom Mond. Eine knallgelbe Frau auf einem feuerroten Moped hat sich auf ihren mausgrauen Planeten verirrt - vielleicht hätte ich insgesamt dezentere Farben wählen sollen. Und auch in Stilo spüre ich sie wieder, diese starrenden Männeraugenpaare. Gibt es denn keine Frauen hier im Süden? Sind die alle weggesperrt, an Herd und Bett gefesselt, oder leide ich etwa an Paranoia?

Ich bin müde vom tagelangen Fahren, einsam, und überreizt. Ich brauche einen Ort zum Auftanken und Menschen um mich herum. Kurz, ich brauche diesen Sprachkurs, und wenn alles gut läuft, werde ich morgen endlich Santa Domenica erreichen. Doch was nützt das, wenn man sich heute schon nach Frieden sehnt? Kurz hinter einem kleinen Nest namens Guardavalle folge ich den Spuren eines Agriturismo-Schildes und schwimme durch ein Meer von Orangenbäumen, knapp vorbei am garstigen Kettenhund, auf den Hof der „Villa Vittoria". Der kittelbeschürzte, mütterliche Engel bezieht mir ein Bett für die Nacht und stellt mir selbstgemachte Pasta zum Abendbrot in Aussicht. Doch leider ist der Tag noch jung, und ich habe Angst, etwas zu verpassen. Also fahre ich zurück nach Stilo, nachdem ich der Bestie von Kettenhund nur knapp entronnen bin. Schlafend stellte sich die Heimsuchung, um im allerletzten Moment zur tödlichen Attacke anzusetzen und die Kette in voller Länge auszupurten. Sie bellte, und sie knurrte, bis sie schließlich am Kettenende hängen blieb und röchelnd mit den Zähnen fletschte. Und sie betrieb all den Aufwand nur, um mich in Ruhe tot beißen und anschließend genüsslich in Stücke reißen zu können. In einer Gedankenblase sehe ich das Aas schon auf meinen Unterarmknochen herumkauen, und ich bete, bitte möge diese Kette niemals reißen.

Mit pochendem Herzen folge ich dem braunen Schild ins Centro Storico und lande vor einer kleinen, knubbeligen Backsteinkirche - der „Cattolica". Unter ihrem Mauerwerk blitzen bunte Freskensplitter hervor, die eine unvollständige Geschichte aus vergangener Zeit erzählen. Ich erkenne einen Pilger auf seinem mühsamen Weg zu sich selbst und frage mich, was andere Reisende wohl in diesen Bildern sehen. Viel später folge ich verträumt und nachdenklich einem Pfad aus der Stadt hinaus, und wieder riecht es nach Feuer. Verkohlte Baumskelette, leblose Stümpfe - verbranntes Gras schwelt am Wegesrand. Das genügt. Nur Vittorias Super-Nudeln können mich jetzt noch retten. Ich sehe sie schon durch ihre Landfrauenküche wirbeln und virtuos den Kochlöffel schwingen. Nur der Köter stört. An dieser menschenfressenden Bestie muss ich vorbei, wenn ich an die Eierteigware will. Und siehe da, das aufgeweckte Tierchen hat mich erneut ganz nach oben auf seinen Speiseplan gesetzt und sprintet wie wild auf mich zu. Mit Vollgas rausche ich auf Vittoria zu, die die Szenerie mit einem herzhaften Lachen kommentiert. „Hier trink das Kleine, das wird dich beruhigen", spricht sie und reicht mir ein Glas eisgekühlten Rotweins aus eigenem Anbau – und der ist auch bitter nötig. „Cin cin", sage ich und nehme einen kräftigen Schluck, den ich am liebsten gleich wieder ausgespien hätte. Der Rotwein schmeckt nach vergorener Oma. Heimlich gieße ich die Brühe in die nächstbeste Sukkulente, die Katze ist Zeuge, und sie schaut mich vorwurfsvoll an. Schon die Eiswürfel hätten mich stutzig machen sollen. Dann kommt die versprochene Pasta mit Hackfleischbällchen, gefüllte Paprikaschoten werden nachgeschoben. Na bitte. Vittoria berichtet von der Weinernte. Ich habe das besondere Glück, gerade noch den letzten Rest aus dem Weinfass ergattert zu haben. Trunken vor Glück lehne ich den Nachschub in aller Bescheidenheit ab. „Zu viel Alkohol ist gar nicht gesund", sage ich, und denke schmunzelnd an die Flasche Bier in meinem Zimmer. Doch das muss noch warten, denn die Patrona bittet zur Führung über ihre Ländereien. Und jetzt kommt ihr rostroter Fiat Panda ins Spiel. Das Gefährt parkt unter einer Palme in sicherer Entfernung zur Hundehütte. Wir steigen ein, und die knapp Siebzigjährige heizt über die Landwege wie der Teufel. Furchtsam schnalle ich mich an, worauf sie schallend zu lachen beginnt. Sie redet wie ein Wasserfall, fuchtelt mit den Armen und guckt überall hin, nur nicht auf die Straße, bis wir endlich an einem alten Steinhaus zum Stehen kommen. Taumelnd lasse ich mich über das Anwesen führen, dankbar, nur nicht mehr fahren zu müssen. Ihr Sohn Pasquale hat alles liebevoll restauriert und bietet nun Kurse für angehende Landwirte an. Stolz präsentiert sie ihre Ländereien. Dort die Oliven, hier der Wein, da ganz hinten ein Fluss. „Das Leben auf dem Land ist frei", spricht sie und legt eine große Portion Pathos in die Stimme. „Ich brauche es, in Erde zu wühlen. In der Stadt würde ich eingehen vor Kummer", verkündet sie, und vor mir steht eine glückliche Frau voller Energie. Doch diese fließt leider auch in ihren rechten Fuß, den sie auch auf der Rückfahrt wieder gnadenlos durchdrückt - armes Fahrwerk, arme Knochen. Heilfroh, diesen Höllenritt überlebt zu haben - und innerlich dreimal bekreuzigt - danke ich ihr für diese Safari bei Nacht. Bei solch einer Fahrweise muss man ja religiös werden, was den achtzigprozentigen Anteil an Katholiken im Land erklären würde. Ich ungetauftes Pommernkind brauche jetzt jedenfalls schnellstens ein Bier. Buona notte und salut!

7.9. Am kuchenlastigen Frühstücksbuffet beschleicht mich der Gedanke, dass die Italiener schon morgens das machen, was wir Deutschen ein gemütliches Kaffeetrinken nennen - nur mit Espresso und Cornetto statt Filterkaffee und Variationen aus Schwarzwälder Kirsch. Ein Leberwurstbrot wäre jetzt schön, finde ich. Neben einer Reihe schwerer mütterlicher Umarmungen und vielen guten Ratschlägen, schenkt mir Vittoria ein Glas selbstgemachte Orangenmarmelade zum Abschied. Noch ein letztes Mal muss ich am knurrenden Hundevieh vorbei, und ich bin frei. Arrivederci bestia cruda, vielleicht erstickst du ja am nächsten Knochen ...

Wieder auf der 106, steuere ich auf einen gigantischen Felsen am Horizont zu und frage den nächstbesten Tankwart nach seinem Namen. Der schaut mich an, als hätte ich sie nicht mehr alle und blökt nur: „Sicilia? Certo!"

In Reggio Calabria fahre ich den Lungomare auf und ab - gegenüber liegt tatsächlich Sizilien. Im Freudentaumel ziehe ich weiter, zum ersten Mal nach Norden, über Villa San Giovanni, wo die Fähren die Straße von Messina queren, bis nach Scilla. Die Stadt gefällt mir auf Anhieb, und ich wähle die Telefonnummer neben dem Klingelschild eines bildschönen Eckhauses hoch über der Stadt. Eine dunkle Herrenstimme meldet sich, und ein paar Minuten später kommt ein Familienvater auf seinem Moped angerollt. Sein kleines Töchterchen hat sich an seinem Rücken festgeklammert. „Ich bin Sergio und das ist meine Tochter Lucia", sagt er. Sofort sind wir im Geschäft, denn er hat ein günstiges Zimmer und eine Garage für Mimi anzubieten - allerdings am anderen Ende der Stadt. „Folgen sie mir, ich führe sie hin", sagt er, und nur mit Vollgas halte ich Anschluss, während wir durch das Labyrinth der Gassen fegen und plötzlich an einem Schuppen zum Stehen kommen. „Sportliche Fahrweise", sage ich anerkennend, worauf die Kleine schief durch ihre Zahnlücke grinst. Mimi wird bei einem graumelierten Herrn in Feinripp in Pflege gegeben, welcher zur Abwechslung mal auf einem grünen Plastikstuhl sitzt. Er kratzt sein schuppiges Haupt und nickt den Auftrag ab. „Und jetzt?", frage ich. „Steigen sie auf, ich bringe sie zurück", sagt Sergio. „Aber wir passen doch nie im Leben zu dritt auf Ihren Roller", entsetze ich mich. „Das geht schon", antwortet er gelassen und nimmt die Kleine zu sich nach vorne, während ich meine Arme um seinen Kullerbauch schlinge. Der attraktive Mittdreißiger erinnert mich vage an einen blinden Heldentenor, und ich hoffe, er ist nicht so blind wie sein singendes Pendant, sonst heißt es "time to say goodbye" - und zwar für immer. Mit zittrigen Knien entsteige ich dem Vehikel und danke Maria, der heiligen Mutter Gottes, dass ich noch lebe.

„Bis morgen Signora", ruft mir Lucia hinterher, während sie im Abgasnebel verschwindet. Das war der zweite Höllenritt in 24 Stunden - diese Kalabresen haben Benzin im Blut! Ich erhole mich bei einem Picknick auf dem Bett bei weit geöffnetem Fenster. Die Lichter Siziliens flimmern in der Ferne, und mir dreht sich schon der Magen um, wenn ich nur an die Überfahrt denke. *„Italien ohne Sizilien macht gar kein Bild in der Seele: hier ist erst der Schlüssel zu allem"*, lese ich in meinem Tagebuch nach. Der gute Goethe hatte leicht reden. 1787 gab es noch keine Mafia, und er war auch keine allein reisende Frau. Wenigstens ist Mimi besser motorisiert als die Kutsche des Poeten, tröste ich mich, aber wie ich es auch drehe und wende, ein mulmiges Gefühl beim Gedanken an Sizilien bleibt. Was musste ich auch kurz vor der Abreise noch unbedingt „Der Pate" schauen. Ein frischer Luftzug weht ein helles Kinderlachen zu mir hinauf und zerstreut die Zweifel. Ich habe noch sieben Nächte Zeit, um darüber schlafen. Bäuchlings liege ich auf dem Bett, wie damals im Autozug, nur diesmal schaue ich nicht auf vorbeifliegende Landschaftsfetzen, sondern auf ein vollkommenes Gemälde - ein Gemälde, das sogar funkeln kann.

Es ist drei Uhr morgens, als ich das Pfefferspray zur Hand nehme - wirklich weit weg hatte ich es nie gelegt. Lallende Frauenstimmen haben mich aufgeschreckt, das sturzbetrunkene Krampfader-Geschwader poltert die Stufen empor, und macht sich am Schlüsselloch zu schaffen – am Schlüsselloch meiner Zimmertür! „Va' via", kreische ich hysterisch, und sie poltern weiter in Etage drei. Ein Rumpeln hier, ein Johlen da, und nach einem dumpfen Aufprall wird es endlich still - ein Königreich für ein ruhiges Bett!

8.9. Im Café unten an der Straße gibt es Cappuccino und Cornetto - diesmal mit Blick über die Costa Viola. Ich schieße ein paar „Ätsch-bätsch-Fotos", wie sie bei Facebook gern gepostet werden, drehe die Kaffeetasse ins Bild, quetsche auch das Kastell Ruffo noch mit hinein und mache ein paar Klicks.

Zufrieden mit dem Werk rufe ich meinen Chauffeur, der diesmal gottlob mit einem Alpha Romeo um die Ecke gefahren kommt. Ich setze mich zu Lucia auf die Rückbank, sie macht Fratzen, und gerade als sie den perfekten Froschmund geformt hat, erreichen wir das Garagen-Reich der Feinripp-Männer. Dankbar nehme ich Mimi entgegen, gebe etwas Trinkgeld und knattere in den neuen Tag.

Über Palmi und Sinopoli geht es steil bergauf Richtung Capo Vaticano. Es ist windig, ich fröstle, der Herbst bringt Sturm und Wolken, die bedrohlich über den Bergen hängen, und ich fühle mich wie ein Staubkorn in feindlicher Umgebung. Kurz vor dem Kap rollen wir ins Tal hinunter, ich verfahre mich hoffnungslos, irre wahllos durch das Hinterland, bis ich am frühen Nachmittag endlich im beschaulichen Santa Domenica di Ricadi einrolle. Direkt unter dem Reklameschild der hiesigen Metzgerei steht es: Scuola Conte Ruggiero. Der Sandweg führt zu einem hellen Flachbau mit wehender EU-Flagge davor, und ein älterer Herr mit schütterem Haar kommt mir freudig entgegen gelaufen. „Rosario", sagt er und reicht mir strahlend die Hand zum Gruß. Dann kommt Silvia, mit ihr hatte ich am Telefon alles besprochen, im Schlepptau ein müder Mischlingsrüde mit hellen Augen. Gemeinsam wuchten wir Mimi über die Schwelle des Gartens, parken sie direkt vor meinem Schlafzimmerfenster, und ich bin unendlich glücklich.

Eine Woche Italienisch lernen bei Rosario und Silvia, die so viel Warmherzigkeit und Lebensfreude ausstrahlen, dass ich sofort weiß, hier bin ich goldrichtig. Ich bin zwei Tage zu früh, die angekündigten Mitbewohnerinnen sind noch nicht da, und das bedeutet sturmfreie Bude und ein Einzelzimmer - wer zuerst kommt, mahlt zuerst. Ich fahre hinüber nach Tropea, registriere wohlwollend die Piaggio-Werkstatt am Wegesrand, bummle durch die Altstadt, die auf einem Felsen aus dem Meer ragt, am Horizont spuckt der Stromboli weiße Quellwölkchen in den Himmel, und ich spüre, hier kann ich Kraft schöpfen.

Draußen dämmert es, und ich sitze mit einem Glas Rotwein auf der Gartenbank des Appartamentos, höre den Eidechsen beim Rascheln zu, streiche eine Katze und warte auf die erste Mitbewohnerin - gewiss wird sie sich über einen vollen Nudeltopf und einen guten Ciro Rosso freuen, doch niemand kommt. Stattdessen tanzen Romeo und Julia von Etage zwei lautstark den Reigen der Liebe, so dass ich lange wach liege und nicht einschlafen kann. Die Beischlafgeräusche klingen so grausam und bestialisch, fast wie bei wilden Tieren. Noch ein letzter spitzer Seufzer, und endlich ist es vorbei.

9.9. Der Espresso-Kocher faucht, und ich lerne Sara kennen. Die sympathische Rheinländerin mit dem verschmitzten Lächeln ist auf Bildungsurlaub, aber ihr Koffer hat auf dem Flughafen andere Wege eingeschlagen, und gilt nun als vermisst. Wie gut, dass es den China-Laden an der Ecke gibt, in dem Frau sich preisgünstig mit Klamotten eindecken kann. Nur ein paar leichte Sommerkleidchen später besuchen wir „Formicoli" – den Hausstrand von Santa Domenica.

Quatschen, baden, sonnen, Kaffee trinken – so plätschert der Tag gemütlich dahin, bis Sara plötzlich aufschreckt. „Wir verpassen was", ruft sie und zeigt auf das Feuerwerk am Abendhimmel. „Das ist das Fest der Prima Madonna, das stand in meinem Reiseführer", fügt sie freudig hinzu. Wir machen uns auf nach Tropea und stürzen uns ins Getümmel. Inmitten einer Menschentraube spuckt jemand Feuer, Kleinkünstler, Artisten und Clowns spielen ihre Possen, und wir futtern Pizza. Nach einem letzten Feuerwerk ist es plötzlich vorbei, und die Menschen verschwinden in ihren Häusern. Das Fest ist beendet, und wir stehen da, wie bestellt und nicht abgeholt - und wir brauchen ein Taxi. An der Rezeption des Nobelhotels „La Bussola" langweilen sich zwei Herren in schicken Anzügen. „Ich kann euch nur meinen Smart als Taxi anbieten", sagt der juvenile Fachangestellte, der sich als Domenico vorstellt. „Für die drei lächerlichen Kilometer würde kein Taxifahrer der Welt auch nur den Motor anlassen", erklärt er, wir wechseln einen kurzen Blick, sagen „si", ich nehme Sara auf meinen Schoß, und wir fahren lachend durch die Dunkelheit bis nach Santa Domenica. Danke Domenico, du hast uns gerettet!
In der Küche wartet Saras blauer Koffer. Ob ihn unsere dritte Mitbewohnerin vom Flughafen mitgebracht hat? Fragen können wir sie nicht mehr, denn sie schläft schon, während wir den Rotwein entkorken und in der Küche versacken. Romeo und Julia aus dem Dachgeschoss bleiben stumm, und ermöglichen einen seligen, traumlosen Schlaf.

10.9. Eine junge Frau mit dunklen Augenringen schlurft uns aus dem Bad entgegen. „Hallo. Ich bin Eva", sagt sie müde. Romeo und Julia waren doch aktiv, berichtet die Tschechin und gestern machten sie auch keinen Quickie. Die Nacht war kurz, wir sind in Eile, denn wir haben gleich Unterricht. Es ist der erste Termin seit Monaten, und das fühlt sich komisch an. Unter der EU-Fahne hat sich eine kleine, frauenlastige Gruppe versammelt, und Lehrerin Carmen verteilt die Tests - zur Feststellung des Niveaus für die Gruppeneinteilung. Lückentexte sind noch nie meine Stärke gewesen, und auf Italienisch könnte die Sache schwierig werden. Meine Lern-CD „Italiano senza sforza-

facebook-taugliches Foto, aufgenommen in Scilla

Italienisch ohne Mühe", hat mir zwar solch lebensnotwendige Sätze wie „Heute streiken die Kofferträger." beigebracht - seit 3.000 km warte ich nun schon auf den Moment, diesen Satz endlich einmal sagen zu dürfen - doch das Testergebnis überrascht wenig. „Livello zero", verkündet Rosario mit breitestem Grinsen. Zero, doch so gut? Nulla, niente, nicht einmal Stufe eins? „Aber ich weiß, was Streik auf Italienisch heißt", antworte ich keck. Komplizenhaft grinst Eva zu mir herüber. Auch sie ist in der Nullgruppe gelandet, ebenso wie Frieda aus Karlsruhe und Els aus Gent.

Sara hingegen kommt bei den Fortgeschrittenen unter. Sie hat ein Semester in Triest studiert und spricht bereits mit Grammatik - das ist eindeutig Wettbewerbsverzerrung!

Unsere Lehrerin Patrizia ist geduldig mit uns. Seit einer halben Stunde sitzen wir nun schon im pädagogisch wertvollen Halbkreis und stottern herum. Wir sollen sagen, wer wir sind, was wir machen und wo wir herkommen, und die kluge Patrizia weiß, wie man eine wortkarge Frauengruppe zum Reden bringt. Galant lenkt sie das Gespräch auf das Thema Männer, und schon schnattert es in gebrochenen Italienisch wild durcheinander. Zu diesem Thema hat jede Frau der Welt etwas zu sagen, egal ob es sich um eine Belgierin wie Els oder eine Tschechin wie Eva handelt. Schnell entbrennt ein Streit, wer denn der heißeste Schauspieler unter der Sonne sei. Patrizia plädiert für George Clooney, Frieda und Eva für Kevin Kostner, und ich bleibe bei Collin Firth. Schnell klärt sich, dass wir uns nicht in die Quere kommen - beste Voraussetzungen für wunderbare Freundschaften also. Holprig, aber munter, reden wir weiter – mal über Shopping und Schuhe oder den Davidoff-Mann. Rosario spitzt neugierig seine Ohren, und plötzlich reden wir über das Wetter – das ist Frauensache. Zunächst finden die Gespräche nur im Infinitiv statt, doch bald schon weiht uns Patrizia in die hohe Kunst der Konjugation ein. Völlig unbeeindruckt von unserem infantilen Gegacker schlummert Hund Schioppi auf unseren Füßen und ist zufrieden, solange niemand den Raum verlässt. Rosarios Söhne Alberto und Fabrizio servieren Kaffee für die Meute mit den Fragezeichen über den Köpfen, Silvia dreht die Musik auf volle Pulle, und wir grölen kräftig mit. „Da da da da da, sara perché ti amo", johlt der Schulchor unter der Leitung des Maestro Rosario.

Mittags gluckert ein großer Pott Nudeln auf dem Feuer, eine Flasche Rotwein wird entkorkt, Kaffee aufgesetzt, und Mika, eine sympathische Frau aus der Fortgeschrittenengruppe, in unsere Mitte genommen. „Fare un pisolino - ein

Nickerchen machen", wiederhole ich und spüle die letzte Nudel mit einem Schluck Rotwein hinunter. Abends holt uns Chauffeur Tonino zum Kennenlern-Dinner ab. Souverän steuert er den mit kichernden Weibern voll beladenen Bus zum Ziel - einem Panoramarestaurant direkt am Capo Vaticano - und er scheint das Ganze sichtlich zu genießen. Bei teuflisch guter Pasta lerne ich die anderen Kursteilnehmer kennen: Alicia aus Mexico, Anna aus Polen, Franz aus Tirol, Britta, die Zwillinge Ruth und Inge aus Deutschland, Helge, ein Hamburger Jung`, der mit dem Motorrad da ist und mir Mut macht. „Nach Sizilien musst du unbedingt", sagt er. „Hab keine Angst. Die Mafia tut dir nichts." Der kahlköpfige Biker mit dem schelmischen Grinsen hat mich überzeugt. Sicilia, mach` dich schon mal frisch, ich komme bald.

11. - 15.9. Die schönste „Arbeitswoche" meines Lebens: Morgens ein heiteres Sprachtraining in der „Nullgruppe", gemeinsames Pasta kochen am Mittag, und anschließend den Männern am Formicoli-Strand dabei zusehen, wie sie dynamisch ihre Sixpacks in die Wellen werfen. Wir breiten unsere Badetücher mit Blick auf die prächtigsten Exemplare aus und beobachten sie lüstern aus dem Augenwinkel. Seufzend ziehe ich den Bauch ein, rücke mein Bikinioberteil zurecht und setze mein Göttinnen-Lächeln auf. Sara und Eva haben es leichter, sie haben keinen Bauch und können entspannt atmen. Die Jungs werfen sich selbstverliebt in die Wellen, als wäre es ihre einzige Aufgabe, uns zu erfreuen.

In der Strandbar unseres Vertrauens erholen wir uns vom Balzen und lernen von den Kalabresen. Die üben sich in der Kunst des Müßigganges, und wir üben fleißig mit. Der Nachmittagsprosecco geht in einen Aperitivo über, und so vergeht der Tag.

Nach Sonnenuntergang brezeln wir uns für das Tropea Blues Festival auf. Auf dem Weg ins Nachtleben müssen wir Mädels kaum einen Meter zu Fuß gehen, immer hält irgend jemand an, um uns mitzunehmen. Einer von ihnen ist Theobaldo Versace. Designer ist der rüstige Frührentner zwar nicht, hat dafür aber ein schickes Cabrio, das uns ausgezeichnet zu Gesicht steht. Als er uns in unser Appartament begleiten will, um uns zu bekochen, lehnen wir dankend ab. Vier junge Damen und Herr Versace im zweiten Frühling – da

Pubertierende mit Leichtkraftzweirad vor malerischem Felsen

hätte er sich gewiss übernommen - ganz schön offensiv, diese Generation 50 plus. Sie hat nichts mehr zu verlieren und baggert ohne Scheu. Single-Frauen mit einer Schwäche für ältere Herren sollten unbedingt einen Urlaub in Kalabrien buchen. Chauffeur Tonino ist der einzige Ü-Fünfziger, der unser vollstes Vertrauen genießt und uns nach Herzenslust verwöhnen darf. Durch seine verblüffende Ähnlichkeit mit Berlusconi vor der letzten Haartransplantation und seinen lausbübischen Humor ist uns der Chauffeur mit dem breiten Grinsen sofort ans Herz gewachsen. Er grillt für uns. Wir lachen viel und singen Karaoke bis in die Nacht. Sein bester Kumpel Luigi nennt ihn liebevoll „Maestro della Vita", weil er es versteht zu leben. Er kann kochen, hält jeden Nachmittag sein Nickerchen am Strand, feiert bis in die Nacht mit den Damen aus der Sprachschule, ist wohl genau deswegen Single und holt den versäumten Schlaf im Büro nach – ein echter Kalabrese eben. Außerdem ist er ein Meister des Gitarrenspiels, der seinen Glimmstengel zwischen Griffbrett und Saiten klemmt, und munter drauflos klampft, während Charmeur Luigi dazu singt. Die beiden laben sich am Frauenüberschuss und vernaschen gerne mal eine Sprachschülerin. Nur Rosario ist vergeben. Er hat sich in Silvia verliebt, die für immer blieb und nun mit ihm die wohl fröhlichste Sprachschule der Welt leitet.

16.9. Der Abschied von Santa Domenica fällt schwer. Ich bin verliebt in Land und Leute, und wenn ich einmal auswandere, dann genau hierher an diesen Ort – nach Santa Domenica di Ricadi. Hier ist der Pisolino, der Nachmittagsschlaf, noch heilig, und nie zuvor habe ich entspanntere und fröhlichere Menschen getroffen, als hier. Die Uhren ticken langsamer, das Essen schmeckt, das Meer ist vor der Tür - ich habe meinen Herzort auf dieser Reise gefunden.

Sara und Eva hatten die geniale Idee, in Scilla einen Abschiedskaffee zu trinken. Mimi und ich nehmen den gleichen Weg zurück über Nicotera, Sinopoli und Palmi - und die Mädels vertrauen dem öffentlichen Personennahverkehr. Wir verbringen einen letzten unbeschwerten Nachmittag, bevor wir uns endgültig verabschieden.

Auf dem Weg nach Villa San Giovanni kullern mir die Tränen an den Wangen hinunter, und ich erreiche todtraurig den Schalter des Fährterminals, aus dessen gläserner Luke ein lockiger Wuschelkopf heraus guckt. Inzwischen habe ich mich längst an die Neugier der Eingeborenen gewöhnt und antworte artig, dass mich ein Sprachkurs nach Sizilien führt. „Aber Cara, eine Sprache lernt man am besten, wenn man sich einen einheimischen Liebhaber sucht. Na, Interesse?", säuselt er. Schön zu wissen, dass man könnte, denke ich, sage artig „grazie, no" und verschiffe schmunzelnd mein Möftel.
Gemächlich schippert die Fähre auf den Leuchtturm zu, Mimi macht ihre erste Schiffsreise, und in einen Felsen eingebettet, leuchtet eine Stadt im Abendlicht – Messina!

Kapitel 7

Gegen 19 Uhr: Ich folge der qualmenden Blechlawine, die der Frachter gerade ausgespien hat, mitten hinein in das Herz der pulsierenden Stadt. Im Peloton der einheimischen Mofas drifte ich heiter durch die urbane Vorhölle, umschwirrt von braungebrannten Jünglingen ohne Helm, von denen mir einer ein verstohlenes Lächeln schenkt. Die Ampel springt auf Grün, der Flirt verpufft im Qualm, und das Szenario mutiert zum Massenstart von Le Mans, bei dem die Motoren wie Gewehrfeuer klingen und graue Rußwolken die Sinne benebeln.

Il gruppo „livella zero"

Ich kann nicht mehr genau sagen, wann ich angefangen habe, dieses Chaos zu lieben. Ganz allmählich wurden Mimi und ich Teil des qualmenden Ganzen. So wie zwei Blutstropfen, die durch das Adernetz des menschlichen Körpers fließen, so flirren auch wir durch die Straßen der Städte, düsen durch diesen immerwährenden Kreislauf, der nur an der Ampel kurz ins Stocken gerät. Den Leuchtreklamen folgend, schlängele ich mich von Hotel zu Hotel, abgeschreckt von fiesen, dreistelligen Beträgen, bis ich schließlich in vollkommener Dunkelheit vor einem schlichten Etablissement ohne Namenszug lande. Am Empfang sitzt Frankensteins Bruder, der mich debil anglotzt. Ich sage meinen Satz und starre auf seine pockige Glatze. „Ho una camera singola per voi. Costa 20 Euro", krächzt die Kreatur und führt mich über einen langen Flur zu einer narbigen Flügeltür. „Eccoloqua!", verkündet er und öffnet sie schwungvoll. „Grazie", stottere ich, als plötzlich, wie von David Lynch persönlich zum Set gerufen, ein Liliputaner über den Gang huscht. Ich schließe zweimal um, schiebe das Fauteuil unter die Klinke, krame das Pfefferspray hervor, ziehe die Decke über den Kopf und lausche dem Rasen meines Herzens.

Nervös zappe ich durch die Kanäle. Auf Rai Due läuft „Le vie degli altri", „Das Leben der Anderen"; die italienische Synchronstimme von Ulrich Mühe klingt viel zu sexy für einen abgehalfterten Stasi-Agenten und ich finde keinen Schlaf. Der Gedanke an Frankensteins kleinwüchsigen Assistenten hält mich wach. Es ist die erste Nacht auf Sizilien und ich verbringe sie mit dem Pfefferspray im Anschlag.

17.9. 8 Uhr morgens: Ich wage es nicht, zu frühstücken. Wer weiß, welche Gefahren am Buffet lauern? Stattdessen fahre ich hungrig den Lungomare von Messina entlang, direkt auf den schneebedeckten Ätna zu, über dem weiße Wattewölkchen schweben. Auf dem gegenüberliegenden Festland erwacht Kalabrien und ich gebe Vollgas. Punkt elf beginnt der Sprachkurs in Taormina. Ich wollte meine Sizilien-Umrundung an einem sicheren Ort beginnen und langsam ein Gefühl für die Insel bekommen, bevor ich ins Ungewisse aufbreche. Doch heute würde ich lieber in den Tag hinein leben und mein Panino mit den Möwen teilen. Elender Freizeitstress!

Am Stadttor frage ich einen Araber im Cowboykostüm nach dem Weg. Der zeigt mir seine unverschämt weißen Zähne und den Weg zur Schule. „Ich bin Yassi Mohammed, und wenn du Hilfe brauchst, findest du mich genau hier", sagt er und drückt mir grinsend den Flyer eines Nachtclubs in die Hand. Ich werfe Yassi einen Luftkuss zu, eile durch den verwunschen Garten, registriere

Le tre grazie

flüchtig die Schönheit des Gemäuers und finde gerade noch einen Platz im gut gefüllten Auditorium der Scuola. Dort verteilt eine magere Angestellte die üblichen Tests, und wenig später finde ich mich in Marias Kommunikationskurs der Stufe eins wieder. Die „livello zero"-Talsohle ist durchschritten, Patrizia sei Dank!

Im pädagogischen Halbkreis stammeln wir aus unserem Leben: Surflehrer Tony aus Australien, Manuel, ein appetitlicher, portugiesischer Geschäftsmann, Bankerin Marie aus Paris, die Freundinnen Sandra und Isabel aus Brasilien, Ruth und Judith aus der Schweiz, Olga aus Russland und eine übernächtigte Deutsche mit schmerzendem Hinterteil. „Und Nati, was führt Sie an unsere wunderschöne Sprachschule?", fragt Maria so übertrieben langsam, als redete sie mit einer Schwachsinnigen.

„Ich habe absolut keine Ahnung", entgegne ich, als mich das Klingelzeichen rettet. „Saved by the bell", rufe ich freudig, husche eilig hinaus in den Garten und halte Ausschau nach einem sympathischen Gesicht.

„Do you need someone to sit with?", fragt eine ältere Dame mit amerikanischem Akzent. „Oh yes", antworte ich und setze mich. Joanne und ihr Gatte Barry aus Alabama wettern über Barack Obama, und ich sortiere meine Gedanken. Via Gramsci due, via Gramsci due, repetiere ich innerlich, während Barry Obama lautstark als den Untergang der USA bezeichnet. Ich würge meine Cannelloni hinunter, verabschiede mich höflich, frage mich zur Via Gramsci 2 durch und klingle bei „Kokkalis". „Non capisco niente", rufe ich in die Hörmuschel, aus der unverständliche Wortfetzen rascheln. „Non capisco niente", brülle ich erneut, bis eine freundliche, alte Dame die Treppe hinunter geschlichen kommt. „Scusi, non parlo italiano", entschuldige ich mich. „Aber deswegen sind sie doch hier", antwortet die Österreicherin, die offenbar ihre Mundart mit der Sizilianischen vermischt hat. „Da hätten wir auch gleich Deutsch miteinander reden können", sage ich. „Oh nein, wir sprechen Italienisch, sonst lernst du es nie", antwortet sie entschieden und reicht mir lächelnd die Hand zum Gruß. „Irene." „Angenehm." „Deinen Roller schieben wir besser in die Garage. Die klauen hier wie die Raben", sagt die Rentnerin, die vor vielen Jahren einen Signore Kokkalis heiratete und heute Appartments nahe der Schule vermietet. Ich sitze auf dem Balkon ihres Hochhauses und schaue hinüber nach Kalabrien. Ich vermisse meine „Gruppo livello zero".

18.9. Am Torbogen grinst mich Yassi Mohammed schief an. „Sieh nur, die Katzen feiern ein Fest auf dem Müll", ruft er mir zu. Der stinkende Haufen, dessen beißender Geruch in der Nase ätzt, war mir gestern schon aufgefallen. „Die Müllabfuhr war schon seit Wochen nicht mehr da, die Gebühr ist aber abgebucht worden. Che merda!", schimpft er. Ich stelle mich neben ihn, und mit der Neugier eines Kindes beobachten wir fasziniert den mannshohen Berg aus Abfall. Ohne den Gestank hätte er ein wunderbares Exponat mit Namen „Kakophonie des Alltäglichen" in einer zeitgenössischen Kunstausstellung abgegeben ...

„Tut mir leid, Yassi, ich muss los", verabschiede ich mich mir die Nase zu haltend. „Und? Wie ist denn die Schule?", fragt er. „Langweilig" antworte ich, winke ihm zu, renne durch den Garten und lausche dem uninspirierten Vortrag von Sprachlehrer Pedro. Der referiert über die Krise der italienischen Schwermetallindustrie, während ich dem Schlaf anheim falle und heimlich davon träume, den Nachmittagskurs zu schwänzen und sizilianisch zu kochen.

Im Lebensmittelladen an der Ecke rupft eine damenbärtige Matrone ein Suppenhuhn, während zähflüssiger, roter Schleim aus dem leblosen Körper läuft. „Kostet nur zehn Euro", ruft sie und reckt das triefende Vieh in die Höhe. „Oh nein danke, ich bin Vegetarier", lüge ich und flüchte in die Gemüseabteilung. Zuviel Fleisch ist gar nicht gesund. Ich nehme lieber ein paar Tomaten. „Vegetarier, aber warum denn?", fragt die Hühnermörderin, sich die blutverschmierten Hände an ihrer Schürze abwischend. Das liegt an ihren dicken, roten Fettfingern, denke ich, zucke nur mit den Schultern und zahle.

Wieder im Freien blicke ich zum Ätna hinauf, der unermüdlich seine weißen Schäfchenwolken in den Himmel bläst. Es scheint, als riefe er mir zu: „komm` und besuch` mich!" Aber die Wettervorhersage ist schlecht. Ich muss noch warten, bis ich „Etti" einen Besuch abstatten kann. So habe ich den Vulkan gestern getauft, um ihm den Schrecken zu nehmen. So wie Sara den Stromboli neulich als „Pupsi" bezeichnete, weil er so niedliche Wolken in den Himmel pupst.

19.9. Ich verbringe die Mittagspause mit einem sympathischen Pärchen aus Deutschland, bis sein Satz „aber ein Sabbatical ist doch ein Karrierekiller", die Konversation beendet. Die Phrase geistert noch lange in meinem Kopf herum - auch als ich Claudio`s Vortrag über die Geschichte der Mafia höre.

Scheiß` doch auf die Karriere, denke ich trotzig - auf dem Sterbebett ist es doch völlig irrelevant, ob sich das Karussell ein Jahr lang ohne mich gedreht hat. Und dennoch trifft mich dieser Satz. Was ist, wenn er recht hat und ich nach meiner Reise nicht wieder auf den grünen Zweig komme? Von Claudio`s Ausführungen bekomme ich wenig mit. Ich bin schlecht gelaunt, abgelenkt und angewidert. Denn der Typ neben mir fotografiert heimlich die hübschesten Frauen des Kurses. Gerade zoomt er ein Ohrläppchen heran, und ich danke meinem Schöpfer, dass ich hinter ihm sitze und dieser Sprachkurs bald endet.

21 Uhr in der Kirche an der Piazza: Der Pianist Frank Wasser spielt Bachs Goldbergvariationen, die Atmosphäre gleicht eher der einer Bahnhofshalle, denn eines Konzertpodiums und ich frage mich, wie er so ruhig spielen kann bei dieser Unruhe. Das ständige Auf und Zu der Tür weht Alltagsgeräusche in den Altarraum hinein, wodurch die Musik so wirkt, als wäre sie gerade frisch komponiert worden. Kindergeschrei, Autohupen und Gelächter vermischen sich mit den Verzierungen des Barock, und dem Pianisten huscht ein Lächeln über das Gesicht, als eine Polizeisirene in die Generalpause heult.
Eine junge Frau mit wilden Locken stellt geräuschvoll ihren Rucksack ab, quetscht sich in die letzte Reihe, während ich mich frage, ob sie eine Deutsche ist. Der Schlussakkord verklingt, der Solist verbeugt sich, das Publikum applaudiert und ich bleibe noch lange sitzen. Die Goldbergvariationen sind einfach das Genialste, was der Meister je hervorgebracht hat, denke ich, als der Pfarrer den Flügel verhüllt. „Schade, ich hätte gerne etwas Klavier gespielt", weckt mich die Frau mit dem Wuschelkopf aus meinem Traum. „Ich habe mir gleich gedacht, dass du eine Deutsche bist", errät sie meine Gedanken. „Dito", entgegne ich lachend. Pauline schiebt ihren Rucksack beiseite und setzt sich zu mir. „Hast du noch kein Quartier für die Nacht?", frage ich sie. „Ich warte auf den Bus nach Catania." „Du brauchst wohl keinen Schlaf", necke ich sie. „Schlafen kann ich noch das ganze Semester. Und was ist mit dir? Was führt dich nach Taormina?", fragt sie. „Ich mache den langweiligsten Sprachkurs meines Lebens", antworte ich. „Hast du keine Angst, nachts alleine zu reisen?", erkundige ich mich. „Wovor sollte ich denn Angst haben?", entgegnet sie mit dem unschuldigen Lächeln eines Kindes, und ich bin mir nicht ganz sicher, ob sie erleuchtet oder auf Drogen ist. „Du glaubst gar nicht, wie schön es ist, nachts allein am Strand zu liegen und die Sterne zu beobachten", schwärmt Pauline „Na ich weiß ja nicht", erwidere ich, begleite sie zum

Nachtbus, wünsche ihr von Herzen alles Gute, mir ihren Mut und nehme sie in den Arm. „Pass auf dich auf", rufe ich ihr hinterher. Wahrscheinlich werden wir uns nie wieder sehen.

20.9. Tag vier an der Scuola: Wir lernen die geometrischen Figuren - und spätestens jetzt verfluche ich den Tag, an dem ich diesen Sprachkurs gebucht habe. Triangolo, Rectangolo, Circolo, Cilindro, Quadrato ... Seit der fünften Klasse verspüre ich eine tiefe Abneigung gegen die Geometrie. Gleichschenklige Dreiecke gehen mir sozusagen diagonal am Heck vorbei - da hilft auch der Wohlklang der Lingua Italiana nichts.

Auch als uns Pedro durch das Theatro Greco, der perfekten Ausführung eines Kreises und ganz nebenbei, das zweitgrößte Amphitheater Siziliens, führt, wird es nicht besser. Inmitten des 2.200 Jahre antiken Runds wird mir klar, warum ich mit der Schule nicht warm werde. Es ist niemand in meinem Alter da. Entweder sind die Kursteilnehmer Paare, Anfang Zwanzig oder Rentner. Und nach einem grauenvollen Abend in der Kinderdisco, im Volksmund auch liebevoll „Embrio-Schubse" genannt, welchen ich umringt von singenden Twens verbringe, steht es endgültig fest: Die Jugend von heute nervt.

21.9. Ich bin auf dem Weg zum Vulkan. Endlich.
„Man weiß nie, wann er ausbricht", hat Irene eben gesagt, als sie das Garagentor hochschob und demütig zum Ätna hinauf schaute. „Und zieh` dich bloß warm an, da oben schneit es gerne mal – auch im Sommer", sagte sie. Doch das schreckt mich wenig. Ich habe fünf staubtrockene Schultage hinter mir und möchte wieder spüren, dass ich lebe.

Schwarze Regenwolken ziehen über den Gipfel, ein eisiger Wind zerrt am Regencape, hier oben ist niemand, außer ein paar wilden Kühen, und dessen nicht genug, verwirrt mich ein seltsamer Geruch. „Etti" riecht wie ein nasser Hund mit verbranntem Fell, und je näher ich ihm komme, desto fürchterlicher stinkt er. Der Himmel wird schwarz, „Etti" verschwindet im Qualm, ich bekomme Angst und kehre um. Aber eines ist sicher, ich werde wiederkommen. Das war nur ein erster Versuch - ein erstes Herantasten an eine müffelnde Naturgewalt!

22.9. Es ist Samstagvormittag, der Sprachkurs ist überstanden, das Wetter ist phantastisch, und heute werden wir den Ätna umrunden!

Über Naxos, Fiumefreddo, Lingualossa, Randazzo, Adrano, Biancavilla und Paterno ziehen wir an bizarren Gebilden erkalteten Lavagesteins vorbei. Aus einem Geröllhaufen gucken die Reste einer Kirchenmauer heraus, die mir zuraunen „Achtung hier fand einst religiöses Leben statt". Und wieder ist „Ettis" Gipfel hinter einer dicken Rauchwolke verschwunden. Der Anblick mannshoher, tiefbrauner Erdhaufen macht mir Angst, und der Gedanke daran, dass erst vor zwölf Jahren genau hier glutheiße Lava entlang gebrodelt sein soll, knipst das Kopfkino an. Ich sehe brennende Leiber, höre die Schreie verendender Tiere, und ich spüre Gänsehaut über meinen Körper kriechen.

Ein freilaufender Bulle, der eben noch friedlich am Wegesrand seine Nahrung wiederkäute, trabt gemächlich auf mich zu. Ich nehme die Hand vom Gas, rolle langsam auf das Tier zu, bis ich glaube, mein Spiegelbild in seinen geweiteten Pupillen erkennen zu können. Es wäre gut möglich, dass sizilianische Braunbullen gereizt auf knallrote Mopeds reagieren, denke ich, erstarre, und spüre seinen müden Blick auf mir ruhen – ein uferloser Moment, der nicht vergehen will. Nur eine minimale Drehung des rechten Handgelenkes schiebt mich zentimeterweise am Tier vorbei, und erst als ich seinen Blick im Nacken spüre, drücke ich energisch den Gashebel durch. Im Rückspiegel sehe ich ihn rennen. Doch Mimi ist zu schnell für ihn. Der Stier gibt auf – und wenn der Vulkan jetzt nicht ausbricht, überlebe ich einen weiteren Tag auf Sizilien.

Wie Falschgeld fahre ich durch das Ödland, bis am Horizont die Umrisse einer Fabrik das Ende der Wildnis verkünden. Wäre ich DJ würde ich genau jetzt den Soundtrack von „Into the wild" auflegen: „Society, you crazy breed, hope you`re not lonely without me …" Warum muss ich ausgerechnet nach dieser intensiven Begegnung mit Mutter Natur auf einer vierspurigen Schnellstraße landen, die mich unaufhaltsam in eine Metropole führt? Ohne meine Fixpunkte Vulkan und Meer bin ich hoffnungslos verloren und ich lande in einem stinkenden Moloch von einer Stadt, die ich nie hatte sehen wollen. Irene riet mir, Catania zu meiden – und recht hatte sie. Abgewrackte Altbauten aus schwarzgrauem Lavagestein mit Müllbergen davor, die sich harmonisch in das barocke Siechtum einfügen, stehen traurig in der Gegend herum. Ich meine, zu Tagen wie diesen passt ein Besuch des Restaurants mit dem goldgelben M. Die minderwertigen Fette, das matschige Brot und die Tonnen von Remoulade passen perfekt zu meiner Stimmung. Erst als die Gier den Ekel besiegt hat, nehme ich den direkten Weg aus der Stadt heraus, folge den Warnungen meines Bauchgefühls, das schreit, bloß weg hier, und erst in Siracusa Ruhe gibt.

Am Frontdesk des LOL Hostels, das zu meiner großen Überraschung direkt am Bahnhof liegt, sitzt ein hinreißender bärtiger Typ, der mich sofort aus der Fassung bringt. Auf den hippen Loungemöbeln in der Lobby räkelt sich die Jugend, und sogar einen Internetzugang gibt es. Ein guter Ort. Die Versuchung, einfach an der Bar zu versacken und ins Leere zu starren, ist groß, doch ich ziehe noch einmal los Richtung Hafen.

Von den verschnörkelten Bauten bröckelt der Putz, ein paar alte Vespas stehen davor, ein Kreuzfahrtschiff hupt in der Ferne, ein Fischer entleert seine Netze, es stinkt nach Fisch, Geschirr klappert - Siracusa gefällt mir auf Anhieb. Auch hier kann die Abendsonne die Altbauten in Goldstaub hüllen. Ich streune durch die Stadt, bis es finster ist, und komischerweise fürchte ich mich nicht.

Zurück im Hostel, lerne ich Annika kennen, eine junge Frau aus Magdeburg, die an der Bar arbeitet. Grinsend vergleichen wir unsere Sonnenbrände. Zwei verkohlte Stümpfe, landläufig auch Arme genannt, hängen schmerzend von meinem Leib herab. Dunkelbraun, mit einem feinen, weißen Haarflaum darauf, brennen sie, als hätte sie jemand angezündet. „Und seit wann lebst du schon hier?", frage ich neugierig. „Erst seit kurzem. Ich bleibe nie lange an einem Ort. Nomaden müssen weiterziehen, weißt du? Nur Bauern verbringen ihr ganzes Leben an einem Ort", sagt Annika. „Und was bist du? Bauer oder Nomade?" „Ich denke, ich bin ein rastloser Bauer, der bald sesshaft werden möchte", antworte ich.

„Vielleicht sollte ich hierbleiben, mir einen Bauernhof kaufen und biodynamischen Anbau versuchen", phantasiere ich. „Meine Vermieterin Irene sagte, auf Sizilien könne man einen Besenstiel in die Erde stecken, er würde anwachsen", erkläre ich, als ich Pauline im Augenwinkel wieder erkenne. „Was, du hier?" „Das gibt es ja nicht!" Lachend versinken wir in der Sofaecke. Catania hat auch ihr nicht gefallen, und so landete sie hier im „LOL Hostel". Ich mag diese kleine, sizilianische Backpacker-Welt!

23.9. Neun Uhr morgens: Neben meinem Bett liegt ein Zettel. Pauline wünscht mir ein schönes Leben.

Frühstück im Garten: Ein bärtiger Typ stochert in seinem Müsli herum. „Can you give me a hand?", frage ich. Der Espressokocher geht nicht auf. Ohne die geringste Anstrengung öffnet er das Ding und löffelt weiter durch sein Cerial.

„John the strong", ruft ihm Zimmergenossin Elisabeth fröhlich zu, was er nur mit einem müden Lächeln quittiert. Dann schweigt er. Doch wir nerven solange, bis er uns seine Geschichte erzählt. Der Amerikaner, der mich stark an Emile Hirsch aus „Into the wild" erinnert, reist allein durch Europa und wurde während einer Fernbusfahrt einfach an einer Raststätte mitten im Nirgendwo vergessen. Der Bus fuhr ohne ihn weiter, und mit ihm sein Gepäck. Es blieb nur der Fußmarsch zur nächsten Bahnstation. Von seinen letztem Geld kaufte er ein Ticket nach Catania, übernachtete dort auf einer Parkbank, lernte von einem Obdachlosen den Satz „Ich habe mein Gepäck verloren", fuhr schwarz bis Siracusa, um am Bahnhofsschalter seinen Satz zu sagen. Und davon muss er sich erst einmal erholen. In totaler Agonie starrt er auf sein Frühstück, lässt sich seine Gepäckgeschichte aus der Nase ziehen und wünscht danach nicht mehr angesprochen zu werden. Ich kann es in seinen Augen lesen. Immerhin hat „John the strong" unseren morgendlichen Espresso gerettet und uns eine schöne Geschichte beschert - das ist mehr als genug.

Gestärkt durch drei Café Ristretti, mache ich mich auf den Weg. Ich habe mir einen Kulturtag verordnet. Davon halten mich auch keine lächerlichen 40 Grad im Schatten ab. Immerhin hat Siracusa das zweitälteste Amphitheater aus der „Magna Grecia-Zeit" zu bieten. Bewaffnet mit einem dieser Stadtpläne für Touristen laufe ich streng nach Karte Richtung Theatro Greco, bis ich merke, dass ich die Karte anders herum halten muss. Kaum ist das Meer als Fixpunkt mal nicht zu sehen, bin ich ganz Frau – mit dem Orientierungssinn einer Zahnbürste. Der Schweiß tropft von der Stirn, ich beginne auf Italienisch zu fluchen, als ein grauer Wagen auf mich zu kommt. „Do you need a ride?", ruft eine dunkle Frauenstimme, die ich sofort wieder erkenne. Sie gehört Joanne, der Romney-Wählerin aus Taormina, und ihr Gatte Barry sitzt am Steuer. „Indeed", rufe ich freudig und steige ein. Joanne hat sizilianische Wurzeln und ist seit dem Eintritt in die Regelaltersrente ständiger Gast auf der Insel. Barry kennt den Weg. „Sempree drittoo" – immer geradeaus, ruft er mit breitestem Südstaatenakzent und noch breiterem Grinsen. Dankbar winke ich den beiden hinterher. Sizilien ist ein Dorf!

Vor dem Eingang des Amphitheaters bringt sich gerade der „Vespaclub Siracusa" für ein Gruppenfoto in Pose. Dreißig alte Hochglanz-Vespas bilden eine tolle Kulisse, und ihre Besitzer grinsen stolz in die Kamera. Verzückt bleibe ich stehen und verliebe mich auf den ersten Blick in eine dunkelblaue, fein polierte Maschine, die ungefähr so alt sein dürfte wie ich. Ich bin so begeistert, dass ich ihrem Besitzer, einem aparten Mitfünfziger mit auffälliger Haartolle, fast um den Hals falle. „Scusi?", fragt er verdutzt, und mir fällt ein, dass er doch gar nicht wissen kann, warum ich ihn so überschwänglich begrüße. Für ihn bin ich nur eine durchgeknallte Fußgängerin. „Ich habe auch einen Roller", rufe ich stolz und zeige ihm ein Handybild von Mimi. „Aber der ist ja noch ein Baby", lacht er, als er mein vier Jahre junges Möftel sieht. „Stimmt, aber das Baby hat schon 9.000 km runter", entgegne ich lachend. „Sag` ich doch, sie ist ein Baby", neckt er mich. „Darf ich ein Foto machen?", frage ich. „Aber natürlich", antwortet er, ergreift den Lenker seiner Schönen und strafft seine Schultern, als wäre er das Posieren schon gewohnt. Dann startet das Geschwader die Motoren und lässt das Eingangsportal im Qualm verschwinden. Zu gerne wäre ich mit ihnen gefahren. Warum muss ich ausgerechnet an einem meiner wenigen Fußgänger-Tage eine Vespa-Gang treffen? Oh grausame Biker-Ironie!

Wehmütig betrete ich die archäologische Stätte, lande vor dem „Ohr des Dionysios", betrete, immer noch wehmütig, die Höhle, deren Eingang wie das Hörorgan des Mr. Spock aussieht. Sie ist voller Touristen, die ein Lied anstimmen, um das Echo zu testen. Ich trotte ihnen hinterher, lande im Amphitheater, versuche ein paar Sätze des Gästeführers aufzuschnappen, doch sein

Kirche vs. Lava

Sizilianisch ist einfach nicht zu verstehen. Ich lasse die Gruppe ziehen und ergebe mich der Hitze, die sich wie eine Heizdecke auf den Körper legt, sinke willenlos auf einen der verwitterten Plätze des Rondells und träume mich in die Vergangenheit zurück. Eine Katze schleicht mir um die Beine, das Blitzlichtgewitter einer asiatischen Reisegruppe vertreibt sie – und mich gleich mit. Wie ferngesteuert laufe ich Richtung Katakomben und sehe Elisabeth auf einer Bank sitzen. „In 15 Minuten beginnt die nächste Führung. Kommst du mit?", fragt sie. „Warum nicht", entgegne ich.
Unten in der Höhle berichtet eine Studentin von der Geschichte der Katakomben. „Wassernetz, Grabstätte, Luftschutzbunker – sie wurden im Laufe der Jahrhunderte auf die vielfältigste Weise genutzt", nuschelt sie mit so starkem sizilianischen Akzent, dass es besser wäre, sie spräche Italienisch. Behäbig wälzt sich unsere kleine Gruppe durch die unterirdischen Gänge, aufgeschreckt von ein paar Fledermäusen, die vom Kreischen der älteren Damen aus ihrem Schlaf gerissen wurden. Die Studentin redet, und Elisabeth und ich zucken nur mit den Schultern. Sie könnte ebenso gut auch Chinesisch sprechen - ihr Akzent hat die Sprache Shakespeares und Miltons in sizilianische Hackfleischbällchen verwandelt. „Komm`, wir hauen ab", schlage ich vor. „Ich wollte sowieso noch zur Wallfahrtskirche rüber", flüstert Elisabeth, und wir schleichen uns davon. In den 1960er Jahren soll dort nämlich das Wunder von Siracusa geschehen sein. „Glaubst du etwa daran?", frage ich, wieder im Freien. „Warum denn nicht", antwortet die zierliche Frau aus Paris. „Ich bitte dich Elisabeth, wie soll denn bitteschön eine Madonnenfigur Tränensaft produzieren können?", entrüste ich mich, worauf sie nur schallend zu lachen beginnt. „Wir Katholiken glauben eben an Wunder. Unsere Religion ist voll davon, und da ist eine weinende Madonna noch harmlos", lacht sie. „Denk nur mal an die Wundmale Jesu an den Händen des Padre Pio", sagt sie. „Genau, das ist noch so eine Sache, die ich nicht verstehe. Wieso steht in jedem Kuhkaff südlich von Manfredonia die Statue eines Mönches herum, der einen auf Jesus am Kreuz macht?" Und wieder schüttelt sich Elisabeth vor Lachen. „Kann es sein, dass du Atheistin bist?" fragt sie. „Ach, ich weiß doch auch nicht", entgegne ich resigniert. „Komm einfach mit in die heilige Messe", schlägt sie vor. „Aber nur, wenn es dort kein Abendmahl gibt", entgegne ich trotzig. „Nun komm` schon!"
Die Wallfahrtskirche mit dem futuristischen Spitzdach ist schon von weitem zu sehen. Zwei französische Architekten haben sie in den 1960igern zu Ehren der weinenden Madonna entworfen, und auch wenn sie sich stark von

den Altbauten Siracusas abhebt, gefällt sie mir trotzdem. „Also, wenn die Madonna heute weint, werde ich zum Katholizismus konvertieren", scherze ich, als wir die Kirche betreten. „Ok, die Wette gilt", entgegnet Elisabeth und schüttelt mir die Hand. Die zierliche Figur hängt in einem schlichten Schaukasten an einer nackten Wand, und ihre Augen sind trocken. „Tja, es wird wohl nichts mit deiner neuen Religion", scherzt sie, als die Gesänge der Messe beginnen. „Zu schade", flüstere ich, wir setzten uns dazu, und die Gemeinde singt immer dasselbe, fast wie ein Mantra. Elisabeth ist schon tief in ihr Gebet versunken, während ich mich frage, wie das mit solch einer Intensität überhaupt möglich ist. „Ich bleibe noch", flüstert sie, als die letzte Elegie verklingt. „Ich habe noch eine Verabredung mit Gott", erklärt sie. „Na dann grüß` ihn schön von mir", erwidere ich und laufe hinunter zum Hafen. Ich schlürfe einen Orangen-Granita und wünsche mir, für immer hier zu leben oder wenigstens für ein halbes Jahr. Ich fühle mich einfach wohl in dieser Stadt. Rational erklären kann ich das nicht. Es ist einfach so ein Gefühl.
„Du kannst nicht abreisen, ohne die Ortigia gesehen zu haben", sagt Mirko, der Mann am Tresen des LOL-Hostel. „Morgen bekommst du eine persönliche Stadtführung, und zwar von mir." „Aber du hast doch Nachtschicht", entgegne ich. „Schlaf wird völlig überbewertet. Also morgen früh um zehn hier", sagt Mirko entschieden. „Schon überredet, ich bleibe", antworte ich zufrieden und besuche Annika an der Bar. „Hast du einen Lieblingsplatz auf Sizilien", frage ich. Sie schnappt sich meine Karte und malt wortlos einen Kringel um ein Waldstück herum, das Torre Salsa heißt. „Mein persönlicher Kraftort auf der Insel", schwarmt sie und schiebt einen Virgin Mojito über den Tresen.

24.9. Mirko, der aussieht wie das blühende Leben, führt mich im Stechschritt durch die Stadt. Der 50 Kilo-Mann hat Beine wie Arme, ist entsprechend gut zu Fuß, und ich hechle hinterher. „Sinnloses Kaloriensterben am frühen Morgen", denke ich, während wir Richtung Fischmarkt spurten. Der Geruch hätte auch Ortsunkundige zielsicher an diesen Ort geführt, an dem riesige Schwertfischspitzen wie Lanzen in den Himmel ragen. Daneben sitzt ein glatzköpfiges Imitat von Yul Brynner, das stur an seiner Kundschaft vorbei glotzt.
Angeekelt zeigt Mirko auf die vielen toten Fische. „Es ist mir einfach unbegreiflich, wie Menschen Tiere essen können", empört er sich. „Ach deswegen hast du nichts auf den Rippen", necke ich ihn und denke schon an die nächste Fischmahlzeit. Der Gang, oder besser gesagt, der Spurt über den Basar ist

ein Erlebnis. „Kann man in Deutschland anhand der Null-Acht-Fuffzehn-Ketten nicht unterscheiden, ob man sich gerade in Aachen, Wuppertal oder in Castrop-Rauxel befindet, ist eine Shopping-Tour durch Siracusa noch ein echtes Abenteuer. „H &M" auf Sizilianisch geht ungefähr so: Man nehme ein paar Tische, schütte eine Wagenladung XXL-Baumwollschlüpfer und ein paar modische Glanzlichter aus dem „Asialaden" über ihm aus, füge ein paar knallbunte Socken nebst Nylon-Kittelschürzen hinzu, und fertig ist das SB-Warenhaus. Herrlich, dieser ganze Krempel - und erst der betörende Geruch der Gewürze!

Duracell-Mirko schleift mich weiter zu einer Papyrusmanufaktur, in der nach alter Ägypterart Papier hergestellt wird. Ich mache in letzter Sekunde noch ein Foto, und es geht weiter.

Dann hecheln wie über die Piazza, auf der sich ein barockes Architektur-Feuerwerk entzündet, Mirko hält einen Vortrag über den Dom, und dann ist es geschafft. Dankbar drücke ich ihm 15 Euro in die Hand und wische mir den Schweiß von der Stirn. Von dieser vielen Bewegung muss ich mich erst einmal erholen, denke ich und lege mich auf eine Bank. Siracusa wäre definitiv ein Ort zum Bleiben, doch die Deutsche Bahn hat etwas dagegen. Der letzte Autozug fährt am 28.Oktober, und das von Verona, das noch gut 1.300 km entfernt ist. Ich muss also schnell zurück in den Norden, sonst muss ich mit Mimi über den Brenner – und das im November ...

25.9. Ich habe es tatsächlich geschafft, mich von Siracusa zu verabschieden und zuckele, ein Liedchen pfeifend, an verkohlten Stoppelfeldern vorbei zu den Resten des x-ten Heraheiligtums auf Sizilien. Die schwere Eisentür des Museums steht weit offen, aber niemand ist da. Ein paar einzelne dorische Säulen leuchten hell in der Sonne, und einen Steinwurf entfernt steht eine Holzbaracke, aus der ein weißhaariger Mann mit freiem Oberkörper auf mich zu gelaufen kommt. „Sono Angelo", sagt der Nackte und reicht mir freudig die Hand. „Als erster Tagesgast genießen sie die Exklusivrechte einer persönlichen Führung über das Areal", verkündet er, zeigt stolz wie ein römischer Feldherr über sein Land, und beginnt seinen Monolog. Ich verstehe kein Wort, aber ich nicke brav. Angelo kommt in Fahrt und springt auf einem Steinhaufen herum, dass die Schweißperlen in seinem Brusthaar auf und nieder hüpfen. Ich vermute, er will mir von der erdbebensicheren Bauweise der alten Griechen erzählen, und er tut es mit solch einer Begeisterung, dass ich mir einbilde, ich verstünde plötzlich Sizilianisch. Die Sonne steht schon im Zenit, und ich muss weiter. „Dann mach` aber wenigstens ein Abschiedsfoto", ruft er und greift nach Mimis Lenker.

Der Asphalt der schnurgeraden Straße flimmert in der Hitze, das Meer rauscht zu meiner linken - ich könnte ewig so weiter fahren.

Mezzagiorno: Ich bin im Städtchen Noto, das wirkt wie ein barockes Legoland. Die Zigeunerin in der Fußgängerzone klagt über Hunger, bettelt um ein paar Euro, doch meine Banane will sie nicht. Hinter einem Torbogen locken die Sonnenschirme eines kleinen Cafés unter alten Bäumen, und gerade als ich mich setzen will, bitten mich zwei ältere Herren an ihren Tisch. Diese Offenheit wundert mich längst schon nicht mehr, und ich setze mich zu ihnen. Die beiden Norditaliener verbringen den Sommer in ihren Ferienhäusern ganz in der Nähe. Sie haben mal in der Schweiz gearbeitet, sprechen einen putzigen Mix aus Schwitzerdütsch und Italienisch, und der Grund ihrer Einladung erschließt sich mir schnell - sie sind auf der Suche nach einem amourösen Sommer-Abenteuer. Ich lehne dankend ab, und die Herren nehmen es

Tote Fische in Siracusa

sportlich – sie scheinen Körbe gewohnt. Warum sprechen Ü60-Männer auch U40-Frauen an? Das führt doch zu nichts! Immerhin bleiben sie freundlich und eloquent. „Dürfen wir Mimi sehen?", fragt der ältere von beiden. „Aber sicher", entgegne ich freudig. „Und wo ist das Gepäck?", fragt er verdutzt. Stumm öffne ich das Topcase. „Wie ist das möglich, dass Frauen mit so wenig Gepäck reisen?", fragt der andere, dessen Namen ich noch im selben Moment vergaß, als ich ihn hörte. „Sind sie ganz sicher, dass sie meine Telefonnummer nicht wollen – und wenn es auch nur für den Notfall ist?", fragt er. Mimi und ich sind bisher sehr gut allein zurecht gekommen, denke ich und schüttle entschieden mit dem Kopf. „Verstehe, Signora. Wir wünsche eine gute Reise!" „Grazie", rufe ich und lasse die Casanovas im Rückspiegel schrumpfen.

Mich zieht es nach Pacchino, zum südöstlichsten Zipfel der Insel. Die Geographie des Ortes reizt mich, und der Weg dorthin macht Spaß - kaum Verkehr, eher Wege als Straßen – Pampa eben. Vorbei an schlafenden Dörfern, Männern auf Plastikstühlen, geschlossenen Cafés, Wäscheleinen, schlafenden Hunden, meterhohem Schilf, Monokulturen, fühle ich ein Kribbeln wie es Kinder am Vorweihnachtsabend spüren. Ich steuere auf einen Endpunkt zu – zumindest geographisch. Was mag mich dort wohl erwarten? Steuerfachangestellte? Leuchttürme? Klippen?

Urplötzlich endet die Straße, und mit ihr Sizilien - an einem unscheinbaren Hafen ohne eine einzige touristische Einrichtung – nicht einmal eine Bar gibt es - nur ein paar Schiffswracks, die in der Sonne vor sich hin modern. Durch ihre hölzernen Rümpfe bricht sich das Licht, eine Möwe kackt auf eine Zapfsäule, niemand ist hier, nur Mimi leuchtet unnatürlich rot im Geisterhafen der rostigen Farbtöne. Da stehen wir nun am südlichsten Punkt der gesamten Reise, und es fühlt sich so an, als wären wir schon drüben in Afrika. Ein Windhauch streift mich, wie ein Gespenst, und ich frage mich, ob es hier menschliches Leben gibt, oder ob Wind und Meer die Herrschaft über Pacchino übernommen haben? Ich würde gern an diesem seltsamen Ort bleiben, doch es gibt nirgendwo ein Bett für mich.

Der kleine rote Punkt muss weiter ziehen bis in das kleine bezaubernde Küstenstädtchen Pozzallo.

An der Lobby des Hotels „Mare Nostrum" sitzt ein Mann. Caruso steht auf seinem Namensschild. „Sind sie ein Sänger?", frage ich ihn. „Meinen Gesang möchten Sie nicht hören, aber ich habe ein Bett für Sie", entgegnet er trocken. Wir sind im Geschäft, ich lasse die ranzige Sporttasche fallen und laufe zum Strand hinunter, pünktlich zum Sonnenuntergang. Ich laufe mit den

Möwen um die Wette, Gerhard Schönes` Lied „Vielleicht wird's nie wieder so schön" auf den Lippen. Neugierig betrete ich eine kleine Kirche am Strand und lande mal wieder in einer heiligen Messe. Drei alte Männer gaffen mich unverhohlen an, eine Nonne betet auf Knien, drei schwarz gekleidete Omas singen schief, und ich husche schnell wieder hinaus. Im Pub nebenan läuft Fußball.

26.9. Ein kontinentales Frühstück bei Caruso und ich sitze wieder im Sattel. Der Scirocco bläst eine heiße, staubige Luft aus Afrika herüber und weht die schmale Straße zu, als spielte er Schneesturm. Der Asphalt ist unter einer feinen Sandschicht verborgen und ich muss auf dem Mittelstreifen fahren, um nicht ins Schleudern zu geraten. Am Wegesrand glimmen kleine Feuer, die im Wüstensand ersticken. Jemand scheint sie ganz bewusst entzündet zu haben. Ich kann mir aber keinen Reim darauf machen, warum. Immer am Meer entlang fahre ich westwärts auf kleinen, namenlosen Straßen Richtung Agrigento, den Ort, den Goethe in seiner „Italienischen Reise" beschrieben hat. Ihn möchte ich sehen. Die hellen Säulen des Heraklestempels leuchten schon von weitem, und im Hintergrund, hoch auf dem Berg, stehen die hässlichen Neubaublocks aus den 1970ern, die Carlo in seinem Mafia-Vortrag erwähnt hatte. Was für ein Kontrast!
Ich kaufe ein Ticket, wandere ziellos zwischen den Tempeln umher, lausche den Wortfetzen der Gästeführer, setze mich auf einen Stein und atme Ewigkeit. Am Horizont versinkt die Sonne über dem Meer, und wie bestellt, küsst sich ein Liebespaar direkt vor dem Tempel der Konkordia. Seufzend schieße ich ein Foto - Rosamunde Pilcher hätte ihre wahre Freude gehabt.

27.9. Ich bin in Porto Empedocle – Mirkos Lieblingsort. Unentschlossen kurve ich in der unspektakuläre Hafenstadt herum und lasse mich von den brauen Schildern zu den „Scale Turcie" führen. Der Parkplatzwärter winkt mich zu sich heran und ruft: „Kommen Sie. Parken Sie hier bei mir. Ich passe auf ihre Vespa auf." Unschlüssig schaue ich mich um. Auf dem Parkplatz steht kein einziges Auto. „Rubano qui", die klauen hier, flüstert er mir verschwörerisch zu, und ich greife instinktiv nach meiner Bauchtasche. Sicher ist sicher, denke ich, bedanke mich höflich und überlasse Mimi dem geschäftstüchtigen Alten. Wachsamen Auges laufe ich Richtung Küste und halte Ausschau nach potenziellen „Mimi-Dieben", doch am menschenleeren Strand ist niemand zu sehen – nur ein einsamer Mülleimer, der auf groteske Weise den Meerblick verbaut.

Ich nehme meine Schuhe in die Hand und laufe barfuß am Ufer entlang, als plötzlich, wie aus dem Nichts, schneeweiße Felsen auftauchen, die treppenförmig in den Himmel ragen. Blinzelnd stehe ich vor den weißen Giganten und kann nicht fassen, was ich da sehe. In der sengenden Hitze mit ihren üblichen Ü40-Temperaturen klettere ich die Natursteintreppe empor und störe ein turtelndes Pärchen. „Möchten Sie ein Foto von sich?", fragt die junge Frau. „Gerne", erwidere ich dankbar. Die beiden Florentiner sind im Urlaub hier, und zu meiner Überraschung verstehe ich ihr Italienisch. „Der sizilianische Akzent ist furchtbar", lästert er. „Das tröstet mich", seufze ich, denn bisher habe ich keinen einzigen Sizilianer verstanden - den beiden geht es ähnlich. Auch sie sind sprachlos auf Sizilien. Ich verabschiede mich, lasse das Pärchen weiter turteln und ziehe weiter nach Torre Salsa – Annikas Kraftort. An der Klippe bocke ich Mimi auf und mache Mittagspause in der Wildnis - unter mir die helle Steilküste, dunkelgrüne Wälder und das Meer.

„Dass ich Sizilien gesehen habe, ist mir ein unzerstörlicher Schatz für mein ganzes Leben", sagte Goethe, der unter dem Namen Johann Philipp Möller nach Italien floh. Niemand wusste von seinen Reiseplänen, außer seinem Diener und seinem Dienstherrn. Auch ich habe nur meinen engsten Freunden von meinen Reiseplänen erzählt. Denn Einwände gegen solche Verrücktheiten, gerne auch Lebensträume genannt, lassen sich genug finden. Egal, jetzt bin ich ja hier - an Annikas Steilküste, nach genau 75 Tagen Reise.

Der Wortmagier schrieb auch über die Tempel von Selinunt, die rein zufällig auf dem Weg zu meinem nächsten Etappenziel liegen. Ich parke Mimi neben dem Maschendrahtzaun und klettere schwitzend auf den Gesteinsbrocken der Tempelruine herum. Eine umgestürzte Säule liegt quer über einem Steinhaufen, ich setze mich auf einen Stein gegenüber, lausche dem Wind, der ein Lied durch die Gräser pfeift. Das Meer braust unter mir, und ich versuche mir vorzustellen, ich sei eine Vestalin, die das Herdfeuer hütet. Ich wäre eine lausige Tempelpriesterin gewesen. In Keuschheit leben, Wasser aus heiligen Quellen holen und auf ein Feuer aufpassen? Da fahre ich doch lieber mit einem roten Roller durch die Gegenwart!
Erst am späten Nachmittag verlasse ich die Tempel von Selinunt, Mimi schnurrt wie ein Kätzchen, und die Salinen von Marsala leuchten in der

Angelo - Hüter der Tempelreste

Mülltrennung auf Sizilianisch

Abendsonne. Mannshohe Salzberge ragen wie Dächer in den Himmel, am Horizont zeichnen sich schemenhaft die Ägadischen Inseln ab, und ich fühle mich wie ein Postkartenmotiv, das mitten durch eine purpurne Landschaft rauscht.

In Trapani nehme ich den Abzweig in das berüchtigte Mafia-Städtchen Erice, doch die Jugendherberge ist geschlossen, und es wird gleich dunkel. Daran sind nur die blöden Tempel schuld, fluche ich in die dunkle, sizilianische Bergwelt und drehe frustriert wieder um. „B&B Ashram", lese ich da auf einem rostigen Schild, und ich biege bangen Herzens in einen holprigen Sandweg ein. Unten im Tal flimmern die Lichter Trapanis, und ein flaues Gefühl kriecht an meiner Magenwand langsam Richtung Hals empor. Jenseits befestigter Pfade kann einem das kleine Hasenherz ganz schön tief in die Hose rutschen.

Im Blindflug holpere ich den Schotterweg entlang, auf das Licht in der Ferne zu, und der Weg dorthin kommt mir ewig vor. Endlich auf dem Hof, rennen mir sechs riesige Hunde bellend entgegen. Schützend halte ich die Hände vor das Gesicht. Doch die Tiere sind schon satt und wollen mich nur beschnüffeln. Ihr grau gelocktes Herrchen humpelt aus der Tür. „Haben sie ein Zimmer?", frage ich mit pochendem Herzen. „Für Mopedfahrer immer", antwortet er. „Gott sein Dank", rufe ich erleichtert und wir steigen über den

riesigen Hund, der auf der Türschwelle liegt, und betreten den sizilianischen „Ashram". Die Hausherrin liegt auf dem Sofa und starrt auf den Fernseher. Sie trägt eine Halskrause und raucht Zigarette. Sie sieht mich nicht an, sondern zeigt nur wortlos auf einen Ohrensessel, in dem ich sofort versinke. Der Hausherr humpelt mit schiefem Gang aus der Küche herbei, mit einem vollen Tablett in den Händen. Es gibt Omelette und Rotwein. „Tutto fatto in casa - alles hausgemacht", verkündet er stolz. „Buon appetito!" „Grazie!"
Im Fernsehbild liegt eine kopflose Leiche, derer wegen die TV-Kommissare hektisch durch das Bild laufen. Die Hausherrin entzündet eine weitere Zigarette, ich verdrücke die Eierspeise und spüle sie hastig mit einem großen Schluck Wein herunter. Der Qualm des Kette rauchenden Ehepaares bringt mich noch um den Verstand. Also nehme ich den nächsten Toten zum Anlass, um mich dezent zu verabschieden. Es wird Zeit, diesem verrückten Tag das Licht auszuknipsen. Eine nächtliche Irrfahrt und sechs wilde Hund überlebt – mein Schutzengel hat genug geleistet für heute.

28.9. Lautes Hundegebell weckt am Vormittag, verschlafen steige ich die Treppe hinab, und in der Küche bietet sich mir dasselbe Bild wie am Abend zuvor: Eine voll gestellte Landfrauenküche und eine rauchende Frau mit Halskrause mittendrin. Stumm reicht sie Kuchen und Espresso. Frühstück. „Warum heißt ihr B&B eigentlich Ashram", frage ich vorsichtig. „Ich habe früher sehr viel Yoga gemacht, müssen Sie wissen", erklärt die Patrona, die sich immer noch nicht vorstellen will. „Ah, ich verstehe", antworte ich verlegen und widme mich dem zweiten Stück Kuchen. Nur langsam taut die alte Dame mit den streng zurück gekämmten Haaren auf. Sie sieht irgendwie wie eine Gangsterbraut aus, finde ich. „Das Ashram war früher mal ein kleines Kloster mit Namen Santa Maria degli Angeli. Mein Mann ist Architekt, und er hat es nach seinen Wünschen restauriert", unterbricht sie meine Gedanken. Und wenn ich ihr Sizilianisch richtig interpretiere, erzählt sie gerade von ihren Kindern, die schon aus dem Haus sind, ihrer Arbeit bei der Stadtverwaltung, ihrem B&B und ihren Hunden. Dabei redet sie so bemüht langsam, laut und deutlich, als spräche sie mit einer Debilen. Offenbar ist sie sich ihres starken sizilianischen Akzents bewusst, der aus ihrem Munde fast wie eine Elegie klingt, die nur hin und wieder von ihrem Raucherhusten unterbrochen wird. „Mein Mann ist in seinem Büro in der Stadt. Er plant sein letztes großes Objekt, bevor er sich als Rentner der Schafzucht widmen wird", sagt sie hustend, und in ihrer Erzählung schwingt eine unausgesprochene Trauer mit, das kann ich spüren. Ich weiß nicht, wie ich mit ihrer Melancholie umgehen soll, also verabschiede ich mich höflich, steige erneut über den dicken Hund auf der Schwelle und frage mich, ob er vielleicht eine Attrappe ist. Das sabbernde Hunderudel läuft mir schwanzwedelnd entgegen. Bei Tageslicht sehen die Tierchen ganz lieb aus, und auch die Gegend verliert ihren Schrecken. Das „Ashram" liegt in herrlichster Landschaft, hoch über Trapani, und dass ich mich gestern an gleicher Stelle fast zu Tode gefürchtet haben soll, kann ich mir heute gar nicht mehr vorstellen.

Die Mittagssonne hat ihr Termostat auf die üblichen 40 Grad gedreht, und auch der Scirocco wütet wieder. Er bläst so stark, als wolle er uns persönlich hinauf in das Gebirge schieben. Ich ducke mich, kneife die Augen zusammen und kralle mich am Lenker fest. Der feine, hellbraune Sand brennt in den Augen. Auf dem Zweirad ist man der Natur gnadenlos ausgeliefert. Fluchend ziehe ich das Visier meiner Hartschale hinunter und rolle auf Erice zu.
Das kleine Bergstädtchen ist berühmt für seinen DOC-Wein und seine Mafia-Aktivitäten. Ich kette Mimi vor dem Stadttor an und flaniere durch den Ort. Ein Akkordeon spielender Opa singt für die Touristen, daneben blökt ein Esel, im Café „Edelweiß" platziert sich eine Reisegruppe, der Wüstenwind ruiniert die Frisuren der reiferen Damen und die Wäsche baumelt sachte im Wind. Das ist es also, das berühmt-berüchtigte Erice – Hort des organisierten Verbrechens.

Grinsend fahre ich durch das Naturschutzgebiet „Lo Zingaro", über einsame Küstenstraßen, vorbei an schroffen Felsen, Klippen, Weinfeldern und wilden Hunden. Ich bin ja selbst ein Streuner, denke ich. Frei und wild wie sie fühle ich mich, und ich liebe dieses Vagabundenleben ... bis ich fast einen Bullen überfahre. Das riesige Vieh steht plötzlich mitten auf dem Weg und guckt mich blöde an. Ein hellblauer Fiat rauscht nur knapp am ausladenden Hinterteil des Stieres vorbei, und ich rausche hinterher. Dem sturen Vieh war es egal. Es hat sich nicht einen einzigen Millimeter fortbewegt. Mit Vollgas fahre ich durch ein Meer aus Kuhfladen, bete, dass ich nicht stürze, und finde, das ist genug Natur für heute.

Bergab, mit Rückenwind und Sonne auf dem Tacho bringt es Mimi beinahe auf sportliche 50 km/h - und uns endlich zurück in den „Ashram", wo ich mit

Weißwein und Schokolade empfangen werde. Die Patrona ist mit frischen Kriminalfällen befasst während der Architekt und ich im Garten sitzen, Blues hören und die Hunde streicheln. Er hat die Tiere vor dem Tod gerettet. Ausgesetzt und misshandelt fristeten sie ein elendes Leben als Straßenhunde, bis der Alte sie mitgenommen hat. Jetzt bekommen sie genug Futter und reichlich „Coccole" für drei Hundeleben. So heißen Streicheleinheiten auf Italienisch, und ich liebe dieses Wort.

29.9. Ich komme nicht weg. Zwei Ziegen versperren den Weg nach Trapani. Ich hupe, und die widerlich stinkenden Tiere staksen meckernd davon. So viel Kontakt zu Vierbeinern hatte ich seit Kindertagen nicht ... Endlich in Trapani, heize ich durch die engen Gassen, vorbei an Wäscheleinen, Müllcontainern, Wachtürmen und Salzmühlen, bis ich die Stadt im Rückspiegel sehe.

In Castellamare del Golfo überfresse ich mich an einem Berg Spaghetti und lasse meinen fetten Wanst vom Scirocco Richtung Palermo schieben. Schon seit Tagen begleitet er mich, und ich fürchte ihn. Mal weht er sanft, und mal tost er los wie der Teufel, dass ich stoppen muss, um die heftigsten Böen abzuwarten. Der Wüstenwind ist einfach unberechenbar.

Rosamunde Pilcher lässt grüßen

Alte Steine in Selinunt

In Mondello, kurz vor den Toren Palermos, entwickelt sich der dichteste Stau, den ich je erlebt habe - Vollsperrung! Ganz Palermo scheint sich in eine einzige winzige Gasse pressen zu wollen, die sich in Windeseile verstopft. Es ist ein heilloses Durcheinander, begleitet vom schrillen Gehupe und dem lautem Gemecker genervter Verkehrsteilnehmer. Aber Mimi ist wendig, und wir spielen erneut unser „Super-Mario-Spiel": Ausweichen, bremsen, ausweichen - nur springen können wir nicht. Fehlt nur noch die Musik zum Videospiel. Ich dachte, nach guten 5.000 km auf italienischem Asphalt wären Mimi und ich abgehärtet, doch Palermo ist der Gipfel des „Traffico Intenso". Ich fühle mich wie eine Journalistin mitten im Kriegsgebiet. Unter Lebensgefahr entstehen einige verwackelte Schnappschüsse.
Das Riesenmoloch von einer Stadt hat mich verschluckt, ich habe keine Ahnung, wo ich bin, und das Hostel suche ich gar nicht erst.
Blinken, die Spur halten, im Tunnel das Licht einschalten, Vorfahrt gewähren, bei Rot anhalten, einen Helm tragen? Auf Sizilien läuft das anders: hupen, losfahren und gucken was passiert. Frei nach dem Motto, wer bremst, hat verloren. Ich fahre rechts ran und lache laut los, kann ich doch nicht glauben, was ich da sehe. Ein jeder fährt hier, wie er will. Rückwärts durch die Einbahnstraße, mitten auf der Straße geparkt, Türen abrupt aufgerissen, ohne zu gucken … Das ist die totale Anarchie! Alle anderen Großstädte sind nur

eine Vorstufe, ja reinster Kinderfasching gegen Palermo. Du kannst hier alles mit deinem Auto machen, solange du nur die Hupe benutzt. Dieser verkehrstechnische Supergau spielt sich in einer absolut verrückten Stadt ab. Asbestbaracken und Müllberge faulen direkt neben verschnörkelten Prachtbauten - ein haarsträubender Baustilmix. Hier sehe ich Viertel, in denen ich mich sogar tagsüber grusele, und seit Stunden tue ich nichts weiter, als zu überleben. Ich muss schleunigst hier raus, bevor ich noch zu Tode komme. Ich fahre im Windschatten einer Blaskapelle, die fröhlich um die Müllberge herum tutet und ziehe folgendes Fazit: Wer sich selbst nicht mehr spüren kann oder schon alle Extremsportarten durchprobiert hat, sollte sich hier in Palermo eine Vespa mieten und ein Stündchen hin und her fahren – das ist der ultimative Kick!

In der kleinen Hafenstadt Porticello buche ich mich im einzig geöffneten Hotel des Ortes ein. Der Preis ist mir ganz egal. Ich möchte nur absteigen, die müden Knochen erlösen und mein Palermo-Trauma überwinden. „Donna Concetta" heißt die Vier-Sterne Luxusherberge - so richtig mit Marmor und so. Doch selbst die edelste Raumausstattung kann es nicht mit einem glutroten Sonnenuntergang über dem Meer aufnehmen. Also nichts wie los zum Hafen - Abendhimmel gucken. Doch statt einer beschaulichen Idylle zum Tagesausklang erwartet mich dort ein Jahrmarkt voller Karusselle und Fressbuden. Aus einem der Verkaufsstände dröhnt mein Sommer-Ohrwurm „Tu mi porti su", der mich schon seit Wochen begleitet. Und jetzt habe ich hoffentlich Gelegenheit, die CD zu kaufen. Natürlich kenne ich den Namen der Sängerin nicht, also beginne ich meine Gesangseinlage mit der internationalen Phrase „na na na na", in der Hoffnung, man könne mein Gejohle erkennen. Der Verkäufer lacht und zückt prompt eine CD mit einer hübschen Frau drauf. „Giorgia", sagt er entschieden. „Sie meinen Giorgia." Glücklich halte ich die Beute in den Händen, doch mit einer lächerlichen Scheibe lässt mich der Geschäftsmann nicht ziehen. Erst nachdem ich fünf Alben für zwanzig Euro gekauft habe, gibt er endlich Ruhe. Giorgia, Gianna Nannini, Adriano Celentano, und die beiden anderen Interpreten kenne ich nicht. „Musica tipica", sagt er mit ernster Mine. „Diese CD`s müssen sie unbedingt mit dazu nehmen - molto importante", betont der alte Fuchs. Auf die Überraschung bin ich gespannt und drücke ihm grinsend den Schein in die Hand. Ich suche mir eine Bank am Wasser, betrachte den Vollmond, dessen milchiger Schein im Wasser flimmert. In der Ferne flimmern die Lichter der Küste, es

ist immer noch heiß, so heiß, dass sogar im Dunkeln der Schweiß am Körper herunter rinnt.
Zur Nacht schiebt Portier Filippo Mimi in den marmornen Vorsaal des Hotels. „So nobel ist sie in ihrem jungen Leben noch nicht untergekommen", lobe ich den sympathischen, kahlköpfigen Mann. Diesen edlen Platz hat sie sich aber auch wahrlich verdient nach dieser Odyssee. Morgen fahren wir eine entspannte Etappe, kleine Mimi, versprochen.

30.9. Filippo serviert Brioches zum Frühstück und vermeldet stolz, er habe gut auf Mimi aufgepasst letzte Nacht.
Ich bedanke mich mit einem Küsschen auf die Wange und ziehe weiter Richtung Norden. Messina steht auf dem blauen Schild. Ist das wirklich schon der Rückweg? Bin ich tatsächlich schon fast um Sizilien herum? Die Kilometer schrubben sich gut weg, und Mimi läuft wie am Schnürchen. Bis auf den Verlust der Gepäckbox in Kalabrien hatte ich keine einzige Panne. Schon zum Mittag erreiche ich das nahegelegene Felsenstädtchen Cefalu, und es regnet. Endlich. Die Temperatur stürzt auf 28 Grad, und ich fröstele, war es doch in den letzten Wochen gut 15 Grad wärmer. Ich beziehe Quartier im erstbesten B&B am Stadtstrand und spaziere barfuß durch den nassen Sand Richtung Altstadt, denn in Cefalu lassen sich Altstadtbummel und Strandspaziergang ganz leicht verbinden. Nur wenige Meter hinter dem Ufer beginnt die Stadt. Instinktiv suche ich die Piazza mit dem üblichen Duomo und betrete die dunkle, gemütliche Kirche, deren riesiges Christusmosaik mir sofort ins Auge springt. Das tröstet mich, denn die berühmten Mosaiken von Palermo habe ich nicht gefunden und die der Piazza Armerina habe ich verpasst. Eine deutsche Reisegruppe betritt das Gotteshaus, und ich lausche den Worten der Stadtführerin. Doch ihre Ausführungen sind so langweilig, dass ich die Kirche wieder verlasse, der Bettlerin davor zwei Euro gebe und fast über Bill aus Boston stolpere. Der bärtige Typ aus der Scuola in Taormina erkundet gerade das Städtchen. Während des Sprachkurses sind wir nicht ins Gespräch gekommen. Der ruhige Bill saß meist allein im Garten unter einem Baum und las. Immer diese Wiederbegegnungen auf Sizilien!
Wir verabreden uns für den Abend auf dem Fischerfest, und dann regnet es wieder. Ich nehme einen Aperitivo unterm Schirm und sehe, wie sich auf eindrucksvolle Weise das Licht durch die tiefgraue Wolkendecke bricht. Hektisch fliehen die Leute vor dem Regen wie es nur sonnenverwöhnte Leute tun. Ich

sitze trocken mit Meerblick und Aperol, und zum ersten Mal seit dem Wolkenbruch in Monte St. Angelo erlebe ich echten, anhaltenden Regen. Welch eine Freude! Fröhlich laufe ich durch die Straßen und genieße die Dusche. Ein älterer Herr zeigt mit dem Finger auf mich. „Und das gefällt ihnen?", fragt er verdutzt. „Si, questa mi piace", entgegne ich lachend, und ich habe einen Sizilianer verstanden – unglaublich!

Ein Barpianist spielt tapfer gegen den Regen an, obwohl dicke Tropfen auf sein in Folie verpacktes Klavier prasseln. Munter holpert er seine Evergreens herunter. „Tante Hedwig, die Nähmaschine geht nicht", herrlich. Barfuß tänzle ich über das nasse Kopfsteinpflaster. Das Fischerfest fällt ins Wasser, und ich treffe Bill aus Boston nicht wieder. Auch gut.

1.10. Der Tag des Abschieds von Sizilien. Im Radio dudelt mein Sommerhit „Tu mi porti su", und ich übersetze sinngemäß: Du trägst mich hinauf. „Genau, du trägst mich hinauf. Ab mit dir ins Gebirge, du kleine Düsenbiene!", rufe ich, gebe Mimi einen Klaps auf die Sitzbank und lasse den Motor an.

Die SS 113 wickelt sich langsam aber stetig auf zu neuen Höhen, das Meer ist unnatürlich blau, und Mimi röhrt wie ein Hirsch während der Brunft.

Bikerglück im Naturschutzgebiet „Lo Zingaro"

Dann plötzlich Vollsperrung direkt vor einem Tunnel - tolle Wurst! Ein kurzer Blick auf die Karte genügt, um das Desaster zu erkennen. Die Autobahn 20, die parallel zur Landstraße verläuft, darf ich nicht benutzen, bleibt also nur der Weg durch das Gebirge. Ich nehme die erste Straße ins Landesinnere, aber der Berg ist zu steil für Mimis kleinen Motor, und ich muss umkehren. Die Kellnerin eines kleinen Cafés kritzelt eine Skizze auf eine Serviette. Ich muss ein Kaff namens Patti finden. Danach sei die 113 angeblich wieder offen. Nur im Tunnel würde gebaut. Die Straße wird schmaler, kein Haus ist zu sehen - nur alte, knorrige Bäume und vermooste Felsen. Ein altes, krummes Mütterchen schleppt einen Korb mit Kastanien auf ihrem Rücken. Wo kommt die denn plötzlich her? Sind Mimi und ich etwa in einer Zeitschleife gelandet - sagen wir anno 1867? Die Leitplanke ist das einzig Unnatürliche hier. Ein kurzer Blick auf die Tankanzeige zeigt, alles im grünen Bereich. Nicht auszudenken, wenn mir gerade hier das Benzin ausginge, denke ich, als sich Mimi mit 20 km/h den Gebirgskamm empor hustet. Die Arme ist definitiv nicht für die Berge geschaffen. Hier oben weht ein rauer Wind, und der Ausblick ist gigantisch - Sizilien als Panorama – eine karge Bergwelt, umspült von einem unnatürlich blauen Meer. Menschen sehe ich nicht, nicht einmal eine Kuh oder sonst irgend einen verirrten Wiederkäuer. So stelle ich mir einen fernen, unbesiedelten Planeten vor, und Mimi und ich sind die ersten, die ihn erkunden: Die Erde steht kurz vor dem Umweltkollaps, Commander Nati 79 ist zur Erkundung des fernen Himmelskörpers PATTI abkommandiert worden und Weltraumgleiter RED-MIMI 2008 ist ihre Basis - mit allen möglichen Messgeräten zur genauen Standortanalyse. Grenzdebile Gedankengänge einer verirrten Alleinreisenden, die ihrem Leben davon fährt ...
Am Horizont tauchen endlich ein paar vereinzelte Häuser auf. Patti, na endlich! Schnell finde ich die 113, und wir sind wieder auf Kurs. Doch nur wenige Kilometer später stehen wir vor dem nächsten Schild: „Blocco" - Straßensperrung. Und wieder das selbe Spiel. Zurück ins Landesinnere, durch verschlafende Bergstädte, an bröckeligen Steinmauern entlang, durch das Off. Wälder, Berge Kuhdörfer ... Die Straßensperrungen haben mich weit vom Kurs, mitten ins Hinterland geführt, und das Tagesziel Messina in weite Ferne rücken lassen. Die 18 Uhr-Fähre nach Villa San Giovanni kann ich mir abschminken. Verdutzt stoppe ich vor einem weiteren Schild: SS 116 Randazzo - da bin ich doch vor zwei Wochen schon, kurz vor meiner müffeligen Begegnung mit Etti, gewesen. Durch endlose Herbstwälder fahre ich auf

den Vulkan zu. Mal sehen, was ich zuerst wahrnehmen werde: Die Rauchwolke oder die Duftnote? Nachdem der Schock der totalen Fehlnavigation überwunden ist, freue ich mich über das Wiedersehen mit Etti, der friedlich seine hellen, länglichen Wölkchen in den Nachmittagshimmel bläst. Und auch sein Eau de Niff weht mir wieder um die Nase ...
Aber so schön es auch ist, diese Strecke noch einmal zu fahren, so sehr wurmt mich der fehlende Küstenabschnitt zwischen Patti und Messina. Lächerliche 65 Kilometer, die mir zu meiner Sizilienumrundung fehlen! Endlich in Randazzo, nehme ich Kurs auf Taormina, denn dort weiß ich, wo ich übernachten kann, und wenn ich morgen früh rechtzeitig aus den Federn komme, dann ... Dieser Anflug sportlichen Ehrgeizes überrascht mich, denn derlei Emotionen durchlebe ich nur selten. Mal sehen, ob der Anfall von allein wieder abebbt, oder ob ich ihm morgen wirklich nachgehen muss ...
Im „Taormina Hostel" treffe ich zwei Münchner Medizinstudentinnen, die ihre Semesterferien auf Sizilien verbringen, ehe sie ihre Hirne wieder mit lateinischen Fachbegriffen vollstopfen müssen. Hinzu gesellen sich ein ungarischer IT-Freak, ein Hamburger Jurastudent und ein sturzbetrunkener Holländer, der mit seiner strohblonden Haartolle aussieht wie ein unentdeckter Schlagerstar. Wir verbringen einen feuchtfröhlichen Abend auf der Dachterrasse und eine dieser schlaflosen Hostel-Nächte - fremde Menschen, gestrandet auf dem Dach - morgen werden wir alle unserer Wege ziehen und unser Leben weiter leben.

2.10. Der sportliche Ehrgeiz ist keineswegs verflogen. Im Gegenteil. Es steht fest, ich fahre den fehlenden Küstenstreifen von Taormina bis zum Capo Milazzo und dann wieder zurück auf die Fähre nach Messina. Ein letztes, konspiratives Käffchen über der Landkarte, und der Plan steht. Mimi und ich wollen uns auf unsere Weise von Sizilien verabschieden. Und diesmal lasse ich mir extra viel Zeit, denn der Lungomare zwischen Taormina und Messina ist es wert, in Zeitlupe genossen zu werden. Das Meer liegt zu meiner rechten, dahinter die Küste Kalabriens, und zu meiner linken das schroffe Felsmassiv des sizilianischen Festlandes. Die Möwen haben den Strand für sich allein, fahrende Händler warten rauchend auf Kundschaft, die wohl nicht kommen wird - Sizilien träumt.
Ich setze mich in den Sand, teile mein Panino mit den Möwen und schaue nach Kalabrien hinüber. Morgen werde ich alle wiedersehen, denke ich und fahre zufrieden auf Messina zu. Die Stadt gähnt - Siesta - kein Vergleich zum

Verkehrschaos von neulich. Ich ziehe weiter Richtung Milazzo und verbringe den Tag auf der 113, die ich gestern nicht befahren konnte. Die Baustelle ist einseitig, tolle Wurst, denke ich, fahre durch bis zum Capo, schaue auf das Meer und fahre wieder zurück. Abgehakt, Sizilien ist umrundet - ich bin zufrieden.

Mimi und ich verabschieden uns knatternd vom Land, in dem die Zitronen wirklich blühen, rollen auf die 18 Uhr Fähre und fahren zurück ins geliebte Kalabrien.

Mimi parkt unter Deck, mir ist übel von den Schiffsabgasen, ein paar schwache Sonnenstrahlen glimmen über das trübe Meer. Ein Teil von mir wäre gerne geblieben, doch der andere sehnt sich zurück nach Santa Domenica.

In Villa San Giovanni speit uns die Fähre wieder aus, und Mimi schabt sich, immer am Felsen entlang, geradewegs in die Dunkelheit hinein. Im funzeligen Scheinwerferlicht kommt mir der vertraute Streckenabschnitt fremd vor, ich irre orientierungslos umher und muss mehrmals fragen, bis ich schließlich bei völliger Dunkelheit, aus einer ganz anderen Richtung kommend, Tropea erreiche. Ich beziehe Quartier in dem mondänen Hotel „Villa Antiqua", das ich mir im Vorfeld ausgeguckt hatte und buche für drei Nächte. Die „bassa stagione" macht den Nebensaison-Aufenthalt erschwinglich. Der morgige Tag soll der Scuola Conte Ruggiero gehören, und der darauffolgende „Pupsi", dem Vulkan.

3.10. Im Garten der Scuola sitzt Patrizia mit einer Schülerin, wir umarmen uns wie alte Freunde, und sie lädt mich zu dieser Unterrichtsstunde ein. Laura aus Kolumbien lernt gerade das passato prossimo wie unsere „livellozero-Gruppe" zwei Wochen zuvor. Seither bin ich von dem Fluch, im Präsens sprechen zu müssen, erlöst und brauche mich nie wieder mit solchen Krüppelsätzen wie „heute ich gehen Stadt" zu blamieren.
Wir gehen in das kleine Café von Santa Domenica „Giarino delle rose", dem heimlichen Treff der Sprachschule, wo ich auch Luigi und Tonino wiedertreffe, und es ist, als wäre ich nie weg gewesen. Gutes Essen, ein Ciro Rosso, helles Gegacker und Geschnatter - Alltag an der Scuola Conte Ruggiero.

4.10. Ich besteige ein Schnellboot gen Stromboli, das vor Touristen überquillt. Abgase, Wellengang, Enge. Mir ist so übel, dass ich gleich einige Kalorien im

Typisch sizilianische „Verkehrssituation"

Meer verteile. Kreidebleich und von den Abgasen ganz benebelt, hänge ich über der Reling und warte, dass „Pupsi" endlich näher kommt. Dieser pufft wie immer seine zarten Dampfwölkchen in den Himmel und macht seinem Namen alle Ehre. Endlich angekommen, laufe ich verpeilt auf der Vulkaninsel herum, und warte, dass es dunkel wird und das eigentliche Highlight beginnt. „Stomboli by Night - Vulkanausbruch live!", stand auf dem Plakat. Es dämmert, wir besteigen ein Boot und fahren ganz nah an den Vulkan heran. Doch nichts geschieht. „Na toll", zischt eine ältere Dame aus dem Holsteinischen. „Wenn der ausbricht, fresse ich einen Besen", füge ich lakonisch hinzu und endlich, nach einer Stunde Wartezeit, erbarmt sich der weiße Riese, und pupst drei gelbe Funken in den Nachthimmel. Allgemeines Staunen und Gemurmel - der Touri ist zufrieden – und wir können endlich zurück fahren. „Bestimmt sitzen die drei Dorfältesten auf der anderen Seite des Kraters und zünden heimlich Leuchtraketen. Und wir denken, ein Vulkan sei ausgebrochen", lacht meine Reisebekanntschaft. „Ein herrlicher Gedanke", erwidere ich. „Die Leute wollen doch verarscht werden", sagt sie. „Und ein ganzes Dorf kann davon leben - Hotels, Restaurants, Souvenirshops, alle haben sie etwas davon", schließt sie ihre Ausführungen ab.

Wir rasen zurück nach Tropea. Ich bin ganz grau im Gesicht, hundemüde, fertig mit der Welt, besiege aber diesmal wenigstens den Brechreiz!

8. Kapitel

5.10. Ich will nicht weg aus Kalabrien, und ich schleiche wehmütig an den Perlen der „Costa degli Dei" entlang - vorbei an Parghelia, Briatico und Pizzo, dem Ort, in dem einst der Tartufo erfunden wurde. Doch die fatale Kombination aus Zucker, Fett und Kakao reizt mich heute nicht. Ich bin angekommen im Unterwegssein.

Über dem Hinterland thronen Kastelle auf schroffen Felsen, das Meer glitzert im Rückspiegel, der Fahrtwind kitzelt auf der Haut, wärmt aber nicht, während die Sonne langsam ihrem Zenit entgegen steigt.

Ich parke Mimi unter einem verlassenen Bastschirm, der stoisch seinen Strand bewacht und lausche dem heiseren Geschrei der Möwen.

Fort sind die Touristen, in ihren Büros verschwunden die Einheimischen, und übrig bleiben Mimi und ich, umschwirrt von ein paar Möwen, die schlecht bei Stimme sind. Inzwischen kann ich es ganz gut mit mir aushalten, finde ich, und der körnige Sand rinnt durch meine Finger. Im Nimmerland zwischen Paola und Fuscaldo taucht die Halluzination eines fahrenden Händlers am Straßenrand auf, der einen tranigen Fisch in die Höhe reckt. Ich kneife die Augen zusammen und starre in den Rückspiegel. Er ist noch da. Der Voyeur in mir würde anhalten und warten, bis er das Ding los wird. Doch ich will nicht stoppen wegen eines toten Fisches. Stattdessen kriecht die Kälte an den Beinen empor bis hinauf in den Nacken, und ich beginne zu ahnen, wie sich ein Tiefkühlgemüse fühlt. Ich hätte doch die Jeans mitnehmen sollen, grummele ich und stoppe vor dem erstbesten Plattenbau, der ein Hotel sein will. „Geschlossen", keift mir die damenbärtige Matrone vom Empfang entgegen. „Ihnen auch noch einen schönen Tag", flöte ich aufreizend freundlich zurück.

Kälte zitternd, biege ich in einen schmalen Feldweg ein, peitsche Mimi den Hang hinauf und stelle der hochschwangeren Bäuerin am Eingangstor einer Herberge die übliche Frage.

„Certo, benvenuti a Monte Salerno", antwortet sie, die Arme in die Hüften gestützt. „Ich bin übrigens Rosanna", keucht sie, während sie mich zum Zimmer führt. „Quando?", stammele ich verlegen, denn ihr Kugelbauch spannt derart, als wollte sie ihr Kind noch in diesem Moment gebären. „In zehn Tagen", stöhnt sie, „aber eigentlich habe ich gar keine Zeit. Die Ernte steht an, die Schlafgäste wollen versorgt sein, und überhaupt, nichts als Arbeit, Arbeit, Arbeit." Ein brauner Mischlingswelpe hüpft an meinem Bein empor, und ein uraltes Großmütterchen kehrt die Terrasse, wobei sie sich eher auf den Besen stützt, als wirklich damit zu fegen. „Das ist unsere Nonna, die Großmutter und gute Seele unseres Hauses."

„Da sola? Con Motorino?", krächzt die Alte, während ich ihre faltige, zerbrechliche Hand in der meinen halte. „Aber warum denn nur?", fragt sie mit entsetztem Gesichtsausdruck und feuchtester Aussprache. Ratlos zucke ich die Schultern und wische mir heimlich einen Spucketropfen von der Wange. „Jesu Christe", betet sie und Rosanna lacht so herzhaft, dass ihr ganzer Babybauch wackelt. Offenbar kann nur noch Gott einer durchgeknallten Frau wie mir helfen. „Sind sie denn wenigstens verheiratet?", lispelt sie. Ich schüttele entschieden den Kopf, und ihre Gebete werden heftiger. „Aber einen Verlobten haben sie doch, nicht wahr?" Wortlos zeige ich das Handy-Foto meines Lebensgefährten, und sie seufzt „Buono" und murmelt etwas, das so ähnlich klingt wie „hübscher, junger Mann". Single-Frauen über 30 scheinen den

Untergang des katholischen Abendlandes zu bedeuten. Soloabenteuer auf zwei Rädern oder andere feminine Verrücktheiten haben in ihrem Weltbild keinen Platz. Mit Gottes Segen lässt mich die Nonna ziehen, bekreuzigt sich aber zur Sicherheit lieber noch einmal ...
Ich beschließe, auf die Kälte zu pfeifen und die Ruine am Fuße des Berges zu erkunden - immerhin hat gerade eine Hundertjährige für mich gebetet. „Con motorino? ma perche?", äffe ich die Alte nach. Ja warum denn nur? Ganz einfach, weil ich es liebe. Und darüber hinaus brauche ich keinen Ehemann, sondern einfach nur mal Zeit für mich. So ist das nämlich, liebe Omi!
Das verfallene Kloster glänzt wunderschön und friedlich in der Abendsonne. „Ruderi di Cirella", lese ich auf dem rostigen Schild, das windschief vom maroden Eingangstor herunterhängt. Den viel zu langen Infotext ignoriere ich und drücke schwungvoll die schwere Türklinke hinunter. Doch die Pforte lässt sich so leicht öffnen, dass ich förmlich in den leeren Gebetsraum hinein falle. Ein paar aufgewirbelte Staubflocken tänzeln sacht im Kegel des goldgelben Gegenlichts zu Boden, zwei aufgeschreckte Tauben flattern vorwurfsvoll gackernd durch das Kirchenschiff, und sofort fühle ich mich wie ein Eindringling, der den Schlaf dieses vergessenen Ortes stört. Unter dem bröckeligen Putz der Kalkwände lugen blasse Fragmente eines Freskos hervor, und an dem Platz, an dem eigentlich ein Altar stehen müsste, klafft ein gut zwei Meter tiefes Loch. Als ob dunkle Mächte ihn verschlungen hätten, denke ich, und ein kalter Schauer läuft mir am Rücken herab. „Das ist bestimmt nur eine Baugrube", flüstere ich und sehe im Augenwinkel eine fette, schwarze Spinne über das helle Mauerwerk zu ihrem Netz huschen. Wie es scheint, haben die Bauherren diese Kirche längst aufgegeben, denn Baumaterial ist nirgends zu sehen. Ich trete bis an den Rand der Grube heran und weiß nicht, ob ich mich fürchten oder staunen soll. Die „Ruderi di Cirella" wäre ein guter Schauplatz für einen Vampirfilm, fehlen nur noch ein paar Särge und Fledermäuse, und der Spuk wäre perfekt. Mit Bedacht schleiche ich am Rande des Abgrundes entlang auf die Kalkwand mit den Resten des biblischen Bildnisses zu. Wer mag es wohl erschaffen haben? Und hätte der Künstler den Aufwand auch betrieben, wenn er gewusst hätte, dass es eines Tages in Vergessenheit geraten würde? Sacht streichle ich über die Wandbemalung und verspüre den innigen Wunsch, sie retten zu können. Zu viele Baudenkmäler verrotten, während hässliche Betonklötze wie Pilze aus dem Boden schießen. Erker, Zinnen, Schnörkel und Fresken zu rekonstruieren rechnet sich nicht. Ein schlichter Kubus ist kostengünstiger, als die aufwändige Sanierung eines Baudenkmals.

Schönheit hat eben ihren Preis. Ich verlasse den geheimnisvollen Ort, bevor ich traurig werde, und es dauert eine Weile, bis meine Augen die tröstliche Schönheit der Landschaft wahrnehmen können. Das Meer im Tal, mit seinen winzigen Felseninseln darin, spielt heute Binnensee. Davor zeichnen sich schemenhaft die Umrisse des Ortes ab, der mich nicht beherbergen wollte. Diamante, dieser Name passt zu seiner stolzen Schönheit. Schicke, weiße Häuser mit Orangenbäumen davor symbolisieren den Traum vom Leben am Meer. Neben dem Eingangsportal der „Ruderi di Cirella" modern riesige Felssteinbrocken vor sich hin. Bedächtig klettere ich in der Ruine umher, auf der Suche nach einem lauschigen Plätzchen zur allabendlichen Betrachtung des Sonnenunterganges. Für mich ist das die schönste Zeit des Tages, wenn die Sonne ein letztes Mal kurz vor ihrem Untergang ein sanftes goldenes Licht auf die Erde strahlt und ganz allmählich Ruhe einkehrt in der Welt. Ich setze mich auf einen großen Stein und betrachte das Meer, das ruhig und glatt da liegt wie ein Seidentuch aus Azur. Niemand ist hier, außer einer flüchtenden Eidechse, die blitzschnell durch das kniehohe Gras huscht. Die Kollegen der Beleuchtung stellen um auf einen Sonnenuntergang mit komplettem Farbspektrum, ein Windhauch streichelt mich wie eine geliebte Person, und für einen kurzen Moment spüre ich so etwas wie inneren Frieden. Doch ein junges Pärchen sucht einen Platz für ein Stelldichein, und ich flüchte schnell ins Quartier, bevor ich noch Zeugin außerehelichen Geschlechtsverkehrs werde.

6.10. Das Gebrüll der Vögel beendet die Nacht und ich trete verschlafen hinaus ins Freie. Vor mir liegt ein duftendes Feld voller Wildblumen und Kräuter, am Horizont leuchtet die dunkle Erde frisch gepflügter Äcker, in der Ferne knattert ein Traktor, im Garten leuchten rote Tomatenpflanzen und prall gefüllte Olivenbäume warten auf die Ernte. Wohin ich auch blicke, zeigt sich die Großzügigkeit der Natur. Doch was für mich der Garten Eden ist, ist für Rosanna schlicht nur ein Arbeitsplatz. Behäbig schleppt sie sich und einen Korb voller Tomaten in die Küche. „Kommen sie, es gibt Frühstück", ruft sie. „Tutto fatto in casa - alles hausgemacht", flötet sie und präsentiert stolz eine beträchtliche Kollektion selbstgemachter Marmelade und allerlei Kuchen. „Möchten sie einen Café?", fragt sie keuchend, und ich nicke verlegen. Es ist mir unangenehm, mich von einer hochschwangeren Frau bedienen zu lassen. Also folge ich ihr in die Küche und stammle in holprigem

Italienisch: „Den Kaffee kann ich auch selber machen. Warum setzen sie sich nicht einen Moment hin?" „Das kommt überhaupt nicht in Frage, Cara. Die Küche ist mein Revier, und sie sind ein zahlender Gast, also Abmarsch zurück auf ihren Platz und Basta!" Mit schlechtem Gewissen verspeise ich ein Stück Zuckerkuchen und frage mich, wie Rosanna das alles schaffen wird. Dann schweift mein Blick durch den rustikalen Speisesaal, und ich sehe ihren kleinen windelbepackten Sohn fröhlich zwischen den Touristen umher krabbeln und denke mir, irgendwie wird das schon. Ein kurzes „Tanti auguri", viel Glück zum Abschied, und schon sitze ich wieder im Sattel Richtung Napoli.

Mehr Worte bringe ich nicht heraus, aber der Lebensweg von Rosanna, die nicht viel älter ist als ich, schwirrt mir noch lange im Kopf herum. Wie unterschiedlich unsere Lebenswege doch sind. Sie, die Heimatverbundene, die seit Kindertagen den Monte Salerno nicht verlassen hat, und ich die Reisende. Wer von uns beiden wohl glücklicher ist? Der Typ „Bauer" oder der Typ „Nomade"? Mit derlei Gedanken rolle ich vorbei an der Costa dei Cedri: Scalea und Praia a Mare – perfekte Orte für einen Strandurlaub - am besten mit Halbpension und Zimmer mit Aussicht. Doch ich ziehe weiter, habe keine Zeit für Urlaubsfantasien. Die DB sitzt mir im Nacken.

Vor einem ganz gewöhnlichen Tunnel, kurz vor Maratea, verkündet ein unscheinbares, blaues Schild den endgültigen Abschied von Kalabrien, und ich spüre einen Stich im Herzen. Dieser bergige Zipfel Süditaliens und ganz besonderes dessen Einwohner, haben mich verzaubert. Dank ihnen habe ich eine neue Dimension der Lebensfreude kennengelernt. Süßes Nichtstun, Heiterkeit und Lebenskunst in ihrer schönsten Form – für mich perfekt symbolisiert durch Tonino, den Maestro della Vita. Ihn und die Crew der Scuola „Conte Ruggiero" werde ich nie vergessen. Melancholie und Abschiedsschmerz begleiten mich auf dieser Etappe, und ich bade gern in dieser bittersüßen Traurigkeit, welche man nur bei einem Abschied von einem geliebten Ort empfinden kann. Kalabrien, du hast für immer einen Platz in meinem Herzen!

Am Ende des Tunnels zeichnen sich die Mondlandschaften Basilikatas ab. Jetzt darf ich also den westlichen Teil dieser seltsamen Region kennenlernen, nachdem mich deren Süden eher befremdet hatte. Vor mir liegt eine elend lange Gerade ohne eine einzige Kurve. Gläsern flimmert der Asphalt am Horizont, endlos weit ist das Land, leblos wie eine Steinwüste, und Süditalien kommt mir auf einmal so trostlos vor. Eine dünne, schwarze Viper aalt sich am Straßenrand in der Sonne. Doch erst im letzten Moment erkenne ich, dass das Tier mit dem Kopfende auf der Fahrbahn liegt, reiße den Lenker nach links, stoße einen Urschrei aus, und eine Welle des Ekels gepaart mit heftigstem Brechreiz, erfasst mich. Ich mache eine Vollbremsung, reiße mir den Helm vom Kopf, und würge, bis eine klägliche Portion Magensaft auf das vertrocknete Gras tropft. Schwer atmend wische ich mir die Schweißperlen von der Stirn, und mein Herz rast. Unglaublich, fast hätte ich eine Giftschlange überfahren - widerlich diese Kreaturen – einzig allein dazu erschaffen, arme, kleine Bikerinnen zu Tode zu erschrecken.

Gebeutelt durch die Begegnung mit dem Kriechtier fahre ich wie ferngesteuert durch die Ödnis, fast gleichgültig zur Kenntnis nehmend, dass nun die Region Basilikata in die Region Kampanien übergeht - rein äußerlich kann ich keinen Unterschied zwischen den beiden feststellen. Wäre ich bloß in Kalabrien geblieben!

Reflexartig folge ich der Spur des braunen Schildes und stoße auf drei griechische Tempel, die in Reih` und Glied nebeneinander aufgestellt und noch sehr gut erhalten sind. Nur ein mannshoher Maschendrahtzaun trennt mich von den Wunderwerken. „Krasse Tempeldichte hier im Süden", murmele ich in meinen Helm, stecke routiniert die Lumix durch die Maschen und zoome

Mimi spannt aus

mir die griechische Antike heran. Nur will heute das Kopfkino nicht angehen. Nichtmal ein flüchtiges Bild eines betenden Priesters oder einer keuschen Vestalin in wallender Toga will sich zeigen. Zäune haben eine verheerende Wirkung auf meine Fantasie. „Na komm` Mimi, wir ziehen weiter", seufze ich und betätige müde den Startknopf.

Gedankenverloren steuere ich auf den Speckgürtel Salernos zu und verliere mich hoffnungslos im dichten Stadtverkehr der vierspurigen Umgehungsstraße. Ich bin auf der Suche nach dem Koine Hostel. Unschlagbar günstige 13 Euro soll dort ein Bett kosten. Doch Salerno ist unübersichtlich, und die Budgetunterkunft nicht zu finden. Planlos knattere ich am Lungomare entlang und frage eine verlebte Frau am Kiosk nach dem Hostel. „Ey, kennt einer von euch das Koine?", ruft sie in die Runde ihrer knollennasigen Kundschaft. „Ich weiß, wo das ist, ich führe dich hin", meldet sich ein schwarzhaariger Mann unbestimmten Alters. Ich schaue mich nach seiner Vespa um, doch der gute Mann steuert entschieden auf mich und Mimi zu. Und ehe ich bis drei zählen kann, quetscht er sich hinter Mimis Lenker, schiebt mich entschieden ans hintere Ende der Sitzbank und macht mich binnen zwei Sekunden zum Beifahrer. Ohne groß darüber nachzudenken, klammere ich mich äffchenartig an dem Unbekannten fest, und der gibt kräftig Gas. Welcher Teufel hat mich denn geritten, einen wildfremden Mann an Mimis Steuer zu lassen? „Wie heißen sie überhaupt?", kreische ich hysterisch, aber in erstaunlich fließendem Italienisch, nach vorne. „Umberto", ruft er lachend, und eine seichte Alkoholfahne weht zu mir nach hinten. „Um Himmels willen, wo ist denn ihr Helm?", entrüste ich mich, worauf Umberto nur ein kurzes „tutto bene" erwidert. Das ist es also, das Ende meines viel zu kurzen Künstlerlebens. Doch anstatt zu beten, zu meditieren oder etwas anderes Spirituelles zu tun, gehe ich mental nochmal mein Testament durch, bevor ich endgültig als Fettfleck auf kampanischem Asphalt ende. Mimi, mein Horn und vier Reisetagebücher sind alles, was ich zu vererben habe. Ein völlig uncooles Blechblasinstrument, ein Leichtkraftzweirad und ein paar literarische Ergüsse sind also das, was am Ende übrig bleibt. „Gott, wie erbärmlich", wimmere ich, während Umberto leise das Lied vom Tod über den Lenker pfeift. Nun hat also mein letztes Stündlein geschlagen, hier in Salerno auf Mimis Rücksitz, und ich bereue nichts. Obwohl, warum habe ich eigentlich nie Sex in einem Fahrstuhl gehabt, oder wenigstens in der Umkleidekabine von Peek & Cloppenburg? Egal, ich hatte ein gutes Leben, und jetzt wartet der sichere Tod auf mich. Das steht fest. Und werde ich nicht Unfallopfer, dann sicherlich ausgeraubt, erwürgt oder wahlweise auch vergewaltigt in der Gosse enden. „Ist doch am Ende alles Makulatur. Tot ist tot". Aber immerhin sterbe ich zusammen mit Mimi", winsele ich in den schwitzigen Rücken des Fremden, als dieser plötzlich vor einem abgewrackten Plattenbau zum Stehen kommt. „Eccoloqua, Koine!", triumphiert er und bläst mir eine Brise feinsten, süditalienischen Mundgeruches direkt ins Gesicht. Wenn dies nicht der Tod ist, dann ist es mindestens die Vorhölle! Mit zittrigen Knien torkele ich von der Mimi, während Umbertos schallendes Lachen durch die trostlose Gegend hallt. Der bärtige Mann von schätzungsweise 50 Jahren rückt sich seine Sturmfrisur zurecht, ergreift meine zittrige Hand und führt mich in das heruntergekommene Hostel. „Ich bringe dir Kundschaft, Katja", ruft er der attraktiven Dame am Frontdesk zu. „Bravo Umberto", entgegnet diese mit erhobenem Daumen. „Tante grazie", stottere ich und gehe schon mal alle mental verfügbaren Abschiedsfloskeln auf Italienisch durch. „Mit einer Pizza kannst du dich revanchieren", säuselt er. „Und wenn du willst kannst du deine Vespa bei mir abstellen. Ich habe eine Garage, direkt neben meinem Appartamento". Und nun ist er da - der perfekte Moment für meinen auswendig gelernten Standardüberlebenssatz. Patrizia hat ihn mir beigebracht, und er geht so: „Non posso uscire, sono fidanzata", was soviel bedeutet, wie: „Ich kann nicht ausgehen, ich bin verlobt", und ich staune wie leicht mir diese Lüge über die Lippen kommt. Dieser Satz ist lebenswichtig, wenn Frau alleine und ohne Balzabsichten nach Italien fährt. Solltet Ihr, liebe Leserinnen, mit anderen Absichten reisen, vergesst diesen Satz und steht einfach nur dekorativ in der Gegend herum – und Mann wird Euch mit Sicherheit anspre chen. Um meinem Satz noch etwas mehr Nachdruck zu verleihen, zücke ich mein Handy mit dem Männerfoto, und es wirkt. Artig schüttelt Umberto mein Handchen, intoniert das obligatorische „ciao bella" und zieht schnellen Schrittes von dannen. „Der Arme muss den ganzen Weg zu Fuß zurück, fast tut er mir ein bisschen leid, aber nur fast", sage ich grinsend zur belustigten Katja und bestelle ein Bett für die Nacht. „Uomini, Männer!", ruft diese und verdreht ihre schwarzen Kulleraugen.

Dann betritt ein Polizist die Lobby, der aussieht wie ein Klon George Clooneys. „Ich suche einen Senegalesen, der angeblich vor kurzem hier übernachtet haben soll. Kannst du mir helfen?", „George" zückt ein Foto des gesuchten Mannes und beugt sich dabei weiter über den Tresen zu Katja vor, als es nötig wäre. „Noch nie gesehen", raunt Katja, die sich binnen weniger Sekunden in Lara Croft verwandelt und sich verträumt eine Haarsträhne um ihren Zeigefinger wickelt. An einer heruntergekommenen Rezeption mitten in Salerno werde ich Zeugin des perfekten Flirts, genau wie in einem Lou Paget-Ratgeber. Die Turteltauben gurren süßeste Phrasen in ihrer eigenen Sprache, deren Worte ich nicht gänzlich verstehen, wohl aber erahnen kann. Der Check In verzögert sich auf unbestimmte Zeit. Aber wer hätte dafür nicht vollstes Verständnis gehabt. Fasziniert beobachte ich die Balz, natürlich aus rein wissenschaftlichem Interesse, spitze die Ohren und lerne. Schließlich liegt hier der Sex in der Luft, und die Pheromone flirren in Bündeln durch die Lobby. „Che bell` uomo" (welch ein schöner Mann), schmachtet sie ihm verzückt hinterher, während sie noch einen letzten, fachmännischen Blick auf das straffe Hinterteil des Polizisten wirft. „Non e male" (nicht schlecht), entgegne ich anerkennend. „Na dann wollen wir mal, Cara." Offenbar hat die schöne Katja ihre Sprache wiedergefunden und öffnet, ohne anzuklopfen, die Tür von Zimmer 17. „Ciao ragazze", ruft sie in den Schlafsaal. Von dort aus blicken uns zwei müde Augenpaare an. „Paula", zeigt sie auf eine pummelige, junge Frau mit wilden schwarzen Locken, und auf dem Bett daneben sitzt eine Grauhaarige, die nur ein knappes „Antonella" herausbringt. „Ciao", entgegne ich schüchtern und lege das Fragment meiner Sporttasche ganz sachte auf das freie Bett direkt neben der Tür. Und jetzt bloß weg hier. „Ciao ragaze, ci vediamo!" - diese konkurrenzlos günstige Unterkunft ist aber auch kein bisschen einladend. Dennoch hat mich die abenteuerliche Ankunft in Salerno in eine sonderbare Hochstimmung versetzt. Ich habe den Höllenritt mit Umberto überlebt, und das muss gefeiert werden - am besten mit Kohlenhydrat und Vino. Das Leben kann jederzeit vorbei sein, besonders wenn man sein Schicksal in den Sattel eines Mopeds legt, und mit dieser neuen Erkenntnis gebe ich Mimi die Sporen. Angelangt im Centro Storico kette ich meinen Feuerstuhl an einer Straßenlaterne an. „Ciao bella", labert mich da auch schon der nächste von der Seite an. „Sono Alessio, prendiamo una Pizza insieme?" Eine Pizza zusammen essen? Hasi, ich könnte deine Großmutter sein, denke ich, während ich an dem gertenschlanken, schätzungsweise zwanzigjährigen Jüngling empor schaue. „Nein danke, ich habe keinen Hunger", lüge ich und suche schnell das Weite. Doch der Nachwuchsromeo folgt mir. „Wohin gehst du?" „Mein Verlobter wartet auf mich", schwindle ich weiter und beschleunige meine Schritte. Davon völlig unbeeindruckt läuft Alessio munter drauflos brabbelnd neben mir her, bis ich mein Handy mit dem Mannsbild zücke. Touché, das sitzt. Der Casanova trollt sich, und ich tauche im dichten Gedränge der Passanten unter. In der Fußgängerzone setzt sich das Verkehrschaos der Straße ganz natürlich fort. Hundertschaften ausgehfreudigen Volkes pressen sich durch die Gassen der schönen Altstadt. Musik, Lachen, Kindergeschrei, Gewusel und Gedränge - alles brüllt und gestikuliert wild durcheinander. Das ist das pralle Leben. Italia, wirst du denn niemals müde? Ich schwimme eine Weile mit im wabernden Strom des Lebens und bade in der Allegria, dieser ansteckenden Heiterkeit, die selbst einen Sanguiniker wie mich verblüfft. Woran liegt es nur, dass wir Deutschen diese Lebensfreude nicht verspüren? Oder diese nicht zeigen können? Ich meine, gehen sie doch einmal an einem gewöhnlichen Wochentag gegen 22 Uhr durch eine mittelgroße deutsche Stadt. Was wird ihnen dort wohl begegnen? Richtig, ein wunderschönes Nichts.

Zurück im Koine wälzt sich Paula schlaflos im Bett umher, denn Zimmergenossin Antonella schnarcht ungefähr so dezent wie Vaters Motorsäge. „Seit vier Nächten geht das schon so. Nicht eine einzige Minute Schlaf habe ich seither gefunden", jammert sie. Wortlos reiche ich ihr ein Paar gebrauchte Ersatzohropax herüber, welche sie ohne zu zögern annimmt. Ihre Verzweiflung scheint größer, als die Grundbedürfnisse der Hygiene, und der Schlafmangel besiegt den Ekel mit eins zu null in jener Nacht. Ich danke dem Erfinder der gnadenbringenden Stöpsel, plopp, hinein damit und Schluss für heute.

7.10. Nach gefühlten zehn Minuten Schlaf dreht die bestens ausgeruhte Antonella ihr Kofferradio auf volle Pulle, Julio Iglesias heult was von „amorrr", und Miss Motorsäge macht fröhlich ihre Morgengymnastik dazu. Paula seufzt leidend, und ich blicke ungläubig auf das Display meines Mobiltelefons. Der Tag beginnt um acht Uhr früh mit iberischer Schmalzmusik. So etwas muss man mögen. Mit vorwurfsvoller Miene zieht sich Lockenkopf Paula kochlöffelgroße Kopfhörer über die Ohren und läuft hektisch im Zimmer hin und her, während Antonella ihre Waden dehnt. Bevor ich noch aggressiv werde, schnappe ich mir ein vertrocknetes Brötchen vom Vortag und flüchte in den Aufenthaltsraum. Meine Resistenz gegen Schnulzen auf nüchternen Magen geht nämlich gegen Null. Ein Heldenepos flimmert über den Bildschirm, und ein kleiner, zotteliger Hund kläfft den Hausflur zusammen. Spätestens jetzt dürfte das „Koine" erwacht sein. Missmutig ziehe ich einen Becher Kaffee aus dem Automaten, würge die staubtrockene Backware hinunter und finde, jetzt kann es nur noch aufwärts gehen. Lange habe ich diesem Tag entgegengefiebert, wartet doch die wohl berühmteste Küstenstraße ganz Italiens, wenn nicht sogar der Welt, auf mich - die Amalfitana. Mit dem Finger auf der Landkarte bin ich sie etliche Male gefahren, sehnsuchtsvoll die fremd klingenden Ortsnamen deklamierend: „Amalfi, Atrani, Maiori, Minori, Vietri sul Mare, Positano" - und heute ist es endlich soweit. Habe ich eigentlich schon erwähnt, dass ich mein Sabbatjahr liebe?

Entschlossen stopfe ich meine Sachen in die Tasche, knalle Katja die abgezählten 13 Euro auf den Tresen und laufe auf Mimi zu. Wie eine feine Dame, die an Orten wie diesen schrecklich deplatziert wirkt, leuchtet sie erhaben im Morgenlicht, eingekeilt zwischen grauen Müllcontainern, speckigen Fassaden und zerbeulten Autowracks. Die Fetzen einer alten Ausgabe der „Gazetta dello Sport" wehen über den löchrigen Asphalt, und es grenzt an ein Wunder, dass sie noch da steht. Nichts wie weg hier, kleine Mimi. Auf geht es in schönere Gefilde! Doch kaum einen Kilometer gefahren, drifte ich hinein in das übliche Verkehrschaos - diesmal in Form einer Vollsperrung. „Irgendetwas ist aber auch immer", fluche ich und reiße bockig den Lenker herum. „Meer links, Berge rechts", wiederhole ich stupide und halte Ausschau nach etwas großem, blauen. Unter Anwendung der altbewährten Pi-Mal-Daumen-Methode wusele ich mich durch den dichten Stadtverkehr, spiele wieder Super Mario, und ja, ich möchte ins nächste Level!

Instinktiv peitsche ich das röchelnde Maschinchen den Berg hinauf und bin derart konzentriert, dass ich das braune Schild am Straßenrand fast übersehe: „Amalfitana", lese ich im Vorbeifahren. Moment mal - an dieser Allerweltsecke oberhalb der Stadt soll die Küstenstraßen aller Küstenstraßen beginnen? Ich lege eine waschechte Vollbremsung hin und starre ungläubig auf das Schild. Das dröhnende Hupgeräusch eines Lastwagens schreckt mich auf, und im Rückspiegel bildet sich gerade ein kleiner Stau. Hier muss es sein. Doch bevor sich so etwas wie Euphorie überhaupt einstellen kann, bleibe ich im Qualm einer stinkenden Abgaswolke stecken. Sie kommt von der Reisebuskolonne, die sich im Schritttempo aus Salerno heraus bewegt. Ein paar Motorradfahrer können das langsame Tempo nicht ertragen und starten tollkühne Überholmanöver. Eine dieser Höllenmaschinen brettert so nah an mir vorbei, dass es mich fast vom Sitz haut, und ich weiß nicht, was mich mehr verängstigt - das kreissägenartige Motorengeheul oder die Druckwelle. Ich hasse Motorräder!

Die beeindruckende Natur um mich herum, die sich in einem Wort als mystisch beschreiben lässt, flößt mir Respekt ein. Wie riesenhafte Ungeheuer türmen sich die Felsen über mir auf, jenseits der Leitplanke geht es weit hinab, und das unruhige Meer grummelt wie ein gefräßiges Monster, das lange nichts zu Essen Bekommen hat. Ein Fahrfehler kann das Leben kosten, doch die Kampfgeschwader italienischen Fernverkehres rasen unbeirrt weiter. Eingezwängt zwischen Fiats und Familienkutschen bekomme ich Platzangst, und der Reisebus hinter mir fährt so dicht auf, als wolle er Mimi anschieben. Die Amalfitana ist dem Verkehr nicht gewachsen. Sie stammt noch aus einer Zeit, in der nicht jeder Erdenbürger ein bis zwei Automobile besitzen musste, und ist fahrtechnisch ein echter Brocken. Ich bin mit den Nerven runter, und der Nacken schmerzt - Fahrspaß sieht anders aus. Ein fahler Lichtstrahl bahnt sich durch die Wolken wie ein Hoffnungsschimmer, und der Verkehr wird etwas schwächer. Am Horizont schimmern die bunten Mosaike einer Kirchturmkuppel, ich ahne, dass es gleich besser wird, lege mich genussvoll in eine Kurve, die Amalfitana ist endlich frei. Für solche Momente wurde Mimi gebaut! Doch gerade als ich anfange, die Fahrt zu genießen, reißt mich das Flackern der Tankanzeige wieder zurück in die Realität. Ich schaue mich im Örtchen Fuore um - so heißt der Ort mit der bunten Kirchturmkuppel - doch ich finde keine Tankstelle und fahre immer weiter bergan, bis die Gegend rau und unwirtlich wird. Wie mühsam es ist, alle lebensnotwendigen Dinge hier hinauf zu bekommen - auch Benzin - schießt mir durch den Kopf, und ich bekomme Panik. Ob die Angst, in der Einöde ohne Kraftstoff liegenzubleiben je verschwinden wird? Es ist eine komische Sache mit den Erwartungen: jetzt bin ich hier oben in den Bergen an der zauberhaftesten Küste der Welt, und ich kann es nicht genießen. Ich folge dem Wegweiser einer extrem steilen Straße bergan nach Ravello, frage den unverschämt gut aussehenden Carabiniere hinter dem Ortseingangsschild nach der „prossima benzina" und folge erleichtert seiner Wegbeschreibung. Es gibt eine Tankstelle - meine Gebete wurden erhört. Im Land mit einem der dichtesten Tankstellennetze der Welt eigentlich auch kein Wunder, aber Panik ist Panik, und da verstummt bekanntlich jede Logik. „Dove vai?" fragt der Tankwart. „Sorrento", antworte ich knapp und lese Verwunderung in seinen Augen, doch bevor er weiter fragen kann, gebe ich Gas und rufe ihm das übliche „buona giornata" zum Abschied zu. Die tausendste kleine Begegnung, denke ich und rolle vorsichtig den steilen Berg Richtung Amalfi hinunter. Mitten in diesem alpinen Nirgendwo klickt Mimis Tacho ganz unscheinbar und leise auf die 6500 km-Marke, und ein tiefes Zufriedenheitsgefühl durchkriecht meinen Körper. Ich rolle auf den nächstbesten Aussichtspunkt zu, köpfe eine Flasche Wasser und proste meinem kleinen roten Asphaltwunder zu. Mimi, ich bin stolz auf dich!

Idylle in Amalfi

Zwölf Uhr Mittags erreichen wir endlich Amalfi, den Ort, der der Costiera Devina ihren Namen verlieh. Ich parke Mimi an einem verschnörkelten Treppengeländer oberhalb der Stadt, wo schon viele andere Vespas stehen und laufe hinunter zum Strand. Elegant gekleidete Damen verstecken sich hinter riesigen Designersonnenbrillen und cremen ihre wohlgebräunten Leiber, während ihre Männer den Businessteil der „La Republica" studieren und ab und zu klammheimlich einer jungen Strandschönheit hinterherschauen. Ein älterer Herr, der in seinem weißen Leinenanzug ausschaut wie Hercule Poirot, baut seine Staffelei auf und verbaut damit einer Frau in elegantem Badeanzug und ausladender Sonnenbrille die Sicht auf das Meer.
Ihre bösen Blicke ignoriert er, wie es nur ein arroganter Kellner kann und zeichnet mit Gleichmut seine Bleistiftskizzen. Mit meiner ausgebleichten, schwarzen Stoffhose und meinem zerschlissenen Poloshirt komme ich mir schäbig und ungepflegt vor. Instinktiv richte ich mich auf, um mein Streuner-Outfit mit Würde zu tragen. In der Einöde ist das einfacher als an diesem mondänen Ort, und zum ersten Mal seit langer Zeit verspüre ich den Wunsch nach einem ausgedehnten Wannenbad und edlen Roben. Am liebsten würde ich mich jetzt in ein langes, weißes Seidenkleid hüllen, mir eine Sofia Loren-Sonnenbrille und einen weißen Hut dazu zu kaufen. Die Ästhetik des Städt-

chens Amalfi hat den Hunger schlagartig verschwinden lassen, denn an solchen Orten isst man nicht - außer einen grünen Salat, ohne Dressing, vielleicht. Hier sieht man nur unendlich gut aus und trägt maximal Kleidergröße 36. Eine dunkle Stimme reißt mich aus meinem Tagtraum. „Fame Signora?", fragt der blendend aussehende Kellner der Strandbar direkt vor meiner Nase, und ich blicke in die schwärzesten Augen, die ich je gesehen habe. „Si", hauche ich tonlos, und mehr bringe ich auch nicht heraus. Gutaussehende Männer haben mich immer schon nervös gemacht, manchmal sogar so sehr, dass ich in ihrer Gegenwart stottere. Ich bestelle eine sündhaft teure Caprese, einen Café und spreche dabei ganz bewusst langsam, laut und deutlich, weil das gegen Nervosität helfen soll. „Da sola - Allein?", stellt der Adonis mir die übliche Frage aller Fragen. Doch diesmal stört sie mich nicht. „Que fai questa serata?" Auch diese Frage, was ich denn heute Abend mache, schreckt mich nicht ab - im Gegenteil. „Non posso uscire, sono fidanzata", lüge ich trotzig, doch der Adonis lacht. Wahrscheinlich kann er in meinen Augen lesen, dass ich eigentlich „ja, ich möchte mit dir ausgehen" meine. Mit einem Funkeln in den Augen entfernt er sich, um wenig später mit einem unbestellten Dessert wieder aufzutauchen. „A la casa" - das geht aufs Haus, verkündet er strahlend, und ich starre auf seine schneeweißen Zähne. Ich bin nervös, und ich weiß, wenn ich jetzt nicht zahle, werde ich noch etwas Unvernünftiges tun. Hektisch krame ich in meiner Handtasche umher, lege 15 Euro auf den Tisch und flüchte, ohne mich zu verabschieden. Es ist besser so, rede ich mir ein, gebe Mimi die Sporen und rolle weiter Richtung Napoli. Was ist schon ein schöner Mann im Vergleich zur absoluten Freiheit. Ich will jeden einzelnen Kilometer der Amalfitana ganz bewusst genießen, weil ich weiß, dass diese Etappe besonders ist. Mit Giorgias Ohrwurm „Tu mi porti su" auf den Lippen klappt das ansatzweise. Ich fliege vorbei am schillernden Meer, nie enden wollenden Felswänden, und spüre ein undefinierbares Kribbeln in der Magengegend, das gar nicht mehr weggehen will.

Am Spätnachmittag erreiche ich Sorrento, und der kleine Ort zwischen Amalfi und Neapel entpuppt sich als die wohl unübersichtlichste Kleinstadt des gesamten Mittelmeerraumes. Seit einer geschlagenen Stunde fahre ich nun schon im Kreis umher, nur vom Hostel keine Spur. Ich visiere einen Greis als ortskundigen Informanten an, beuge mich ganz nah zu dem Alten hinunter und maule den obligatorischen Fragesatz in seinen Gehörgang. „Dove si trove lo Seven Hostel?"

Es folgt eine staccatoartige Lachsalve und dann ein prustendes „aber sie stehen doch direkt davor, junges Fräulein", als Antwort. Und dann lachen wir beide. An dem frisch renovierten, gelben Haus bin ich schon gefühlte zwanzig Mal vorbei gefahren, Kruzifix! Ein Schild wäre schon praktisch gewesen. Grazie mille.
Es folgt der übliche Kälteschock in der klimatisierten Lobby des frisch renovierten Altbaus. Am Tresen kräuselt eine dunkle Schönheit gelangweilt ihre Locken und verwandelt mit einem simplen „Welcome to Seven Hostel" meine beiden Sprachkurse in rausgeschmissenes Geld. Nun gut, dann schalte ich eben um auf den angelsächsischen Sprachmodus, lobe artig die Schönheit des Etablissements, um mich kurz darauf in einem frisch renovierten 12er-Schlafsaal mit hohen Decken und Parkettfußboden wiederzufinden. „This used to be a convent", fabuliert die Schöne, während ich zufrieden meine Tasche auf das letzte freie Bett direkt unter dem Fenster werfe. Ich buche mich für zwei Tage in der Backpacker-Oase ein, starte umgehend die inzwischen schon zur Routine gewordene Erkundungstour durch den Ort, folge planlos dem schattenspendenden Verlauf einer Platanenallee, bis die unbewusste Suche nach Vollkommenheit an einem Aussichtspunkt mit Blick auf die „Götterküste" ein Ende findet. Wie von Michelangelo selbst in Stein gemeißelt, ragen die Felsen wohlgeformt aus dem Meer, und der Südwind bringt unzählige, kleine Wellen mit, die frech an die ehrwürdigen Steinwände platschen. Vor knapp drei Monaten hatten mich Rastlosigkeit und Lebenshunger auf die Straßen Italiens getrieben, und jetzt, wo ich dieses Kleinod anschaue, kehrt Ruhe ein, und ich sehe ganz klar, was in meinem Leben zählt und was nicht.
Mit einem Lächeln denke ich an meinen letzten Umzug zurück und den Umstand, dass meine ganze Habe in einen Mercedes Sprinter passt, und mir wird klar, dass ich frei bin. Ich könnte alles verkaufen und ein Café auf den Malediven eröffnen, einen Vespaverleih auf Capri aufmachen, in Irland Musikunterricht geben, Greenpeaceaktivistin werden, als Aussteigerin in einem Wohnwagen leben, oder vielleicht sogar in einem Ashram oder, noch besser, in einem Backsteinhaus in Mecklenburg.
Ein weites Meer an Möglichkeiten tut sich vor mir auf, nur die, in mein altes Leben zurückzukehren, scheint immer absurder. Und ich ahne, dass ich nicht zurück kann, in das Hamsterrad, welches durch ein diffuses Gemisch aus Lampenfieber und Leistungsdruck angetrieben wird. In diese nachdenkliche Stille hinein knurrt Schlag Sechs der pommersche Magen. Zeit für`s Abendbrot - Ausblick hin oder her. Das Leben in einem Ashram fällt also schon mal

flach, konstatiere ich und löse mich leichten Herzens vom zauberhaften Ort ohne Namen. Und wieder einmal bin ich verloren St. Agnello, keine Trattoria in Sicht, und das Hostel würde ich nie im Leben alleine wiederfinden. Doch das ist ja das Schöne an der Ahnungslosigkeit des Fremden, dass man ohne Hemmungen jeden sympathischen Passanten ansprechen kann, ohne dass es komisch wirkt. Ich lasse den Streunerblick schweifen und treffe schnell und zielsicher meine Wahl. Sie fällt auf zwei ältere Damen, die so herzerfrischend herum gackern, wie es nur beste Freundinnen können. „Dove si trove ...", hebe ich auf vertraute Art zu stottern an. „Where are you from?", würgt mich die elegantere von beiden charmant ab. „Germania", antworte ich knapp und plappere ein verlegenes „sono in vacanze ... con motorino", in die aufkommende Stille hinein. Die beiden wechseln einen kurzen, verschwörerischen Blick, strecken mir synchron ihre Hände entgegen und stellen sich als Luisa und Gelsommina vor. „Con motorino, davvero interessante! Prendiamo un Café insieme", schlägt Luisa vor, und hakt sich dabei so selbstverständlich bei mir unter, als wäre es das Normalste auf der ganzen Welt, eine wildfremde Frau spazieren zu führen. Den anderen Arm schnappt sich kurzerhand Gelsommina, und so haben mich die beiden Schrullen in der Zange. Der Pommer in mir ist überrascht, dass diese unfreiwillige Nähe gar nicht mal so unangenehm ist, und während mich die beiden munter drauflos plappernd ins nächstbeste Café zerren, frage ich mich, wie lange eigentlich das letzte, tiefgründige Gespräch mit einem menschlichen Wesen zurück liegt. „Und, bist du verliebt?", weckt mich Luisa aus meinem Tagtraum. „Hmmm", raune ich und nippe an meinem Aperitivo, um Zeit zu gewinnen. „Ich glaub` schon", antworte ich verlegen. „Brava!", ruft Gelsommina und zwickt mir in die Wange. „Ein Foto bitte!", fordert Luisa. Routiniertes Handyzücken, anerkennendes Zungeschnalzen, ein leidenschaftlich geseufztes „que bel uomo" im Unisono und schon sind wir beim Thema Männer. Das kann dauern. Wir bestellen frischen Rotwein und Antipasti, ich berichte von der Fahrt mit dem Autozug, dem Höllenritt mit Umberto, dem unverständlichen sizilianischen Dialekt, den beiden unterschiedlichen Sprachschulen, und es tut einfach gut, mal wieder in zusammenhängenden Sätzen zu reden. Die pensionierte Englischlehrerin Luisa, die in ihrem Cocktailkleid und dieser riesigen Facettenaugen-Retro-Sonnenbrille aussieht wie eine Fünfzigplusvariante der Loren, erzählt von ihren Reisen nach Indien und Nepal, als plötzlich ihr Telefon klingelt. Es ist ihre Schwester Marina, die uns zu einem Chorkonzert in der Chiesa Santa Teresa einlädt. Wir nicken uns kurz zu und quetschen uns in

Gelsomminas mausgrauen C1, um nach gewohnt süditalienisch-rasanter Fahrt verspätet mitten in einen langsamen Chorsatz von Verdi zu platzen. In der vorletzten Reihe sitzt Marina, die uns hektisch herbeiwinkt. Wie die Appachen schleichen wir behende unserem Ziel entgegen - nur das wir Absatzschuhe statt Mokkasins tragen, deren Klickgeräusche die Ruhe des Adagio empfindlich stören. Ich schaue mich um und warte auf die bösen Blicke, doch sie bleiben aus. Das Publikum scheint wirklich mit der Musik beschäftigt. Und die klingt wunderschön. Am Altar intoniert ein gemischter Kammerchor voller Inbrunst A-Capella-Piecen feinsten italienischen Bellcantos. Besonders die Männer singen so seelenvoll, dass ich am ganzen Körper Gänsehaut bekomme. Dagegen ist jede Operngala in Deutschland kalter Kaffee. Verdi, Donizetti, Bellini, Rossini und Puccini haben sie hier mit der Muttermilch aufgesogen. Punkt. Ich wische mir eine Träne aus dem Gesicht, Gelsommina seufzt ein verträumtes „bello", und Luisa hat nur etwas im Auge.

Gegen Mitternacht spuckt mich der C1 vor dem „Seven" wieder aus, und wir umarmen uns wie alte Freunde zum Abschied. Die drei Damen haben mich für einen Abend von der Einsamkeit des fahrenden Gesellen befreit - danke Luisa, Gelsomina und Marina.

Aus der Hostel-Bar dröhnt lautstarker 80er-Jahre-Elektropop. Der Barkeeper sieht aus wie Bud Spencers großer Bruder und mixt tanzend seine Cocktails. Ich bestelle ein Bier. „Your own Personal Jesus", singt er und schiebt mir galant ein kühles Heinken herüber. „Depeche Mode is simply the best", brüllt er mit starkem Akzent. „Cin cin", erwidere ich, denn über Geschmack lässt sich nicht streiten, und die blonde Frau neben mir stimmt ganz selbstverständlich in seinen Gesang ein.

„Personal Jeeesus, and I am Helle, by the way", reicht mir die sonnengegerbte Frau von schätzungsweise 45 Jahren trällernd die Hand. „Nice to sing with you", antworte ich lachend. „Na dann prost!" Und wieder lässt mich jemand einfach so an seinem Leben teilhaben. Helle raucht Kette, kommt aus Dänemark, ist von Beruf Sozialarbeiterin, möchte aber lieber Schriftstellerin sein, hat schon einen erwachsenen Sohn und ist seit einigen Monaten in Italien unterwegs, um sich selbst zu finden. Ich verstehe vollauf, denn so etwas in der Art versuche ich auch gerade. Aber kann man sich überhaupt selbst finden? Und wenn ja, warum hat man sich überhaupt erst verloren? Doch mir bleibt keine Zeit zum Grübeln, denn jetzt erzählt Bud Spencer seine Geschichte. Ciro, mit einer Mexikanerin verheiratet, lebt während der Wintermonate in ihrer Heimat und im Sommer hier in Sorrento. Er hat schon als alles mögliche gearbeitet, doch vom Herzen her ist er ein singender Barmann, und wenn er einen „Sex on the beach" zusammenmixt wackelt der ganze Kerl - eine Augenweide, dieser Mann. „Ciiiro", stürmt da eine junge Frau auf den Entertainer zu. „Ciao Cara", begrüßt er sie. „This is Victoria from Texas. A very talented singer", verkündet Mr. DJ, und die kleine dunkelhäutige Schönheit mit den wilden Kräusellocken versinkt in seinen Armen. Jetzt sind wir schon zu dritt, und das bedeutet noch eine Runde Bier. Die quirlige Victoria erfüllt sich mit ihrer Reise einen lang gehegten Traum, und sie hat dieses gewisse Leuchten in ihren Augen, wie es nur Träumer, Lebenskünstler und Reisende haben. Es wird Morgen, und Ciro legt Michael Jacksons Klassiker „Heal the world" auf. Wir nehmen uns in die Arme, schmettern das „for you and for me and the entire human race" im Fortissimo heraus, während draußen die Stadt langsam erwacht. „Brave ragazze", applaudiert Ciro. Das Werk ist vollbracht, wir können beruhigt Schluss machen für heute.

Singend torkeln wir in unsere Schlafsäle, das „Heal the world" hallt leicht schief über den Flur, und für heute ist die Welt wirklich erst einmal geheilt - zumindest für uns.

8.10. Ein paar Stunden später ist davon allerdings nichts mehr zu spüren. Verkatert erwache ich vom Plastiktüten-Geraschel einer Backpackerin. „Do you have some Aspirin?", ächze ich schwach und öffne mühevoll die verquollenen Augen. „Of course", entgegnet diese und reicht mir grinsend eine Tablette. „Rough night?" „Indeed." „I am Catherina, nice to meet you." „Thanks for saving my life." „You´re welcome!" Beim Frühstuck erzählt die putzmuntere und so erbarmungslos nüchterne Kinderkrankenschwester aus Melbourne von ihren Träumen, und ich bin dankbar, nicht reden zu müssen. Wie schnell Reisende beginnen, ihr Innerstes zu offenbaren, denke ich und frage mich, wann die Tablette endlich wirken wird. Catherina hat irisch-kroatische Wurzeln und vor kurzem ihren Großvater in Pula besucht. „Oversea experience" nennt sie ihre Europareise und strahlt dabei über das ganze Gesicht. Sie schwärmt von der Allgegenwärtigkeit der Historie Italiens und ganz besonders von Pompei. „You have to go there", meint sie und weist mir fröhlich schnatternd den Weg zur Bahnstation gleich um die Ecke. Hier hält die „Circumvesuviana", die Bahn, die den Vesuv umrundet und über Pompei bis nach Neapel fährt. Eine junge Frau schenkt mir ihr Ticket und schon sitze ich inmitten einer Schar Schulkinder im überfüllten Zug nach Pompei. Wir fahren immer am Meer entlang, durch unzählige Tunnel, und die Kinder kreischen wild durcheinander. Ich schließe die Augen und denke an meinen alten Schulweg zurück, der neunzig Minuten dauerte, weil unser Schulbus an jedem einzelnen Briefkasten Nordvorpommerns halten musste, um jedem einzelnen Dorfkind das Abitur zu ermöglichen. Der Blick auf den Strelasund war damals nichts besonderes für mich, und die Schönheit der heimischen Boddenlandschaft Normalität. Heute weiß ich, dass ich einen der schönsten Schulwege hatte, den man in Deutschland überhaupt haben kann. Ob diese Jungen und Mädchen hier ihre alltägliche Fahrt durch das Paradies zu schätzen wissen? Der bildschöne Junge von schätzungsweise 12 Jahren, welcher mir direkt gegenüber sitzt, schaut jedenfalls verträumt und auch ein wenig traurig auf das glitzernde Meer. Wie schön die Menschen hier in Süden sind, und wie sie einem direkt und furchtlos in die Augen schauen. Schwarzes, glänzendes, volles Haar, dunkle Haut, feine Gesichtszüge, kluge Augen und lange Wimpern - dieser junge Mann wird gewiss mal ein Herzensbrecher werden, und er strahlt mich so offen an, dass mir ganz warm ums Herz wird. Ich wünsche ihm, dass er niemals enttäuscht und von jeglichem menschlichen Elend verschont bleiben wird.

Am Fuße des Vesuvs speit mich die Bahn samt einer beträchtlichen Menschentraube wieder aus, und ich brauche nur dem Strom der Massen zu folgen, um zu den Überresten der antiken Stadt zu gelangen. Die Mittagssonne brennt, und die Spitze des gewaltigen Vulkans ist unter einer flimmrigen Dunstwolke verschwunden. Die beiden sangesfreudigen Mädels wollten nicht mitkommen. „Einmal Pompej reicht", winkte Victoria ab, und Helle war in den frühen Morgenstunden mit einem bärtigen Schönling verschwunden. So stehe ich also verkatert und allein am Eingang der historischen Stätte inmitten einer soeben angekommenen japanischen Reisegruppe und lausche konzentriert dem Dröhnen meines Schädels. Ich bleibe eine Weile bei den Asiaten und schleppe mich mit ihnen an der Stadtmauer entlang, vorbei an schläfrigen Straßenhunden, die ungefähr mein Energielevel haben dürften und versuche halbherzig, die Infoschilder zu entziffern, bis das Gebrabbel des japanischen Reiseführers zu nerven beginnt. Also lasse ich die wild durcheinander knipsende Schar aus Fernost an mir vorbeiziehen und flüstere zum Abschied ein leises „Saionara". Die Infoschilder weisen den Weg zu antiken Villen, Weinbergen, Tavernen, Amphitheater und Kloaken, und ich weiß nicht, wo ich zuerst hingehen soll.

Ich schnappe Wortfetzen eines französischen Reiseführers auf und staune, dass ich nach anderthalb Jahrzehnten Abstinenz vom Lyzeum verstehe, was der Mann da vorne redet. Davon ganz begeistert, begebe ich mich klammheimlich ins Schlepptau dieser Reisegruppe und werde langsam wach. Was so ein kleines Erfolgserlebnis doch ausmacht, denke ich und betrachte fasziniert die gestischen Kunststücke des jungen, ambitionierten Scouts. Mit den Armen wild umher fuchtelnd erzählt er vom Leben der Reichen und ihren Sklaven: „Stellen sie sich vor, im schattigen Untergeschoss dieser Villa hier, wo es durch die vier Säulen immer einen kühlenden Luftzug gibt, lebten die Herren, während die Sklaven in kleinen überhitzten Dachkammern schwitzen mussten. Dieser prächtige Innenhof mit diesen uralten Bäumen ist viiiiel besser als jede moderne Klimaanlage, müssen sie wissen." Der Reiseführer kommt aus dem Schwärmen gar nicht mehr heraus, und ich freue mich nur, weil er sich so freut. Und wie euphorisch er die Zirkulation der Luft durch den antiken Säulengang mit seinen Armen imitiert. Herrlich, was ein paar schattenspendende Säulen so alles auslösen können ... Ein junger Vater, der seinen Filius geduldig auf seinen Schultern trägt, lächelt mir, ebenso belustigt, verschwörerisch zu, und ich denke mir, dass die Kenntnis einer Fremdsprache nicht nur das Geld für eine professionelle Führung spart, sondern auch gut für die Stimmung ist. Wenn es am schönsten ist, soll man gehen, sagt man doch, also verlasse ich die Franzosen, werfe einen wehmütigen Blick zurück auf den ambitionierten Reiseführer und betrete das nächstbeste Gebäude. Dieses entpuppt sich als schauriger Ort, denn hier sind von der Lava verkohlte Leichen in einem Glaskasten ausgestellt. Ich empfinde Ekel in mir hochsteigen, als ich die vom Todeskampf gekrümmten Leiber auf rotem Samt in einer riesigen Vitrine liegen sehe, und noch mehr ekelt mich die Schar sensationshungriger Touristen, die munter drauflos fotografiert, als wäre es irgendeine Sehenswürdigkeit. Obwohl es nur braune, 2.000 Jahre alte Skelette sind, ist ihnen der Todeskampf mit dem Vesuv sehr gut anzusehen. Arme, gekrümmte Kreaturen, die ungewollt zu einer perfekten Dokumentation einer gewaltigen Katastrophe wurden. So sieht also der Tod aus, denke ich, und mir wird übel. Ich muss hier raus, bevor ich noch über dem Schaukasten erbreche, und flüchte auf eine schattige Bank mit Blick auf den Weinberg am Fuße des Vulkans. Wie grauenvoll die letzten Stunden von Pompej gewesen sind, vermag ich nur zu ahnen, und ich will mir gar nicht so genau vorstellen, wie es sich anfühlt, von kochend heißer Lava verschlungen zu werden. So makaber wie es klingt, doch eben diese Lava hat ein Stück Weltgeschichte konserviert und für die Wissenschaftler und Historiker sichtbar gemacht: Das alte Kopfsteinpflaster, Grundmauern von Wohnhäusern,

Theatern und Tavernen - alles ist noch da. Ich schaue zum Vesuv empor und frage mich, wie die Menschen hier so ruhig leben können mit dieser tickenden Zeitbombe direkt über ihnen - diesem gigantischen Berg, der Feuer spucken kann. Carpe Diem sollte man in riesigen Lettern auf seinen Gipfel sprayen, denn dieser schlafende Riese kann die Gegend jederzeit in ein glühendes „Mordor" verwandeln.

Auch die gute alte Faustregel der Vulkanaktivität - je länger der letzte Ausbruch zurück liegt, desto heftiger wird der nächste sein - beruhigt da keineswegs. Es geht schon komisch zu auf dieser Welt – ein immerwährendes Wechselspiel zwischen Werden und Vergehen. Wird das aus Sicht des großen Schöpfers nicht langsam langweilig? Schmunzelnd muss ich an eine Karikatur von Ian Cozian denken, auf der der alte Mann mit dem weißen, langen Bart im Himmel gelangweilt einen Hebel betätigt. Darauf die Inschrift: tagein, tagaus. Nur wenn man als armes Menschenkind mitten drin steckt, bedeutet es alles oder nichts. Doch in den Äonen der Weltgeschichte sind ein paar tausend Tote nicht mehr als eine Randnotiz. In diese tiefgründige Reflexion hinein knipsen unverdrossen die Japaner. Da ist sie ja wieder, die Reisegruppe von vorhin. Ich wette, sie kommen locker auf ihre tausend Bilder pro Sehenswürdigkeit, und sie gehen konzentriert zu Werke. Ziel fixieren, Lebenspartner oder wahlweise auch Großmutter davor platzieren, lächeln, und los geht es. Ein japanischer Pianist unserer Musikhochschule hatte einmal versucht, mir dieses asiatische Phänomen näher zu bringen: Man spart jahrelang für eine Europareise, um sich dann in drei Wochen so viele Länder und deren Attraktionen anzusehen wie möglich. Und für die armen Verwandten, die nicht mitkommen können, werden Fotos in rauen Mengen geschossen. Innehalten und an einem Ort wirklich zur Ruhe kommen, zählt nicht. Das kann man zu Hause machen, während man Fotobücher erstellt.

Ich persönlich ziehe das gemütliche Reisen vor.

Nach drei Stunden habe ich genug und nehme die nächste Circumvesuviana zurück nach St. Agnello. An Ciro`s Bar ist noch nichts los, doch lange brauche ich nicht auf Gesellschaft zu warten. „And, isn`t Pompej just awesome?", fragt Catherina. Ich nicke müde aber zufrieden, als auch schon Helle und Victoria um die Ecke kommen. „Let`s have dinner together", schlägt Catherina vor, und wir kehren in einer kleinen Trattoria gleich um die Ecke ein und essen „Spaghetti alle Cozze". Hinter diesem fragwürdigen Namen verbirgt sich nicht das, wonach es klingt, sondern eines der leckersten italienischen Gerichte überhaupt - Pasta mit Miesmuscheln. Dazu ein Ciro, was in diesem

Fall ein sehr leckerer lokaler Weißwein und kein Barkeeper ist. Catherina erzählt aus ihrem Leben als Kinderkrankenschwester und wie es ist, ein Baby auf die Welt zu holen. Ihre langen, zarten Finger erzählen Geschichten von unzähligen Geburten, und wir hängen an ihren Lippen und löchern sie mit Fragen.

„Ich bin fertig mit dem Kinderkriegen", zerstört Helle die andächtige Stimmung. „Ich bin froh, dass mein Junge erwachsen ist, ich reisen, mein Single-Leben genießen und endlich meinen Roman schreiben kann." „Beneidenswert", seufzt Victoria, die einen Kinderwunsch, aber keinen Partner hat. „Vielleicht ziehe ich es auch allein durch, ganz ohne Mann", überlegt sie laut. „Hmmmh, das wäre auch eine Möglichkeit", sage ich. „Aber so etwas kann man doch nicht planen Mädels, so etwas passiert ganz einfach", sagt die weise Catherina und die Schwere des Gesprächs löst sich in ausgelassenem Gelächter auf. Ein weiterer Abend in geselliger Runde vergeht, nur nach Capri will niemand mitkommen.

9.10. Überpünktlich warte ich am Hafen auf das Boot, das mich nach Capri bringen soll. Helle ist mit ihrem Surfer-Typen beschäftigt, und die anderen waren natürlich schon dort, also fahre ich allein – so allein wie man sich inmitten einer asiatischen Reisegruppe eben fühlen kann. Diesmal sind es Koreaner, und das Boot ist so voll, dass man kaum treten kann. Ein Herr im Leinenanzug bietet mir galant seine Dienste als Fotograf an. „Souvenirfoto?", fragt er mit überaus putzigem Akzent. Offenbar sieht er meine geringe Körpergröße und somit die Unfähigkeit, vom Schiff aus Fotos zu machen als absoluten Notfall an. „Yes please", antworte ich, um schnell wieder meine Ruhe zu haben. „Say Cheeeese", animiert er mich mit breitestem Zahnpastalächeln. Ich lächle gequält, bin ich doch schon wieder ungewollt in ein Gespräch verwickelt. Lee erzählt von seiner Europareise mit seiner ganzen Familie, zeigt auf ein uraltes Mütterchen mit den überschwänglichen Worten „my glandmothe", worauf die Alte süffisant lächelnd zu uns herüber winkt. Ich schweife gedanklich ab, träume von einem ruhigen Fleckchen ohne Touristen, die den Blick auf die Amalfiküste versperren. „Excuse me", würge ich ihn ab und verkrieche mich durch die Menschenmenge hindurch auf die andere Seite des Bootes, quetsche mich zwischen zwei Touristen an den letzten freien Quadratzentimeter Reling und erhasche nach dreißig Minuten Fahrt doch noch einen kurzen Blick auf die näher kommende Insel. Capri ist ein großer, grauer Felsen. Es ist wolkig, und Regen liegt in der Luft.

Endlich im kleinen Hafen angekommen, der genauso überfüllt ist wie das Boot, wähle ich ganz bewusst eine steil bergan gehende Seitenstraße, um die Massen abzuschütteln. Und mein Plan geht auf. Nach nur wenigen Höhenmetern bin ich nicht nur schweißgebadet, sondern auch mutterseelenallein. Wie gut, dass der „touristicus pauschalis" steile Anstiege in Kombination mit brütender Hitze fürchtet. Überdies werde ich mit einer wunderschönen Aussicht hinüber nach Anacapri belohnt. Die enge Strada Provinciale, die hoch in den eigentlichen Ort Capri führt, führt an edlen Villen vorbei, Orangenbäume davor, und selbst bei grauem Himmel leuchten die Früchte durch die tiefgrünen Blätter der Orangenbäume hindurch. Oben im Ort herrscht eine verschlafene, träumerische Stimmung. Nichts regt sich, kein Blätterrauschen, kein Wind, nur ein schlafender Hund, der friedlich vor sich hin atmet. Ich betrete eine kleine, menschenleere Postfiliale auf dem Gipfel, will eigentlich nur schnell ein paar Postkarten kaufen, doch ich kann mich nicht lösen von dieser charmanten Szenerie. Fünf herzhaft lachende Postbeamte in diesem komplett kundenfreien Büro mit Blick auf das Meer, dazu Kekse, Kaffee und helles Gegacker - ich möchte bitte hier und zwar genau hier arbeiten. Das ist er, der tollste Arbeitsplatz der Welt. „Frrrrancobollio", hilft mir der einzige Mann am Schalter auf die Sprünge. Dieses komische Wort werde ich mir wohl nie merken, und der mollige Herr um die 50 muss lachen. „Frrrrancobollio", wiederhole ich brav das komische Wort, was die ganze Postfiliale freut. Jetzt haben sie eine Aufgabe gefunden, nämlich die, einer verwirrten Deutschen die wichtigsten, postrelevanten Vokabeln beizubringen. Und ich möchte hier nie wieder weg. Bitte, bitte gebt mir eine hellblaue Postuniform, Briefmarken und einen Stempel, und ich fange sofort an. Wo sind die entspannten, gemütlichen Arbeitsplätze in schöner Umgebung in Deutschland geblieben? Wegoptimiert, fusioniert oder QSM-zertifiziert? Warum kriegen wir Teutonen das nicht hin mit dem gediegenen Berufsleben? „Il Postino", „Willkommen bei den Schtis" - an cineastischen Beispielen für eine ausgewogene Balance zwischen Beruf und Privatleben mangelt es jedenfalls nicht. Aber für den Kinobesuch fehlt ja die Zeit ... Wehmütig winkend verlasse ich das Kleinod, ehe ich noch in eine tiefe Sinnkrise stürze, und beschränke mich auf leichte touristische Tätigkeiten, wie Wandern und Fotografieren.
Ich gelange in den Ortskern mit einer picobello-sauberen Piazza, einer malerischen, kleinen Kirche, edlen Boutiquen und einer Handvoll sündhaft teurer Restaurants. Wer hier lebt, muss Geld haben. Ich ziehe weiter und treffe auf ein sympathisches, chinesisches Pärchen in ungefähr meinem Alter. Sie stel-

len sich als Lee Jong und Jong Jong vor, und ich vergesse sofort, wer von den beiden wer ist. Also werde ich in Zukunft auf eine direkte Anrede verzichten müssen. Zunächst reden wir über das Essen - immer ein unverfängliches Thema am Anfang eines Gespräches. Frau Jong hasst die italienische Küche und ist somit der erste mir bekannte Mensch, der Pizza und Pasta nichts abgewinnen kann. „Zu fettig", fasst sie naserümpfend zusammen. „Aber das ist doch gerade das Schöne", wende ich ein. Pause, dann Gelächter. Die beiden berichten von ihrer ausgedehnten, lange vom Munde abgesparten Europareise, und natürlich werde ich fotografiert und außerdem recht herzlich nach Peking eingeladen. Unglaublich. Die beiden Jongs arbeiten bei IBM, und sie hasst ihren Job. Ich empfehle ein Sabbatical, und sie beginnt mit leuchtenden Augen von dem Film „Eat play love" zu schwärmen. „You ale like Julia Lobelts", verkündet sie strahlend. Danke, das lassen wir mal so stehen ...

Bei diesem heiteren Geplauder habe ich ganz vergessen, dass der Anstieg auf die Aussichtsplattform, von wo man angeblich den besten Blick auf Anacapri haben soll, wirklich steil ist. Oben angekommen, macht uns der Pförtner das Tor vor der Nase zu. „Just one Foto", bittet die zierliche Chinesin und setzt den internationalen weiblichen Hundeblick auf. Es wirkt, wir dürfen zum Aussichtspunkt. „Just 15 Minutes!", bellt der Pförtner. Das nutzen die Jongs aus und entfachen ein wahres Blitzlichtgewitter. Auch meine kleine Lumix schnappen sie sich und schießen gut zwanzig Fotos von mir mit Blick auf „Anacapli", wie Mr. Jong so schön sagt.

„It`s good to have some fotos of youlself when youl tlavelling alone", fügt sie an, und jetzt wollen sie meine Dienste als Fotograf. „Mole, mole´", fordern die beiden vehement weitere Bilder, und ich merke, dass die 15 Minuten Zeit für das „eine" Foto knapp bemessen sind. Der Pförtner straft uns mit einem vorwurfsvollen Blick, als wir ihm einen schönen Feierabend wünschen. Und auch wir müssen schnell fort. Wir dürfen das letzte Boot nach Sorrento nicht verpassen. Mr. Jong kennt den Weg zur Seilbahnstation, was wirklich Zeit spart, und eine halbe Stunde später sitzen wir unten im Hafen und zahlen schlappe 4,50 Euro für einen Kaffee. Da fällt mir der Abschied von Capri gar nicht schwer. Nur an das kleine Postbüro mit den lachenden Mitarbeitern und den Keksen denke ich wehmütig zurück, als wir winkend auf der Fähre stehen. „Wenn bei Capri die rote Sonne im Meer versinkt, bella bella bella Mariiiie", dudelt es mir durch die Ohrmuschel. Doch der Beruf „Caprifischer" ist längst ausgestorben. Wahrscheinlich wurden sie alle zu Souvenirverkäufern oder Kellnern umgeschult.

Zurück in Sorrento lerne ich in einer Pizzeria Laurie und Lynn aus dem australischen Tasmania kennen. „Our O.E.", wie der Aussie Laurie sein oversea experience fachmännisch abkürzt, „is just great", schwärmt er und schiebt mir zum Abschied seine Visitenkarte nebst herzlicher Einladung nach Australien hinüber. Das ist dann wohl der Tag der internationalen Einladungen heute. Was würde wohl passieren, wenn ich in sagen wir mal zwei Monaten in Peking und Tasmania anriefe, um die Einladungen anzunehmen?

Auf dem Rückweg zum Hostel entladen sich endlich die dunklen Regenwolken, ich werde klatschnass und genieße es, mal nicht schwitzen zu müssen. „Enjoy it", ruft mir ein Passant zu, und ich laufe barfuß durch den Regen. Zurück im Seven hat Ciro schon wieder super Musik aufgelegt. Chicagos „If you leave me now", schmachtet durch die Boxen, und ich treffe Helle und Victoria an der Bar. Bei Chickenburger und Heineken schmieden wir einen tollkühnen Plan. „Let`s go to Naples together", schlägt Helle vor. „Aber nehmt unbedingt die Bahn", rät Ciro. „So neu wie deine Mimi aussieht, wird sie dir mit Sicherheit geklaut werden."

10.10. Beim Frühstück schaue ich in Helles verquollene Augen. Der bärtige Schönling war wieder da. Ich fühle mich auch nicht frischer. Nur Victoria sieht mal wieder aus wie das blühende Leben. Gigi, eine Backpackerin aus Kanada, hat uns eben ihr Ticket geschenkt, und wir nehmen die nächste Circumvesuviana nach Napoli. Ein paar Schulkinder raufen sich wild am Bahnsteig, und es ist gefühlte vierzig Grad heiß. Wir fahren vorbei an einer gigantisch großen Wohnsiedlung, dem Speckgürtel Sorrentos, mit Plattenbauten, die auch in Rostock Lichtenhagen stehen könnten, und es steigen immer mehr Schulkinder zu. Die Circumvesuviana ist derart überfüllt, dass ich jeden Zwischenstopp herbeisehne, um wenigstens eine kleine Brise Frischluft zu schnappen.
Nach knapp vierzig Minuten Fahrt ist es vorbei, und wir sind in Neapel angekommen. Helle lotst uns zum Sunflower Hostel, wo sie vor fünf Tagen ihre Kamera vergessen hat. Wir laufen durch Wohnviertel, die wie Slums aussehen, vorbei an Bergen undefinierbaren Unrates, auf denen wilde Katzen ein Festmahl feiern. Eine Buntgescheckte labt sich geraden an den Resten einer Fertiglasagne und vertreibt fauchend einen graugetigerten Futterneider. Von den schäbigen Wohnblöcken bröckelt der Putz, und als Gardinen dienen ausgeblichene Zeitungen. Wie damals in den Russenkasernen zu DDR-Zeiten,

und ein altes, vergilbtes Kindheitsbild taucht vor meinem inneren Auge auf. Da fahren wir mit Vaters eierschalenfarbigem Trabant-Kombi durch Potsdam, stoppen vor einem roten Backsteinbau, auf dem mit kyrillischen Buchstaben das Wort Russenmagazin stand und kaufen allerlei Luxusgüter wie Schinken oder bunte Kaugummis. Freilich ist die napolitanische Architektur eine andere, aber die Zeitungsgardinen und die gräuliche Wäsche auf den Balkonen sowie das allgegenwärtige Siechtum der maroden Bausubstanz beschwören das längst vergessen geglaubte Bild aus DDR-Zeiten herauf.

„This is it", verkündet Helle stolz, und ich schaue ungläubig an der mausgrauen Fassade eines x-beliebigen Hochhauses empor. In diesem Wohnsilo soll sich ein hippes Hostel befinden, das internationales Flair versprühen soll?

„Sure", zerstreut Helle meine Zweifel und steckt ein Zweicentstück in den Einwurfschlitz des vorsintflutlichen Fahrstuhls. Der hat eine gruselige, kackbraune Täfelung, und ich frage mich, wie uns dieses Gerät sicher in den achten Stock bringen soll. Am Empfang sitzt eine junge Brünette, die gelangweilt in einer Illustrierten blättert. Mechanisch reicht sie Helle`s Kamera über den Tresen, und ein breites „Thank you soooo much", tönt über den Flur. Zum Glück hat die blonde Frau aus Dänemark ihre Reiseerinnerungen wieder. Nicht auszudenken, wie traurig ich wäre, wenn meine Fotos plötzlich verschwunden wären. „Na dann kann es ja endlich losgehen", ruft Victoria freudig aus, denn der Lockenkopf aus Texas hat schon einen kompletten Plan für unseren „Trip to Naples". Vertieft in ihren Lonely Planet Reiseführer referiert sie über die Destinationen ihrer Wahl. „As you like", entgegnet Helle, die seit dem Wiederauftauchen ihrer Kamera rundum glücklich ist, und mir soll es auch recht sein. Ich genieße das Mitläufertum. Einmal nicht selber alles finden und planen, sondern einfach nur hinterher trotten, hin und wieder in einem Café einkehren und die Gesellschaft dieser beiden lebensfrohen Frauen genießen. Wir ziehen durch die Altstadt, immer Victoria und ihrem Lonely Planet folgend, testen hier und da den Caffe Ristretto, der, wie die Neapolitaner selbst behaupten, der beste ganz Italiens sein soll, und ganz nebenbei schlemmen Victoria und ich uns durch das gesamte Angebot der Patisserie. „Also Kaffee können sie", stelle ich zufrieden fest, und der Süßkram ist auch nicht übel, aber was bitteschön macht Neapel für die Neapolitaner zu der schönsten Stadt der Welt? Was für sie ein Kleinod ist, ist für mich einfach nur ein Dreckloch, und ich bin froh, dass ich nicht mit Mimi

hergefahren bin. In St. Agnello steht sie sicherer. Immer wieder sind mir die ausgeschlachteten Wracks von Automobilen und Motorrollern im Stadtbild aufgefallen, und die Maschinen, die noch fahrtüchtig aussehen sind doppelt und dreifach angekettet.
Während ich mir Napoli noch schön gucken muss, ist Victoria from Texas hellauf begeistert. „This is simply amazing", flötet sie und fotografiert unzählige bröckelige Bauten des Barock. Helle und ich wechseln verwunderte Blicke. Offenbar können wir nicht sehen, was das quirlige Lockenwunder aus den Staaten sieht. „Next stopp, Pizza! We have to find the most famous Pizzeria of Naples, where the Pizza Margherita was born", ruft Victoria und fuchtelt euphorisch mit ihrem Reiseführer. Also fragen wir uns zu der Pizzeria „Da Michele" in der Via Sersale 1 durch. Danke lieber Lonely Planet, schließlich ist es schon zwei Uhr mittags, und mein Magen knurrt entsetzlich. Die kleine Seitenstraße ist gar nicht so leicht zu finden, doch die lange Schlange vor dem unscheinbaren gelben Stadthaus verrät uns, hier muss es sein. Wir müssen eine Nummer ziehen wie beim Arbeitsamt, und wir ziehen die Nummern 91, 92 und 93. Heißt das jetzt, es warten noch 90 Leute vor uns auf eine Pizza Margherita? Unglaublich. Seitdem Julia Roberts und Tuva Novotny sich im Streifen „Eat Pray Love" hemmungslos mit Pizza Napolitana vollfraßen, ist der Andrang noch größer geworden. „Wir nehmen noch einen Café, auch auf die Gefahr hin, dass wir unsere Pizza verpassen", meint Helle. Obwohl ich von den vielen „Café Ristretti" schon einen mittelschweren Tremor habe, gehe ich gerne mit. Es wartet sich einfach angenehmer und gegen das Schlangestehen habe ich sowieso eine Aversion. Das Warten vor unserem Dorfkonsum auf diverse Südfrüchte muss als Anstehzeit für mein weiteres Leben ausreichen.
Eine halbe Stunde später werden wir bei Michele platziert, und es ist so voll in dem schlichten Lokal, dass wir einen Tischnachbarn bekommen. „Alessandro, molto piacere", stellt sich ein elegant gekleideter Mitfünfziger mit graumeliertem Haar vor. „Altrettanto", säuselt die verzückte Helle und probt schon mal ihren verführerischsten Augenaufschlag. Der Zahnarzt geht fast jede Mittagspause zu Michele. Es gibt zwar nur zwei Sorten Pizza hier, doch diese sind so schmackhaft, dass ich genau in diesem Moment, da ich den Mund voll leckerer Margherita habe, geneigt bin, zu sagen, es ist die leckerste Pizza, die ich je gegessen habe. Und mit 4 Euro ist dieses Geschmackserlebnis wirklich erschwinglich.

„The dentist", wie wir Alessandro fortan nennen, lauscht geduldig unseren Reiseberichten und lädt Helle zu einer Spritztour durch Napoli auf seiner Vespa ein. Strahlend wie ein Honigkuchenpferd nimmt sie auf der Luxusvariante eines Motorrollers Platz und schlingt ihre sonnengebräunten Arme um den attraktiven Zahnarzt. Wäre dies hier ein Hollywoodfilm, wären wir jetzt schon am Ende angelangt, und das verliebte Paar führe geradewegs in sein Glück. Doch wir sind hier in Neapel, hier ist es dreckig, und die schicken Dentisten sind alle schon vergeben ...

Zum Abschluss lädt er uns in sein Lieblingscafé auf einen Ristretto ein, denn hier sei das schwarze Lebenselixier am besten. Ich hatte heute zwar schon sieben Espressi, aber im angeblich besten Lokal spüle ich auch noch den achten hinunter.

Wir verabschieden uns von Alessandro, und Helle hat seit dieser Begegnung so einen merkwürdig verklärten Blick drauf. „Too pitty that he is married", seufzt die Dänin. „At least we have each other", tröstet Victoria, und recht hat sie, denke ich, denn seit ich Helle und Victoria kenne, ist meine Reise wesentlich lustiger. Pflastermüde aber glücklich fahren wir am Abend nach Sorrento zurück und kehren bei Ciro ein. „Dreimal Sex on the beach, bitte",

Die beste Pizza der Welt!

ruft Victoria vergnügt, und wieder machen wir Pläne. In Rom wollen wir uns wiedertreffen, und machen das gelbe M am Hauptbahnhof als Treffpunkt für Übermorgen aus.

Es wird Nacht im Seven, wir chillen in der Lobby, und Helle liest uns aus ihrem Lieblingsbuch „Seelenvogel" von Michal Snunit vor. Ich mag den Klang der dänischen Sprache, und noch mehr liebe ich Helle`s Übersetzungen ins Englische.

„In der Mitte unserer Seele steht ein Vogel auf einem Bein. Es ist der Seelenvogel, der fühlt, was wir fühlen, und uns Antworten gibt, wenn wir ihn fragen." Ein Vogel als Mittelpunkt der menschlichen Seele - diese Metapher gefällt mir, denn auch ich will fliegen auf meiner großen Reise.

Kapitel 9

Am Vormittag des 11. Oktobers hat sich das Komitee geschlossen vor dem „Seven" versammelt - die Zeit des Abschieds ist gekommen. „Say cheeeese", fordert uns Victoria mit breitestem Grinsen auf. „Immer diese gestellten Fotos", mault Helle. Ciro trommelt auf meinem Helm herum und streichelt mir liebevoll über die Wange. „Pass gut auf dich auf, Kleines", flüstert er. „Mach` ich, Chef", flüstere ich zurück. Ich mag Abschiede, die in Wirklichkeit gar keine sind. „Ciao, ci vediamo a Roma!"
Wider erwarten finde ich mühelos aus Sorrento heraus und bin schnell wieder auf Kurs gen Norden. Die Straße ist frei, und ich kann endlich in aller Ruhe über die Faszination des Südens nachsinnen. Ich weiß nicht, was mich mehr verzaubert - die Allegria, dieses heitere, furchtlose Leben ohne angezogene Handbremse oder das Chaos auf den Straßen und Plätzen. Es scheint, als hätten sich alle Sanguiniker dieser Welt in diesem südlichen Zipfel des Stiefels versammelt. Mit Spontaneität, Temperament, einer feinen Ironie und der nötigen Ignoranz gegenüber den lästigen Pflichten des Alltages, gepaart mit einer Prise Hedonismus trotzen sie der grausamen Realität. Hier könnte meine kleine Seele dauerhaft glücklich werden, das spüre ich.
Napoli rückt näher, und der Vesuv ist schon von weitem zu sehen. Sein Gipfel ist von weißen Wattewölkchen umnebelt, und ich beschließe, der Stadt noch eine Chance zu geben. Lungomare steuere ich geradewegs auf die Silhouette zu, auf deren Spitze ein wuchtiges Castell thront. Im Hafen ankern Kreuzfahrtschiffe, die größer als Häuser sind, und die Angler in ihrem Schatten

sehen aus wie Legofiguren. Mimis Armaturen wackeln auf der Fahrt über das dunkel glänzende Kopfsteinpflaster, und ich folge dem verwitterten Schild ins Centro Storico. Endlose, palmenumsäumte Straßenzüge mit prächtigen Altbauten und verschnörkelten Fassaden, bunten Fensterläden und reich verzierten Balkonen führen über weitläufige Piazzi hinein in die Altstadt, die voller Überraschungen steckt. An jeder Ecke sieht es anders aus, und man weiß nie was als nächstes kommt - eine Gründerzeitvilla oder ein Müllhaufen. Ich bin verwirrt und verzückt zugleich und beschließe dem Phänomen Napoli bei einer Tasse Kaffee näher zu kommen. Ich lege Mimi in Ketten, obwohl sie sich in meinem unmittelbaren Sichtfeld befindet. Denn direkt neben ihr steht ein komplett ausgebrannter Roller, der als ein stummes Mahnmal zu mir spricht: „Lass deine Kleine niemals aus den Augen, sonst ereilt sie dasselbe Schicksal wie mich!" Seit dem Streifzug durch die Bars und Cafés der Stadt mit Helle, Victoria und dem Zahnarzt trinke ich meinen Espresso schwarz. „Echte Kaffeetrinker kennen keine Milch", hatte Alessandro naserümpfend konstatiert, als ich mich anschickte, meinen tiefschwarzen Kaffee mit etwas Kuhsaft aufzuhellen. „Achtet darauf, dass es in einem Café die alten Maschinen mit den langen Hebeln gibt. Die sind am besten. Die neumodischen Vollautomaten kannst du total vergessen. Zum Glück findet man sie hier in Napoli noch oft, weil sie immer wieder repariert werden, und erst wenn es gar nicht mehr geht, werden neue Automaten angeschafft", erinnere ich mich an die Worte des Dentisten, der immer so ein Leuchten in den Augen hatte, wenn er über Café sprach. Und das tat er oft. „Kaffee ist unsere Religion. Und wir Napolitaner sind Meister im Kaffeemachen. Die Norditaliener hingegen sind genauso schlimm wie die Deutschen. Die können einfach keinen Kaffee. Die können nur Grappa." Dem hatten wir nichts hinzuzufügen. Ein Blick aus dem Fenster offenbart ein seltsames Gemisch aus architektonischen Perlen und Unmengen von Müll - mal in Form von Schrott, Papiermüll, Kunststoffresten, Flaschen, Sperrmüll und allerlei sonstigem, undefinierbaren Unrat. Wie kann es sein, dass man eine so bildschöne Stadt nicht aufräumt? Ein Vollblutschwabe bekäme hier gewiss einen mittelschweren Herzanfall, denn Mülltrennung oder gar Entsorgung scheint ein Fremdwort zu sein in Napoli. Immer noch nicht schlauer, ziehe ich weiter und komme im allgemeinen Verkehrschaos beinahe zu Tode. Denn die junge Frau in ihrem rostigen Peugeot schaut einfach nicht - egal, ob da eine kleine Mimi ist, die gegebenenfalls sogar Vorfahrt hat - und fährt mich fast über den Haufen. Und als ich sie vor Schreck laut auf Deutsch anbrülle, glotzt sie mich nur debil an. Ich würde, nach dem Schock vielleicht nicht ganz objektiv, die allgemeine Verkehrslage als pure Anarchie bezeichnen. Sie fahren bei Rot, quetschen sich dicht nebeneinander in enge, einspurige Straßen, fahren plötzlich und völlig unvermittelt rückwärts, und Vorfahrt gewährt wird auch nicht. Ich will hier einfach nur raus, und ein blaues Schild mit der Aufschrift Roma wäre jetzt ganz hilfreich. Doch es kommt keins. Stattdessen fährt hier jeder wie er will. Durch die Straßen irrend beschließe ich, auf die nicht vorhandenen Schilder zu pfeifen und zu meiner alten „Meer-links-Festland-rechts-Methode" zurückzukehren. Tatsächlich finde ich auf diese Weise langsam aus dem Straßenlabyrinth heraus und lande völlig ausgehungert in einem kleinen Ristorante namens „Al Pruneto" hoch über der Stadt. „Wo bin ich hier eigentlich?", frage ich den Kellner, der mit seinen Hosenträgern über dem Kullerbauch ausschaut wie eine Kopie von Obelix. „Na in Bagnoli, wo sonst", ruft er lachend, schnappt sich meine Straßenkarte, breitet sie auf dem Nachbartisch aus und beginnt ein langes Referat. „Ich bin übrigens Enzo, und sie befinden sich direkt über der schönsten Stadt der Welt." Während ich sehnsüchtig auf meine Spaghetti al Vongole warte, markiert er mit einem Kugelschreiber den Weg nach Norden auf einer Panoramastraße, von der man angeblich über ganz Napoli blicken könne. „Unfassbar, dass sie nur auf der Durchreise sind. Ich könnte eine persönliche Stadtführung und sogar eine Übernachtung anbieten." „Leider bin ich in Eile", antworte ich fast wahrheitsgemäß, denn irgendetwas in mir ahnt, dass Enzo noch Single und in Balzlaune ist. Stolz streckt er seinen Bauch heraus und zieht an seinen Hosenträgern, um sich für ein Foto in Pose zu bringen. „Ein Souvenir von Enzo", säuselt er mit süffisantem Lächeln. Schnell betätige ich den Auslöser und sehe zu, dass ich Land gewinne. Wenigstens hat er, was die Strecke angeht, nicht übertrieben. Die Serpentinenstraße bietet die versprochenen Ausblicke auf die nach Enzos Meinung schönste Stadt der Welt.

Das Hafenstädtchen Pozzuoli gefällt mir auf Anhieb. Ruinen und Amphitheater aus der Magna Grecia Zeit sowie das rege Treiben auf der Piazza hatten mich angelockt. Ich erkundige mich beim Polizisten, der so treue Kulleraugen hat, dass ich mich frage, wie dieser Mann jemals eine Waffe bedienen soll, nach einer bezahlbaren Unterkunft.

„Die da muss aber hier bleiben. Hier ist Fußgängerzone!", sagt der Carabiniere auf Mimi zeigend und weist mir einen Stellplatz für meine Rote zu. „Keine Sorge, ich passe gut auf sie auf", errät er meine Bedenken und beschreibt mir den Weg zu einer kleinen Pension mit dem seltsamen Namen „Darsena".

Diese, und somit das rettende Einzelzimmer, befindet sich in einer schmalen Gasse unweit des Marktplatzes, und ich muss dringend Schlaf nachholen. Und außerdem ganz banale, alltägliche Dinge tun, wie zum Beispiel Wäsche waschen. Argwöhnisch beobachte ich erste Auflösungserscheinungen meiner Garderobe und ziehe missmutig mein löchriges Lieblingspolohemd aus der Seifenlauge. Ich bin abgewrackt wie eine Streunerin, habe Handwäsche und Sporttasche langsam satt, gehe ohne Abendbrot zu Bett und schlafe den tiefen, traumlosen Schlaf eines Vagabunden.

12.10. Starkregen weckt mich. Es ist neun Uhr morgens, und ich kann nicht losfahren. „Nehmen sie meinen Schirm, damit sie Frühstücken gehen können", bietet mir Concierge Antonio an. „Ich passe inzwischen auf ihre Sachen auf. Dies ist ihr einziges Gepäckstück?", fragt der Glatzkopf ungläubig. Ich habe Vertrauen zu dem älteren Herren und erzähle die Kurzversion meiner Reise, worauf der nur lachend mit dem Kopf schüttelt. „Sie sind ja eine Verrückte!" „Danke, das höre ich öfter", entgegne ich und kehre in der viel zu modernen Bar direkt an der Piazza ein, nur weil mir der Kellner gefällt, und bestelle das typische Frühstück: Cappuccino und Cornetto. Ich schaue in ein Paar tiefbrauner Augen und beobachte unverholen den Adonis am nagelneuen Kaffeeautomaten. Ich habe eben andere Kriterien bei der Auswahl einer Lokalität als Alessandro, denke ich und lächle dabei so verträumt, dass der Mann am Tresen dies als Flirt auffasst. Er wird nervös und verzählt sich beim Wechselgeld, was mich widerum nervös macht. Immer noch hungrig ziehe ich weiter ins nächstbeste Café und bestelle nocheinmal dasselbe. Ich vermisse die ausgedehnten Sonntagsbrunchs in der Heimat. Sehnsüchtig an ein Käsebrot denkend, würge ich das widerlich süße Cornetto herunter, sehe zu, dass ich zahle und laufe ziellos durch den Regen von Pozzuoli. Eine Frau schrubbt hingebungsvoll die Schwelle der hiesigen Kirche, der Regen plattert auf das Kopfsteinpflaster, die Passanten flüchten unter die Markisen der Straßencafés, und ich habe Heimweh - zum ersten Mal überhaupt.

In der Lobby hat Antonio anscheinend geplaudert, denn als ich zurückkomme, löchern mich ein paar Männer mit Fragen. Ich habe keine Lust zu reden, doch der Regen ist zu stark zum Losfahren. Die aufgedonnerte Ehefrau von einem der Herren lamentiert lautstark über den Regen und den Umstand, dass nun ihre Bootstour ausfällt. Da weist sie ihr Ehemann zurecht. „Hör auf zu meckern, Aurelia, diese Frau hier ist mit dem Motorino aus Deutschland bis hierher gefahren und möchte heute noch nach Rom!" Doch

Aurelia schaut mich nur an, als wäre ich geisteskrank. Ach hätte ich Antonio doch bloß nichts von meinem Abenteuer erzählt.

Am späten Vormittag komme ich endlich los, finde aber die Strada Provinciale in Meernähe nicht, und auf die neugebaute, vierspurige SS 7 möchte ich nicht fahren. Ich lande in einem endlos langen Tunnel, fahre Slalom um die riesigen Wasserlachen und fühle mich mal wieder wie die Hauptfigur eines Jump-and-run-Spiels. Es ist stockfinster im Inneren des Tunnels und deutsche Sicherheitsstandards sind das reinste Wunschdenken - und dass die Autofahrer sich an die Verkehrsregeln halten auch. Ohne Licht kommen sie in einem Affenzahn angeprescht, sie drängeln, fahren beim Überholen so nah an mir vorbei, dass ich dabei fast jedes Mal komplett nassgespritzt werde. „Stronzo", brülle ich, zu Tode erschrocken, durchnässt und wenig später auch durchgefroren. Das ist echt nicht mein Tag heute, und das Meer als Orientierungshilfe fehlt schmerzlich. An der nächsten Tankstelle frage ich, wo ich bin. „Quarto", antwortet die junge Angestellte. „Wo zum Teufel wollen sie denn hin?" „Nach Rom", antworte ich kurz. „Ja aber wo kommen sie denn her?" „Aus Deutschland." Es ist zum verrückt werden - ich möchte kein Interview geben, sondern eine simple Auskunft. Drei Männer betreten die Tankstelle. „Die Frau hier ist aus Deutschland mit dem Roller gekommen und will nach Rom", sagt sie, und wieder prasseln die Fragen auf mich ein. „Sie müssen nach Cuma", erlöst mich endlich einer der Männer, als ich schon wünschte, ich hätte diese Tankstelle nie betreten.

Irgendwann finde ich Cuma, doch es will einfach nicht leichter werden an diesem verregneten Oktobertag. Ich verfahre mich erneut, und dann stürzen sie plötzlich aus dem Gebüsch - zwei wilde, zähnefletschende Hunde, die mich als ihr Mittagessen betrachten. Ich brülle so laut, dass ich Halsweh habe und presche mit Vollgas davon, um ausgerechnet jetzt, in einer Sackgasse zu landen. „Merda" - ein kurzer Fluch, und es beginnt von Neuem - Vollgas geben und brüllen, bis die Biester irgendwann aufgeben. Na das läuft ja super! „Dann nehme ich eben die elende 7, egal, ob vierspurig oder nicht", fluche ich, als sich endlich mal eines der rar gesäten blauen Verkehrsschilder zeigt. Aber der Abzweig nach Rom ist gesperrt, doch das hält die Einheimischen nicht davon ab, galant an der Absperrung vorbei zu fahren. „Do it as the romans do", denke ich mir und fahre ihnen hinterher, und zu meinem Erstaunen lande ich auf der alten SS 7, der legendären Via Appia, über die Herr Doktor Neumann im Lateinunterricht ausführlichst berichtet hat. Doch die einst blühende Handelsstraße führt immer geradeaus durch trostlosestes Terrain - Tomatenfelder soweit das Auge reicht, Schwarzafrikaner, Araber mit langen Bärten und Prostituierte, die untätig am Straßenrand herumstehen. Man erkennt gut, dass die alte 7 einst die Hauptverkehrsader zwischen Rom und Neapel war. Die dichte, flächendeckende Bebauung am Straßenrand, die vielen verlassenen Geschäfte, Hotels, Firmengebäude und Cafés weisen darauf hin. Heute wirkt die einst so ehrwürdige Via Appia wie eine Geisterstraße. Während der ganzen Fahrt sehe ich nur eine einzige weiße Frau, alle anderen sind Schwarzafrikaner, und ich frage mich, wie es in dieser Region wohl mit der Integration steht. Eine Prostituierte winkt mich zu sich heran, doch als sie erkennt, dass ich eine Frau bin macht sie eine verärgerte Geste. Die Tatsache, dass das älteste Gewerbe der Welt einer der ältesten Frauenberufe ist, lässt die Feministin in mir vor Wut an die Decke gehen. Es ist so frustrierend und bitter - der traurigste Streckenabschnitt seit Taranto. Auf dieser Etappe gibt es nichts schönes oder tröstendes - kein Meer, keine milde Landschaft - nur Ghettos, Armut und Monokulturen. Und dabei liest es sich in unseren heimischen Supermärkten doch immer so schön: Tomaten aus dem sonnigen Campanien. Pustekuchen! Die Tristesse der Umgebung überträgt sich auf meinen Gemütszustand. Ich habe Hunger, möchte aber keine Pause machen in dieser elenden Gegend - mein Bauchgefühl hält mich davon ab. Die Strecke ist öde und langweilig. Venezia, Rimini, Assisi, der Gargano, Trani, Bari, Brindisi und Lecce, Santa Domenica di Ricadi, Sicilia, Tropea, Sorrento, Napoli, buchstabiere ich monoton die Stationen dieser Reise durch, und als ich aus meiner Träumerei erwache, ist plötzlich der Müll am Straßenrand verschwunden. Die Tatsache, dass man wieder einen grünen Streifen seitlich des Asphalts erkennen kann, verwirrt mich, hatte ich mich doch inzwischen an die Allgegenwärtigkeit des Schmutzes gewöhnt. Bin ich jetzt wieder im Norden? Und gibt es in Italien so eine Art Müllgrenze, die Nord- und Süditalien sichtbar voneinander trennt?

Immerhin bessert sich das Wetter, und ab Sperlonga fahre ich endlich wieder lungomare. Die SS 148 ist zwar vierspurig und stark befahren, doch ich weiß, dass dieses Kilometerschrubben zielführend ist: Mimi ante Portas.

Es ist 19 Uhr, der Asphalt klatschnass und es dämmert schon über den Wohnblöcken am Stadtrand. Die Ampel schaltet auf rot, und es erscheinen zwei Clowns, die jonglieren und Geld dafür wollen, aber niemand gibt ihnen etwas.

Der Hauptbahnhof mit Namen Termini ist leicht zu finden und bietet reichlich Hostels in der Nähe. Doch die sind ausgebucht. Nur das M+J Hostel in der Via Solferino hat noch 1 Bett im 8-Mann-Zimmer für stolze 30 Euro frei. Ich buche für 4 Nächte. Auf dem Tresen in der Lobby liegt ein Italienischcrashkurs für dummies. Da steht: „si, no, grazie, prego and to all flirty young romans: no, vai via". Vermutlich hat die stark tätowierte Frau am Empfang, die mit ihrer geballten Ladung an Piercings aussieht wie ein Mann, diesen kleinen Leitfaden hier verfasst. Zweifelsohne hält sie sich jeden Mann vom Leib. „Frag den hässlichen Typen unten in der Bar. Der weiß alles", antwortet sie schroff auf meine Frage nach einem sicheren Parkplatz für Mimi. Ich betrete die Hostelbar mit dem vielversprechenden Namen „living room" und halte Ausschau nach einem hässlichen Typen. Am Tresen stehen zwei Männer, und ich entscheide mich für den linken mit den dicken Rastazöpfen. „Du kannst deinen Scooter hier unten am Fenster stehen lassen. Da habe ich ihn im Blick", spricht Mr. Hair mit tiefer Stimme, was mir sofort ein unglaublich ruhiges Gefühl gibt. Er wird meine Kleine beschützen, und ich fühle mich gleich zu Hause und geborgen im „living room". Dieses Gefühl verstärkt sich noch, als ich auf den Bildschirm oben an der Decke schaue. Dort läuft ZDF, und Deutschland besiegt gerade Irland mit 6:1 mit einem Traumtor von Toni Kroos.

In Zimmer 15 finde ich keinen Schlaf, denn unten im „lr" legt Mr. Rastafari gerade dröhnende Elektromusik auf. Ich setze mich auf die Fensterbank und schaue über die Dächer von Rom. Unter mir lebt die Straße. Gelächter, das Rauschen der vorbeifahrenden Autos und der leirige Singsang eines Betrunkenen vermischen sich, und ich frage mich, ob diese Stadt jemals schläft. Auch die anderen, noch unbekannten Zimmergenossen, denken nicht ans Heimkehren. Ob Rom deswegen urbs aeterna, ewige Stadt, genannt wird?

13.10. Der Duft von Haarspray beißt in der Nase. Die Dunstwolke kommt vom Bett gegenüber. Dort sitzt ein blondes Katalogmodel von vielleicht zwanzig Jahren, das seine Löwenmähne mit Rundbürste und einer weiteren Ladung Haarspray zu bändigen versucht. Ungläubig schaue ich auf mein Handy. Es ist zehn vor acht. Die Beautyqueen gehört zu einer Gruppe von sechs jungen Damen, die alle gleich aussehen mit ihren langen, blonden Haaren, ihren strahlend weißen Zähnen und den modischen Hornbrillen, die angeblich Intelligenz ausstrahlen sollen. Und sie cremen, sprühen, kämmen und stylen, was das Zeug hält. Mit breitestem kalifornischen Akzent haben die putzmunteren Damen in Windeseile das gesamte Zimmer aufgeweckt. Wann sie geschlafen haben wollen, ist mir ein Rätsel. Der Schnarcher im Bett über mir hat nun aufgehört, Holz zu sägen. Stattdessen gibt er ein dumpfes Stöhnen von sich. Im „lr" läuft das vertraute Radiojingle RTL 102,5. „Rrrtelle - centoduecinque", singt die helle Stimme, und es gibt Frühstück für drei Euro. Mr. Rasta sieht aus, wie ich mich fühle und nippt schweigsam an seinem Cappuccino. Das Nachtleben kann echt anstrengend sein - und Schlafmangel ist ja bekanntlich eine weltweit anerkannte Foltermethode. Es regnet, und eine Schar pakistanischer Regenschirmverkäufer stürzt sich auf harmlose Passanten. Mich werden sie ja wohl nicht ansprechen, denke ich mir, als ich Mimis Sitzbank öffne. „Ombrellone, Signora?", fragt mich da ein junger Typ mit unheimlich weißen Zähnen. Mit finsterer Miene zeige ich auf mein gelbes Regencape und meinen Helm, und er verzieht sich. Kluges Kerlchen. An der Stazione Termini ist mal wieder Super-Mario-Zeit, denn die Römer fahren sportlich - auch bei dichtestem Verkehr. Ich fahre die Via Cavour entlang Richtung Collosseo, und muss höllisch aufpassen, dass ich niemanden überfahre. Denn an den zahlreichen Fußgängerüberwegen wimmelt es nur so von Passanten, die, ebenso wie die anderen Verkehrsteilnehmer, machen, was sie wollen. Und ich bilde mir ein, den römischen Fußgänger vom „pedis turistico" unterscheiden zu können. Der Fremde nähert sich dem Zebrastreifen mit Bedacht und hält für einen Moment inne, mit der sicheren Erwartung, dass die Verkehrsteilnehmer stoppen werden. Bis er feststellen muss, es hält niemand, und er mit ängstlichem Blick hastig die Straße überquert. Der Einheimische hingegen läuft einfach los, mit dem Wissen, dass der Römer nur unter Zwang die Bremse benutzt. Auch die Hupe kommt regelmäßig zum Einsatz, besonders, wenn man nicht schon bei gelb losfährt und es wagt, für eine Sekunde an der Ampel zu träumen. Als ich endlich ins Fahren komme, staunt mein inneres Dorfkind Bauklötze. Diese Stadt ist wunderschön. Immer wieder muss ich anhalten, um zu beobachten, zu fotografieren oder einen Kaffee zu trinken und verliere dabei mein eigentliches Ziel, das Collosseum, völlig aus den Augen. Der Regen stört mich nicht, ich genieße ihn sogar, denn ich habe ja das Cape, den schützenden Helm und Mimi und lasse mich gerne auf zwei Rädern treiben. Die Dimensionen sind gewaltig, die Piazzi und Gebäude riesig, und manche von ihnen sind über 2.000 Jahre alt. Schnell gewöhne ich mich an den traffico intenso, nur an die Taxen nicht - die fahren scharf hier - und so nah an kleinen Mimis vorbei,

dass ich fast ihre Blechkarosse an meinem Regencape spüre. Ich fahre rechts ran und lasse den hupenden weißen Fiat vorbei. Tutto senza stress. Und als ich überhaupt nicht damit rechne, zeigt es sich plötzlich - gigantisch, rund und wunderschön - das Collosseum! Ich stoße einen Jubelschrei aus und drehe ein paar Runden um das antike Rund - oder besser gesagt Dreiviertelrunden - denn mehr lässt die Verkehrsführung nicht zu. Egal, dann fahre ich eben Ellipsen um das Riesenbauwerk - das tut meiner kindlichen Freude keinen Abbruch. Und ich kann gar nicht mehr aufhören. Ich glaube, allein dafür werden kleine Mimi gebaut. Was für ein Spaß! Um mein Glück besser zu fassen, setze ich mich in das kleine Eckcafé mit Blick auf das größte antike Amphitheater der Welt. „Dum colosseum stabit, Roma stabit. Dum Roma stabit, mundus stabit", formulierte einst der Gelehrte Beda Venerabilis, was ungefähr soviel wie „solange das Kolosseum steht, wird Rom stehen, und solange Rom steht, wird die Welt bestehen", bedeutet. Für meine Begriffe hat sich das knapp 2.000 Jahre alte Bauwerk wirklich gut gehalten, und die graue Patina steht ihm gut zu Gesicht. Dadurch, dass ihm eine reichliche Hälfte der oberen rechten Seite fehlt, was ihm seine heutige, charakteristische Form verleiht, entsteht der Eindruck, als habe sich ein Riese ein gewaltiges Stück Beton aus der Fassade herausgebrochen. Überzeugte Pazifisten mögen das Kolosseum, welches übrigens die italienische Fünfcentmünze ziert, eher mit gemischten Gefühlen betrachten, kamen doch hier viele Menschen und Tiere bei Gladiatorenkämpfen und sonstigen Hinrichtungen ums Leben. Damals besonders beliebt war die damnatio ad bestias, die Vernichtung durch wilde Tiere. Dieses Vergnügen war für jeden freien Bürger Roms kostenlos und hielt ihn erfolgreich vom Nachdenken oder gar Revolutionieren ab. Panem et circensis, Brot und Spiele, nannte einst der Dichter Juvenal dieses Phänomen der von der Oberschicht durchaus gewollten Volksverdummung. Schon vor knapp 2.000 Jahren beklagte der Verfasser in einer satirischen Schrift die Abstumpfung der Gesellschaft durch niedere Unterhaltung. Was hätte Juvenal erst über das Fernsehen von heute geschrieben?
Im Laufe der Jahrhunderte wurde der eliptische Bau zunächst als Wohnraum und später sogar als Steinbruch genutzt. Heute dient er hauptsächlich als Wahrzeichen, touristische Hauptattraktion und gelegentlich als Filmkulisse. Nur wenn ein Land die Todesstrafe abschafft, wird das Colosseo politisch. Dann wird es auf Initiative der italienischen Regierung und einiger Menschenrechtsorganisationen 48 Stunden lang in bunten Farben angestrahlt. Echt praktisch, so ein Onlinereiseführer von „Onkel Google"!

Ich bin zufrieden für heute, habe ich doch gesehen, was ich sehen wollte, und die ausgedehnte Stadtrundfahrt mit Mimi reicht als Ersteindruck von Rom. Das muss genügen, denn ich bin mit Helle verabredet - 18 Uhr am gelben M von Termini.

Die strohblonde Frau in hellblauer Jacke fällt schon von Weitem auf, und wir umarmen uns wie alte Freunde in der Fremde. Ich nehme die erschöpfte Backpackerin mit in den „living room", weil ich weiß, dass müde Reisende hier Trost finden werden - und Marios Cappuccino. Schnell sprechen wir über sehr persönliche Dinge. Sie erzählt von den Schlägen, die sie als Kind von ihrer Mutter regelmäßig bekam. Die war als Zigeunerin mit dem Kampf ums Dasein beschäftigt und permanent auf der Durchreise und kannte das nicht anders. Helle ist nun das erste Familienmitglied, das die Kette der Gewalt unterbrochen und ihren Sohn liebevoll großgezogen hat. In ihrer Erzählung schwingt eine große Portion Stolz mit, und ich bekomme feuchte Augen. „Komm, lass uns ein Lokal finden, wo es weder Pasta noch Pizza gibt. Ich kann das Zeug nicht mehr sehen", sagt die kleine Dänin. „Ehe wir noch sentimental werden."

Wir essen orientalisch, kehren anschließend in eine Bar mit einer Terrasse unter Platanen ein und werden recht bald von Antonio aus Neapel in ein Gespräch verwickelt. „Ich weiß, wie ihr am besten Italienisch lernen könnt. Ihr müsst euch einen Liebhaber suchen! Mit dieser Methode habe ich Englisch, Französisch und Russisch gelernt." Helle prustet los. Sie hat nicht unbedingt die besten Erfahrungen mit italienischen Liebhabern gemacht. Antonio ist beleidigt und wendet sich ab. Am Tisch gegenüber sitzt ein blonder Mann von ungefähr vierzig Jahren vom Typ zerstreuter Professor, der Tagebuch schreibt, und wir wetten um ein Bier, ob er Däne oder Deutscher ist. Bingo, Willi ist aus Detmold, und ich gewinne ein kühles, frischgezapftes Nastro Azzurro. Der studierte Jazzpianist arbeitet als Musik-und Religionslehrer und verbringt seine Herbstferien in Rom, weil er eine Schwäche für alte Bauwerke hat.

Es ist schon spät und ich begleite Helle auf einem endlosen Fußmarsch zu ihrer Unterkunft, dem „Sunmoonhostel". Todmüde verabschieden wir uns voneinander und verabreden uns wieder. „Bis morgen am gelben M. Gute Nacht!", rufe ich der Dänin hinterher, und schlagartig mir wird bewusst, dass ich zurück muss - durch das ganze Bahnhofsviertel - und das zu Fuß und ganz allein! Ein subtiler Gestank ist mein Begleiter. Der Fußboden ist mit einer gleichmäßigen Schicht aus Bierdosen, Papiermüll und Zigarettenstummeln bedeckt - dazwischen liegt hin und wieder ein dösender Obdachloser im Schlafsack. Beim Anblick einer schlafenden jungen Frau unter einer Laterne läuft mir ein eiskalter Schauer über den Rücken. Was ist diesem Mädchen nur passiert, dass es in diesem zarten Alter schon auf der Straße schlafen muss? Ich beschleunige meine Schritte, und ich spüre meinen Puls rasen. Wie kann ich nur so dämlich sein und weit nach Mitternacht mitten durch dieses zwielichtige Viertel spazieren! Im angeregten Gespräch mit Helle, war mir das Elend um mich herum gar nicht aufgefallen. Plötzlich ertönt ein Krachen, und ich sehe, wie ein halbes Dutzend Jugendlicher unweit von mir mit einem Baseballschläger gewaltsam auf das Trottoir einhämmert. Jetzt weiß ich, wie sich echte Furcht anfühlt und flüchte in die nächstbeste Imbissbude direkt vor meiner Nase. Der Verkäufer erkennt meine Lage sofort und ruft mir umgehend ein Taxi.

„Signora, das ist nicht die beste Gegend, die sie für einen Mitternachtsspaziergang ausgewählt haben", ermahnt er mich und stellt mir ein Glas Wasser auf den Tresen. „Hier, trinken sie. Das Taxi wird gleich da sein." Mein Schutzengel trägt also das Gewand eines Dönerverkäufers. Dankbar nehme ich im Taxi Platz, und das Geplapper des älteren, sympathischen Fahrers beruhigt mich. Im Radio läuft „Gente di mare" von Umberto Tozzi, und ich muss an die Frühstückspausen in der Scuola Conte Ruggiero denken, als wir dieses Lied lautstark sangen. Ich summe leise mit, und der Fahrer pfeift dazu. Ich erzähle von meiner besonderen Beziehung zu diesem Lied, und auch für ihn hat es eine besondere Geschichte. Zu diesem Lied hat er seine Frau zum ersten Mal geküsst. Das war im Jahre 1987. In dieser Nacht habe ich drei Dinge gelernt. Erstens: Nicht nachts an Bahnhöfen fremder Städte herumstreunen. Zweitens: Taxis sind eine wirklich gute Erfindung und drittens: Umberto Tozzi ist ein guter Opener für eine Langzeitbeziehung. Diese Erkenntnisse kosten mich schlappe 11,50 Euro. Es folgt die nächste schlaflose Nacht im M+J`s. Im Bett über mir schnarcht ein Argentinier, und ich bekomme das Bild der Horde von Baseballschläger-Typen nicht mehr aus dem Kopf.

14.10. Die Californiagirls sind wach, also bin ich es auch. Sie versuchen die betrunkene Audrey aus dem Bett zu bekommen, denn die anderen fünf sind schon fertig geschminkt und wollen endlich shoppen gehen. Hatte ich schon erwähnt, dass die Jugend von heute nervt? Mit der Sonnenbrille über den dunklen Augenringen und einem Kaffee in der Hand warte ich auf Helle. Doch sie kommt nicht, und es gibt nichts Traurigeres als das Warten an den Bahnhöfen europäischer Großstädte. So viele kaputte Leute hetzen an mir vorbei - ihre Gesichter leer, rastlos umherblickende Augenpaare, hastige

Schritte. Ich schreibe Tagebuch im Stehen, das beruhigt, doch nach einer Stunde warten trotte ich missmutig zurück in den „living room". Ohne Worte stellt Mario mir einen Cappuccino vor die Nase. „Traurig?" Ich nicke müde. Gerne hätte ich mich von Helle verabschiedet. Victorias SMS tröstet etwas: „Meet me at 12, Metrostation Via Cavour/Colosseo."
Mimi kennt den Weg, doch kurz vor dem Ziel muss ich absteigen. Straßensperrung. „Heute ist Tag der Umwelt in Rom", klärt mich der Carabiniere auf. Der Vorplatz des Kolosseums ist überfüllt, und es dauert eine Weile, bis ich den dunklen Lockenkopf in der Menschenmenge erkenne. „Renaaata", ruft der Wirbelwind und rennt freudig auf mich zu. Unsere Wiedersehensfreude ist riesig. Neben ihr steht eine ältere Dame von ungefähr 60 Jahren. „This is Judita, the best tourguide ever!" „Nice to meet you!"
Victoria macht Couchsurfing (es geht also in Italien!) bei einer echten Römerin. „Andiamo", sagt diese, „ich zeige euch meine Stadt". Wir stehen am Konstantinsbogen direkt vor dem Kolosseum, und es scheint, als ströme die ganze Stadt in das antike Rund hinein. „Das hat keinen Zweck heute", winkt Judita ab. „Viel zu voll." Victoria ist das egal. Sie hört gar nicht mehr auf, das Bauwunder zu fotografieren und dabei „amazing" zu sagen. Judita lächelt milde. Die Frau mit den dunklen, kurzen Locken hat kluge, gütige Augen und ein Herz für Reisende. „Das Prinzip des Couchsurfing ist uralt. Ich reise schon ewig so. In den Siebzigern war ich in Indien und den USA unterwegs und habe dort bei Bekannten von Bekannten auf allen möglichen Sofas geschlafen. Das ist persönlicher als im Hotel und man ist unmittelbar am Leben der Einheimischen dran", erklärt sie, während Victoria nach der perfekten Kameraeinstellung sucht. Judita ist gelernte Fotografin und arbeitet in der PR-Abteilung von BASF. Doch trotz des regelmäßigen Kontaktes zur Ludwigshafener Mutterfirma, kennt sie nur eine einzige deutsche Vokabel, und die heißt „verrrboten". Wenn sie sie ausspricht, verformt sich ihr Gesicht zu einer einzigen Fratze - die deutsche Sprache ist nicht unbedingt sexy. Wir laufen die Via Sacra hinunter zum Forum Romanum und bleiben am Titusbogen hängen. „Ihr zwei seid wie die Chinesen. Ihr müsst den Ort spüren und nicht knipsen", neckt uns Judita, während wir uns vor dem antiken Torbogen in Pose bringen. „Nun stellt euch schon davor", sagt die Ex-Fotografin lachend. „Ich mache ein Foto von euch." „Amazing", rufe ich und knuffe Victoria in die Seite. „Weiter geht es", sagt unser Tourguide, und wir marschieren schnellen Schrittes die Via Sacra entlang. „Caesarentempel voraus, rechterhand der Tempel von Antonius und Faustina und links der

Tempel von Castor und Pollux, noch Fragen?", zeigt Judita grinsend auf allerlei antikes Gestein. „Alles klar", antworten wir unisono und gackern wie die Hühner. „Auf diesem wichtigsten Platze Roms und somit am Nabel der Welt weideten im Mittelalter die Kühe. Könnt ihr euch das vorstellen? Incrrrredibile!", ruft sie aus, und ich mag es, wie sie dabei das „R" rollt - fast so schön wie die Deutschen Schwestern von Santa Croce.

Wir landen an der Piazza Venezia vor einem riesenhaften, weißen Gebäude mit unzähligen Säulen. „Das ist das Monumento Vittoriano, und wir Römer hassen es. Schaut euch das komische Ding doch mal an. Es passt überhaupt nicht hierher", wettert Judita. „Ständig geben wir ihm Spitznamen. Mein Favorit ist Gebiss, aber Eisberg, Schreibmaschine oder Hochzeitstorte sagen wir auch." „Wie wäre es mit Cheesecake?"

Victorias Vorschlag sorgt für helles Gelächter. „Ich weiß gar nicht, was ihr habt. Ich finde es wunderbar - so süß und so hell, wie ein Käsekuchen eben", sagt Victoria und zieht eine Schnute. Immerhin hat die Wuchtbrumme eines Gebäudes einen Lift, und der bringt uns für stolze 17 Euro hinauf zur schönsten Aussicht über die Dächer Roms.

Die italienische Flagge weht sacht im Wind, der Himmel ist klar, auf seinem tiefblauen Untergrund leuchten winzige Quellwölkchen kühl im Herbstlicht, und am Horizont erahne ich den einst so bedeutenden Hafen von Ostia - davor unzählige Kirchen mit prächtigen Kuppeln, die mit dem Petersdom im Zentrum ein imposantes Panorama bilden. Victorias schwarze Kräusellocken wehen im Wind und ich genieße die Gesellschaft der beiden so unterschiedlichen Frauen. Wieder auf dem Boden, führt uns Judita in eine schlichte Kirche gleich neben dem „Cheesecake", welche von innen wider Erwarten prachtvoll mit bunten Fresken und goldener Decke ausgestattet ist. Victorias Augen beginnen zu strahlen, und für einen Moment wird der texanische Wirbelwind ganz still. „Hier könnte ich locker vier Stunden verbringen", flüstert sie andachtsvoll. „Diese Kirche ist ganz typisch für Rom - von außen nichts besonderes, aber von innen ein Kunstwerk", erklärt Judita, und die Zeit drückt für einen erholsamen Moment auf den Pausenknopf. Ich setze mich auf eine Kirchenbank und muss schmunzeln, als ich an meinen Fauxpas in der Messe bei den bayrischen Schwestern von Assisi denke. „Als die Hostie im Halse stecken blieb" - wäre ein wunderbarer Buchtitel.

Wieder im Freien, ist Judita weiterhin geduldig mit uns. An jeder Ecke halten wir an, um uns in allen erdenklichen Posen vor jeder erdenklichen Sehenswürdigkeit zu fotografieren. So kommen wir zwar nicht vorwärts, haben aber eine Menge Spaß. „Ich habe nie woanders gelebt. Warum auch?", sagt die Vollblutrömerin stolz, und ich kann sie verstehen, suche ich doch schon seit meiner Ankunft einen Grund, für ein Jahr hier zu leben. „Verheiratet war ich nie und Kinder habe ich auch nicht, aber eine Hündin mit Namen Mokka Sacher. Vielleicht ist das der Grund, warum ich mich so gut gehalten habe", antwortet Judita augenzwinkernd auf meine indiskrete Frage. „Was gibt es denn da zu lachen? Das ist doch der perfekte Name für einen zuckersüßen, schokobraunen Hund, findet ihr nicht? Und das Gebäude da vorne ist übrigens das Pantheon, um hier mal ernsthaft bei der Sache zu bleiben!" Jetzt lachen wir alle drei. „Am Beispiel des Pantheon erkennt man wunderbar den Wandel der Zeit. In der Antike kultisches Heiligtum, im Mittelalter eine katholische Kirche, danach eine Grabstätte, und heute ist es ein allseits beliebter Desktophintergrund", fährt sie mit wiedererlangter Fassung fort.

Mit hängenden Mägen erreichen wir die Piazza Navona. „Was nützt all die barocke Pracht, wenn man Hunger hat?" „Victoria, diese Frage ist berechtigt", merke ich an. „Geduld, Geduld Mädels, wir gehen noch ein Stück. Hier an der Piazza ist das Essen überteuert und schlecht. Man muss in den Nebenstraßen essen", sagt Judita. Zur Überbrückung bringt sie Victoria etwas Italienisch bei.

Roma von oben

„Prima lezione: Fame come lupi." Wir landen in einer kleinen Trattoria direkt am Bühneneingang des Teatro Valle, wo Judita ganz nebenbei das Rätsel der traurigen Etappe von vorgestern auflöst. „Campania heißt ursprünglich glückliche Landschaft, weil die Vulkanerde am Fuße des Vesuvs eigentlich fruchtbar ist. Doch heute ist dieser Name bittere Ironie. Heute ist Kampanien das Armenhaus Italiens, und wie du unterwegs gesehen hast, leben dort viele Migranten in prekären Verhältnissen. Billiglohn, Armut, Schmutz, Verfall und Kriminalität - ein von Gott verlassenes Land", seufzt Judita. „Genau das habe ich gestern instinktiv gespürt, und fand es so deprimierend, dass ich keine Lust hatte, dort eine Pause zu machen", sage ich. „Dein Bauchgefühl hat dich gewiss beschützt", meint Victoria, und ich glaube, der lockige Engel hat recht. „Was das Müllproblem im Süden angeht, das löst sowieso jede Region auf ihre Weise, und manchmal versickern die Müllgebühren auf geheimnisvolle Art im Schlamm der Bürokratie oder der Mafia, was oftmals dasselbe ist", schließt Judita schulterzuckend ab.

Mit frischen Kräften laufen wir auf den Trevibrunnen zu. „Achtung, passt auf eure Handtaschen auf!", ermahnt uns Judita. „Die klauen hier!" „Rubano qui", wiederhole ich und finde, dass selbst die schlimmsten Sachen auf Italienisch ganz wunderbar klingen. Es dauert eine Weile, bis Victoria und ich uns durch die Menschenmenge gedrängelt haben, um überhaupt einen Blick auf den göttlichen Quell zu erhaschen. „Ich frage mich, wie die Liebesszene aus dem Film „La dolce vita" mit der Ekberg und Marcello Mastroianni überhaupt zustandekommen konnte", beschwert sich Victoria und klammert sich an ihrer Handtasche fest. „Es könnte sein, dass nicht alles wahr ist, was man im Fernsehen sieht, und das gilt ganz besonders für Schwarzweißfilme", antwortet Judita und hat dabei wieder dieses schelmische Grinsen im Gesicht. „Na kommt, ich zeige euch meine alte Schule", schlägt unser Scout vor und hakt sich bei uns beiden unter. „Auf deinen Schulweg bin ich wirklich neidisch", ruft Victoria. „Du durftest jeden Tag an der Spanischen Treppe vorbei gehen. Das ist ungerecht!" „Ja, das kannst du auch", entgegnet Judita lachend. „Und ganz nebenbei, führt er über 2.000 Jahre altes Kopfsteinpflaster." „Dagegen sind unsere amerikanischen Städte Babies", sagt Victoria lachend. „Unsere deutschen auch - außer Trier vielleicht", gebe ich zu Protokoll. Alles atmet lebendige Geschichte an diesem Ort, und längst vergessene Dinge kommen mir wieder in den Sinn. „753, Rom kroch aus dem Ei", höre ich Herrn Doktor Neumanns Worte. Er erzählte uns die Sage von Romulus, Remus und der Wölfin. Er berichtete von der Entwicklung Roms zur Weltmacht mit seinen verschiedenen Kaisern und ihren großen Schlachten, von Hannibal und seinen 40 Elefanten vor den Toren Roms und natürlich auch von Julius Caesar. „Aber aber meine Herrschaften, Zaesar sagt man doch nicht. Wie wir Deutschen es aussprechen, ist es ganz falsch. Kaesar muss es heißen meine Lieben, Kaesar. Das ist wichtig!" Natürlich erzählte er uns auch von den unterschiedlichen Philosophen wie den Epikureern oder den Stoikern. Er schwärmte von der fortschrittlichen Infrastruktur und den gewaltigen Bauwerken im alten Rom, wie zum Beispiel von der Via Appia, dem Hafen von Ostia, oder der Cloaca Maxima, den Aquädukten, dem Circus Maximus, und natürlich auch vom Kolosseum. Und bei diesem Spaziergang wird all das wieder lebendig.

Doch auch das Rom der Gegenwart fesselt mich, denn die Stadt hat viele Gesichter. Eben läuft man noch durch eine einsame, verträumte Gasse, während an der nächsten Ecke das Leben braust und tost. Eine Nebensaison gibt es nicht, die Stadt pulsiert immer. Trotzdem finden sich erstaunlich viele Oasen der Ruhe, wie kleine, verwunschene Parks mit verschnörkelten Parkbänken oder lauschige Cafés mit einem Regal voller Bücher. Am meisten aber liebe ich diese Weite - dass man Platz und Luft hat zu atmen in dieser lebendigen, ewigen Stadt. Immer wieder finden sich große Freiflächen zum Flanieren und Staunen, und zu guter Letzt so viele beeindruckende Bauwerke wie wohl sonst nirgends. Alle Baustile sind vertreten, von Romanik und Renaissance, Barock und Neoklassizismus, bis hin zur Moderne - und das ergibt einen irren Mix der Architekturen.

Pünktlich zum Sonnenuntergang führt uns Judita hinauf zu einem Aussichtspunkt oberhalb der Piazza del Popolo, und Victoria lächelt beseelt. „Aber das war doch der Plan", sagt sie schelmisch grinsend, als die Sonne gerade ein goldglänzendes Gemälde an den Himmel malt. „This sunset just takes my breath away", staunt Victoria „Yes, this is just awesome."

Die beiden begleiten mich noch ein Stück durch die Dunkelheit, denn Judita will unbedingt Mimi sehen. „Mit diesem kleinen, roten Ding da bist du über 6.000 km gefahren?" Judita steht der Mund offen. „Ja, dieses kleine, rote Ding ist einfach wunderbar!", antworte ich. Noch eine lange Umarmung zum Abschied und Mimi und ich schweben zurück durch das nächtliche Rom im warmen Licht der Laternen. Die Bässe, die aus dem „living room" in das Zimmer 15 wummern sind schon vertraut und vibrieren mich mehr oder minder sanft in den Schlaf.

Sonnenuntergang in Rom

15.10. Tag 3 in Rom: Die California Girls reisen in aller Herrgottsfrühe ab, draußen ist es noch dunkel, und das halbe, hornbebrillte Dutzend ist laut. Audrey knallt, als letztes Abschiedsgeschenk, die Zimmertür ordentlich zu, und dann kehrt Ruhe ein im Zimmer 15. Als ich erwache, steht ein dunkelhäutiger Mann vor meinem Bett und schaut mir direkt ins Gesicht. Ich kreische, und er zeigt seine schneeweißen Zähne. Lacht der schwarze Mann mich etwa aus? Er fasst mir an die Schulter, und ich brülle nur ein breit gedehntes „Nooooooo". Was er sagt, verstehe ich nicht, denn sein Italienisch ist durch seinen fremdartigen Akzent bis zur Unverständlichkeit entstellt. Sterbe ich jetzt? Einfach so? Im Augenwinkel erkenne ich das Logo des M+J-Hostels auf seinem T-Shirt, und mein Pulsschlag verlangsamt sich. „Roomservice?", frage ich ungläubig. Kopfnicken. Ich werde also nicht getötet, ich soll nur das Bett verlassen. Das nüchtern betrachtet kleine, dünne Männlein stellt sich mit sonderbarem Namen vor, den ich schon beim Hören sofort wieder vergesse. Und es stellt für diese frühe Morgenstunde zu viele Fragen. „Aaaah Gerrrrmany, gooood countrrry!", ruft es überschwänglich, und das Interview ist noch nicht beendet. „Have a job? Marrried?", werde ich systematisch auf Heiratstauglichkeit abgeklopft, und ich glaube, wenn ich jetzt nicht sofort flüchte, werde ich mich übergeben. Ich mag es nicht, von wildfremden Männern abgecheckt zu werden wie ein Stück Vieh bei einer Auktion, und schon gar nicht im Nachthemd vor dem ersten Kaffee! Er deutet meinen frostigen Blick richtig und macht sich an die Arbeit. Als ich aus der Dusche komme, ist der Mann immer noch da und bezieht ein Bett. „Umbrrrella?", fragt er und deutet auf den strömenden Regen am Fenster. „No!" Ich will keinen Schirm, ich will meine Ruhe und flüchte in den „lr". Mario empfiehlt mir die Metro, denn es gibt nur zwei Linien in Rom - Linie A und Linie B. Wenig später sitze ich in der krachvollen Untergrundbahn Richtung Vaticano - und ich bereue es sofort. Die dicke Frau neben mir schläft mit offenem Mund und ich bin angewidert von der feuchten Wärme ihres Körpers. Sartres Buch „Der Ekel" kommt mir in den Sinn, und ich frage mich, welche Intensität desselben ich gerade empfinde. „Ottaviano San Pietro", nuschelt es aus dem Lautsprecher. Ich muss raus - zum Glück.

Victoria war mal wieder schlauer als ich. Sie hat online reserviert, musste nicht anstehen und ist längst irgendwo in den unendlichen Weiten des Museo Vaticano verschwunden, während ich in einer Warteschlange feststecke. Diese führt zu einem Rollband wie am Flughafen. Gepäckkontrolle. Der Papst hat nicht nur Freunde, und ich frage mich, wie er Ruhe und innere Einkehr finden will bei diesem Gewimmel. Ich würde wahnsinnig werden, aber ich bin ja auch kein Papst.

Auf dem Petersplatz herrscht reges Treiben. Unzählige Stuhlreihen werden, wohl für eine Audienz, akkurat in Reih und Glied aufgestellt, und drei Männer tragen langsam und bedächtig ein riesiges Holzkreuz quer über die Piazza. Monthy Python würde jetzt sagen: „Jeder nur ein Kreuz!", aber das ware politisch nicht korrekt.

Hat man die Gepäckkontrolle erst einmal überstanden, teilt sich die Schlange in zwei Hälften. Ich entscheide mich instinktiv für die kürzere ohne zu wissen, was mich dort erwartet. Ein Ossi kann das. Ich lande am Lift, der zur Kuppel des Domes fährt, wähle aber die sportlich-sparsame Variante, die da heißt, für fünf Euro 551 Stufen zu Fuß auf einer Wendeltreppe ganz nach oben laufen. Auch diese Entscheidung bereue ich sofort, denn es ist krachvoll im sakralen Rund. Stück für Stück schiebe ich mich inmitten der Menge spiralartig nach oben und komme dabei nicht nur den Deckenfresken sehr nahe. Wäre ich nicht selbst Teil des großen, schwitzenden Ganzen, würde mich dieses groteske Stimmen- und Geruchswirrwarr in schwindelerregender Höhe gewiss belustigen, doch so objektiv will ich heute gar nicht sein. Lieber bade ich in gewollter Griesgrämigkeit. Doch der exklusive Blick auf den kunstvollen Marmorfußboden und das hautnahe Fresko versetzen mich in so kindliches Erstaunen, dass ich ungewollt bessere Laune bekomme. Irgendwann landet unser sportlicher Tross auf einem Zwischendach, und es geht nur noch im Schneckentempo auf einer Art Leiter weiter. Menschen mit einer starken Adipositas bekommen hier Probleme, denn die Treppe ist nur um weniges breiter als mein Unterarm. Auch Platzangst sollte man nicht haben, weil es weder vor noch zurück geht. Stau. „Warum geht`s denn nimmä weidä", jammert das pubertierende Mädel aus dem Hessischen direkt vor mir. „Sicherheitstechnisch is des abä au ned ganz korrekt", stimmt die Mutter in die Elegie ihrer Tochter mit ein. Die Franzosen und Spanier hinter mir nehmen das Warten wesentlich gelassener. Sie lachen und schwatzen als säßen sie im Café nebenan. Das Klagen ist des Deutschen Lust - jede Nation hat eben ihr Steckenpferd. Oben auf der Plattform ist es so voll, dass ich nur mit Mühe ein paar verwackelte Fotos schieße. Ich vermute, die Aussicht ist großartig, wenn man sie nur nicht mit Hunderten anderer Touristen teilen müsste. Der Rückweg geht wesentlich schneller, obwohl die hackenbeschuhte Frau vor mir stakselnd die Treppe blockiert. Ich überhole galant und bin in Nullkommanix wieder unten. Der für Italien so lebenswichtige Sportteil ist hiermit erledigt, und ich staune nicht schlecht, dass der rasante Abstieg direkt im Inneren des Petersdomes endet. Hier ist der Eintritt frei und die Massen verteilen sich wunderbar auf seiner riesigen Grundfläche: unterschiedlich kostümierte und somit gut unterscheidbare Grüppchen von Nonnen und Mönchen in verschiedenster Tracht, Prozessionen von Würdenträgern mit gold-glänzenden Roben und spitzen Hüten, Pfadfinder und allerlei Jugendgruppen mit bunten Halstüchern, und natürlich eine Menge von Pauschaltouristen, so wie du und ich. Ein Mönch kommt mir mit einer XXL-Shoppingtasche von Hugo Boss entgegen, was ein groteskes Bild abgibt, und ich starre ihn unverholen an. Doch er ist das offenbar schon gewohnt und lächelt das Lächeln der permanenten Vergebung. Sogar einen eigenen Bereich für Messstipendien gibt es hier, und ich frage einen deutschen Touristen, was denn das genau sei. „Das sind Messen, die man hier für Verstorbene lesen lassen kann", antwortet er. Quasi für einen guten Aufenthalt im Himmelreich, denke ich und bedanke mich für die Auskunft. Auch hier im angenehm kühlen Inneren des Petersdomes herrscht ein immerwährendes Gewusel und ich spüre instinktiv, dass dieser Ort ein gewaltiges Machtzentrum ist - Hauptquartier und Schaltzentrale der katholischen Kirche mit ihren weltweit über einer Milliarde Mitgliedern. Von hier aus also wird der Glaube dieser einen Milliarde achtsam verwaltet und mit Hilfe von

Regularien und Dogmen, die von unzähligen Priestern in ihre Gemeinden weitergeleitet werden, in kontrollierbare Bahnen gelenkt. Als ob der homo sapiens nicht selber spürte, was Recht und Unrecht wäre, denke ich trotzig - ist für mich doch der Glaube etwas zutiefst privates und persönliches - eine Sache zwischen mir ganz persönlich und Gott sozusagen. „Jeder nach seiner Façon", flüstere ich mir beschwichtigend zu, um das flaue Gefühl im Magen zu verscheuchen, das mich an Orten wie diesen gerne mal beschleicht. Doch es geht nicht weg, also verlasse ich den Petersdom über eine der vielen Seitentüren.

Wieder im Freien erblicke ich zwei bunt kostümierte Männer in Pluderhosen, die berufsbedingt ganz ernst gucken müssen und dabei unglaublich dämlich aussehen - so wie die Helden in den alten Kostümfilmen. Um diese Wirkung noch zu verstärken, halten sie sich demonstrativ an einer mannshohen Lanze fest. Als ob diese Lanzen einen wirklich ernst gemeinten Anschlag verhindern könnten. Ich starre den jüngeren von beiden an und warte auf irgendeine Reaktion, doch der bewahrt Haltung und guckt stur an mir vorbei. Beim anderen hat es auch keinen Zweck. Auch er hält sich stoisch an seinem Speer fest und guckt nur ausdruckslos nach unten. Ich denke, dies ist der nervigste Job der Welt.

Zwei Männer im schwarzen Anzug, die mich irgendwie an die grauen Herren aus „Momo" erinnern, dürfen herein, und eine schwarze Limousine mit getönten Scheiben fährt hinterdrein.

Ich werde traurig, und nur die holde Kunst kann mich jetzt noch trösten. Also ziehe ich weiter Richtung Musei Vaticani, wo sich die Sixtinische Kapelle mit dem wohl berühmtesten Deckenfresko der Welt befinden soll - „Die Erschaffung Adams" von Michelangelo. Doch es kommt ganz anders. An der Mauer des Miniaturstaates treffe ich Ruth, eine Kursteilnehmerin aus der Sprachschule in Santa Domenica in Begleitung zweier jüngerer Damen. Wenn das kein Zufall ist! Die Rentnerin ist auf alten Pilgerwegen von Lucca nach Rom gut 400 km gewandert, und das mit dem Rucksack auf dem Rücken - rund 25 km pro Tag. „Du siehst, man kann nicht nur mit dem Moped pilgern, zu Fuß geht es auch", lacht die vor Energie nur so strotzende, kleine Frau mit den kurzen, grauen Haaren. Jetzt verbringt sie die Herbstferien gemeinsam mit ihrer Tochter und ihrer Enkelin hier in Rom. „Wenn du noch ins Museum willst, musst du dich beeilen, denn es macht gleich zu", sagt sie. Doch ich möchte mich nicht beeilen, sondern diese Begegnung hier genießen. Michelangelo habe ich nun verpasst, doch es macht mir nichts aus.

Auf dem Rückweg ist die Metro sogar noch voller, doch diesmal stört es mich nicht. Zurück in Termini durchnässt mich der kühlende Starkregen, der lautstark auf das Straßenpflaster prasselt. Ich mag den Herbst in Rom. Auf dem Flur des M+J sitzt ein gruseliger Typ mit Glatze, wie in den alten Piratenfilmen, und liest ein Buch. Hoffentlich ist der nicht in meinem Zimmer, denke ich. Doch wenig später kommt ausgerechnet er zur Tür herein, als ich nur mit einem Badetuch um die Hüften im Raum stehe. Ich erschrecke zu Tode und wiederhole mantrenartig den Gedanken „böse Menschen lesen keine Bücher". Als ich aus der Dusche komme, schnarcht er längst im Bett über mir, und wieder finde ich keinen Schlaf. Ich wälze mich verschwitzt im Bett umher. Der Glatzkopf und das Gefühl, in Rom etwas verpasst zu haben, lassen mich nicht zur Ruhe kommen. „Ohne die Sixtinische Kapelle gesehen zu haben, kann man sich keinen anschauenden Begriff machen, was ein Mensch vermag", sagte einst Goethe, und was Goethe einst sagte, das stimmt meist. Doch wie man es auch dreht und wendet - drei Tage sind einfach zu wenig für eine Stadt wie Rom.

16.10. Ich treffe Victoria am goldgelben M und wir gehen in die kleine Pasticceria gegenüber des „lr" und futtern uns durch Variationen von Törtchen und Cassatas. Doch den Abschiedscappuccino nehmen wir drüben bei Mario. Zum Abschied gibt mir Victoria ein kleines Päckchen. „Damit du weiterhin alles genau festhalten kannst. Und schreib ruhig auch von Helle, Ciro und mir." „Das werde ich machen", verspreche ich. „Halt, das Abschiedsfoto fehlt noch", ruft sie. „Stell dich mal vor deine Mimi. Ja, so ist es gut. Say cheeese."

Diesmal ist der Abschied für immer, und ich sehe Victoria noch lange im Rückspiegel winken. Der Quellwölkchenhimmel und die vertraute Via Cavour trösten. Vom Kolosseum verabschiede ich mich auf meine Weise und drehe ein paar Elipsen, bis ich mich losreißen kann. Ich passiere den Petersplatz, denke an die Sixtinische Kapelle im Inneren des Vatikans und schließe einen Pakt mit mir selbst: Ich werde wiederkommen.
Wenn man sagt „alle Wege führen nach Rom", so mag das wohl stimmen, aber aus Rom herauszufinden ist schwer. Judita riet mir, ich solle unbedingt die Via Aurelia nach Norden nehmen, doch ich finde sie nicht. Ich lande auf der SS 2 Richtung Viterbo und muss einen Bogen fahren. Ein Umweg, der sich lohnt, denn die Landschaft ist grün und saftig und nach drei Tagen in

der Großstadt Labsal für Geist und Seele. In diesen herbstlich-nördlichen Gefilden wirkt die Landschaft schon ähnlich der deutschen, und ich empfinde ein seltsam freudiges Gefühl - das Gefühl der Vorfreude. Vorfreude auf die Heimat, und ich spüre, das letzte Kapitel dieser Reise beginnt.

Ich finde die SS 1, die Aurelia, die Straße, die mich 500 km, weitesgehend lungomare, nach Norden führen wird. Und das Meer zeigt sich genauso plötzlich wie es kürzlich verschwand. Doch heute ist es nicht ruhig, sondern wild und brausend. Beim Anblick der schäumenden Wellen wird mir sonderbar ums Herz. Das Meer steht für Freiheit, und ich möchte hier nicht weg, möchte nicht in das Korsett des Alltags zurück. Bei diesem Gedanken krampft sich mein Magen zusammen, und ich muss mich am Straßenrand übergeben - was vielleicht aber auch an den Törtchen liegen könnte. Die großen Schiffe im Hafen Civitavecchias verstärken das Elend noch. Es darf nicht enden, dieses freie Leben, und ich nehme mir ein zweites Versprechen ab an diesem Tag: Dass ich nicht mehr zurückkehre in mein altes Hamsterrad. Nach diesem inneren Schwur und dem Erbrechen geht es mir sofort besser, und die Übelkeit verschwindet. Doch die nächste Baustelle kommt. Stau. Auf dem Fahrradweg fahre ich an der langen Autoschlange vorbei, und weiß, dass es gehen kann - ein freies Leben. Ich muss nur danach suchen.

Die grauen Herren vom Vatikan

Mimi stimmt in diesen Gesang mit ein, und ihr Tacho klickt festlich auf die 7.000 km-Marke. Das feiern wir an der nächsten Tankstelle. Drei Liter Superbenzin für dich und ein stilles Wasser für mich, meine Kleine. An der Zapfsäule sehe ich die erste Tankwartin meiner Reise - eine burschikose, blonde Frau von vielleicht 50 Jahren. „Sie sind die erste Frau, die ich in Italien an der Zapfsäule sehe", rufe ich ihr freudig zu. „Aber Cara, wir Frauen können doch alles", antwortet sie mit einem verschwörerischen Lächeln. Stimmt! Sogar Italien mit dem Moped umrunden ...

Kapitel 10

Es ist halb fünf, und ich fröstele. Fast unmerklich verdunkelt sich der schmale Streifen aus Asphalt, und es dämmert leicht am Horizont. Herbst bedeutet Abschied vom wärmenden Licht der Sommersonnenstrahlen, Fremdeln mit der Kälte - ein bittersüßes Gefühl - eine unbestimmte Sehnsucht der Seele. Der Körper ist konkreter und will in diesem Moment nur eines - warme Sachen, und zwar schnell, sonst fällt er noch vom Roller vor lauter Zittern. In einem kleinen Dorf muss ich meine Hände an einer Tasse Kakao wärmen, bevor sie abfallen. Ich bin im absoluten Nirgendwo hier, sagt die Karte. Das erste Irgendwo ist gelb markiert und heißt Tarquinia. Dorthin muss ich - ins Hinterland. Die hoch auf dem Hügel gelegene Stadt ist schon von weitem zu sehen, und das Schild am Ortseingang beruhigt sofort. „La terra degli Etruschi", steht da. Hier wird es ein Bett für mich geben. Ich passiere das Stadttor und fahre auf ein Kastell mit kleinen spitzen Türmchen zu. Inzwischen bin ich gut im Ignorieren von „traffico limitato"-Schildern und fahre mitten hinein in das Herz dieser Stadt. Wieder muss ich den Polizisten auf der Piazza fragen, und langsam beschleicht mich der Verdacht, dass italienische Gesetzeshüter nur dort stehen, um Streunern wie mir, den Weg zu weisen. Der Carabiniere legt mir die Albergo „Ocrezia" ans Herz. Aber auch hier muss Mimi beim Sheriff stehenbleiben. Ich betätige die speckige Klingel, die zu einem Haus aus Naturstein gehört. Eine untersetzte, stark blondierte Frau von circa 40 Jahren öffnet die Tür, und ich buche sofort, wohlwissend, dass es keine Alternative gibt. Die Patrona, die sich beiläufig als Lucia vorgestellt hat, zeigt mir zwei Schlüssel - als ob ich nicht wüsste, wie zwei Schlüssel aussehen - dreht den kleineren von beiden demonstrativ im Schloss herum und schaut dabei so konzentriert wie Kasparow im Finale der Schach-WM.

„Jetzt bist du dran!", bellt die Hausherrin. Doch ich bekomme den Schlüssel gar nicht erst ins Schloss hinein. Da lacht sie hexenhaft. „Das passiert allen, deswegen sollst du es ja üben, bis du es kannst." Na toll. Ich bin doch nicht blöd. Oder etwa doch? Beim zehnten Versuch beginnt Lucia leise zu beten. „Jesu Christe", stöhnt sie. Nicht hilfreich, denke ich, während die Nachbarn dazukommen und den perfiden Halbkreis der Sensationstouristen bilden. Jetzt bete ich, aber auf Deutsch, und auf ihre Ratschläge pfeife ich. Ich bin mit dem komplexesten Aufschließvorgang meines Lebens beschäftigt. So dumm wie die hat sich hier noch kein Gast angestellt, lese ich in den Gesichtern, und ich will, dass diese Tür jetzt endlich aufgeht. In dem Moment, als ich innerlich aufgebe, begreife ich es: Man muss den Schlüssel schon beim Einstecken leicht drehen, denn gerade passt er nicht hinein. „Alzare", brüllt es aus dem Halbkreis. Heißt das nicht anheben, frage ich mich. „Alzare", brüllt es wieder, und dann öffnet sich endlich der Sesam der „Ocresia". Erleichtertes aufatmen allerseits - die dumme Touristin ist drin. Und hat man das erst einmal geschafft, sie zu betreten, ist die Herberge eine warme, weiche Landschaft aus Velours und Plüsch.

Draußen ist es schon dunkel, und ich sehe einen kleinen Wäscheladen, der noch geöffnet hat. Und jetzt beginnt der schwierigste Teil, nämlich der, dem Verkäufer auf Italienisch klarzumachen, dass ich Funktionsunterwäsche brauche. Ich schaue mich in dem gut sortierten, bis an die Decke vollgestopften Lädchen um, um Zeit zu gewinnen, und krame im Kopf nach passendem Vokabular. Bei Patrizia haben wir oft über Mode gesprochen, und Klamotten bedeutet, wenn ich mich recht entsinne, „vestiti". Also gut, wagen wir einen Versuch. „Buon giorno signore, besogno vestiti - Guten Tag der Herr, ich brauche Klamotten", sage ich mit maximaler Höflichkeit. „Das habe ich mir schon gedacht", antwortet der Verkäufer trocken. Na, das läuft ja super. Ich werde nervös, und wenn ich nervös werde, rede ich wirr, und auf Italienisch wird das nicht unbedingt besser. „Freddo con motorino", fasele ich, was ungefähr soviel wie „kalt auf dem Moped" heißt. Zur Sicherheit mache ich noch eine frostbibbernde Geste, schnaube ein schauspielreifes „brrr" als Zeichen für Kälte und reibe mir anschließend wärmend über den Arm. Der Greis guckt mich mit weit aufgerissenen Augen an, und ich frage mich, was er jetzt besser verstanden hat - die Wortfetzen oder meine Gebärdensprache. Er antwortet nicht, was bedeuten könnte, er hat mich nicht verstanden, oder er hält mich schlichtweg für verrückt. Wenn ich Pech habe, wird er im nächsten Moment einen Krankenwagen rufen, weil er die Nummer der nächsten

Irrenanstalt nicht auswendig kennt. Es folgt ein wundersamer Moment der Stille, in dem der Alte und ich uns in einer Art Kaninchenstarre aus Faszination und Befremden direkt in die Augen schauen. Vielleicht werde ich doch nicht rausgeworfen, kann also weiter angewandte Sprachphysik betreiben. Ich hole etwas weiter aus - nur so zur Sicherheit - und berichte von meiner gegenwärtigen Italienumrundung, der Kälte, dem allgemeinen Platzproblem bei Motorrollern und versuche, die kleinen Wissenslücken mit exaltierten Gesten zu stopfen. „Lo so, sono una pazza, ma besogno vestiti! - Ich weiß, dass ich verrückt bin, aber ich brauche Klamotten!", schließe ich meine Ausführungen ab, und die Miene des Verkäufers erhellt sich. Ein Lächeln. Endlich. Das Eis ist gebrochen, und der geduldige Mann reicht allerlei Variationen von Strumpfhosen und Unterhemden über den Tresen. Dass die italienischen Konfektionsgrößen zum Heulen klein sind, ist heute mein geringstes Problem, und ich kaufe zwei hocherotische Tarnzelte für 30 Euro, die mich gewiss wärmen, mein weibliches Ego allerdings sehr hart auf die Probe stellen werden. „Buon viaggio, pazza - gute Reise Verrückte", ruft mir der Alte hinterher. „Altrettanto - ebenso!", antworte ich, und ich weiß genau, dass diese Impertinenz nur mit Charme wieder wett gemacht werden kann und schenke ihm mein schönstes Lächeln zum Abschied. Wie eine Trophäe trage ich die unscheinbare Plastiktüte über die Piazza und kehre zur Feier des Tages in die nobelste und einzige Trattoria am Platze ein. Es gibt toskanischen Rotwein und Pasta mit Wildschwein. Das ist das einzige Gericht auf der Karte, und ich bin die einzige Kundin. „Es ist Wildschweinzeit, signora!", verkündet Fabrizio stolz und serviert die dampfende Speise. Der Kellner erzählt aus seinem Leben und stopft mich mit Informationen über die Region und ungeordneten Nachschlägen an Pasta voll – oh selige, latinische Provinz! Schwindelig vom Jubel- oder dem Völlegefühl, möchte ich nur noch eines, schlafen. Doch dafür muss ich erst an der elenden Tür vorbei. „Das muss auch mit drei Gläsern Wein gehen", befehle ich mir und würge mit dem Schlüssel am Schloss herum. Mammamia, geht denn heute gar nichts leicht? Fluchen, würgen, fluchen, bis sich irgendwann das Tor zum Reich der Plüschkissen öffnet.

17.10. Selbst auf den verrücktesten Tag folgt ein ganz normaler Morgen, und wenn ich jetzt klug wäre, bliebe ich einfach im Bett liegen und stöhnte den Laut der Morgenmuffel. Das Flyergewirr auf dem Nachttisch hatte ich ganz bewusst ignoriert. Selektive Wahrnehmung oder Ignoranz nennt man das, und dann kommt die SMS des Liebsten: „Achtung, du befindest dich in einem bedeutenden archäologischen Gebiet. Du musst in die Nekropole von Tarquinia und dir dort die ältesten, etruskischen Wandbemalungen ansehen. Welterbe!!!" Gähnend greife ich nach einem der Prospekte vom Nachttisch, und zwischen dem ganzen Ausländisch steht es da - Patrimonio Mondiale - Welterbe. Das Resultat: Ich stehe um halb neun in der Früh als erster Gast am Eingang einer Höhle. Es ist ein klarer Mittwochmorgen, die hügelige Umgebung ist wunderschön, und ich gucke skeptisch in ein dunkles Loch hinein. Mit mulmigem Gefühl laufe ich auf die Gruft zu, es wird immer finsterer, und ich finde keinen Lichtschalter. Zum Glück habe ich die Tür oben offen gelassen, denke ich, als der schmale Gang mich abrupt mit einer Glasscheibe bremst. In Erwartung einer Beule reibe ich mir die Stirn. „Na toll", fluche ich. Glasscheiben und Dunkelheit passen wunderbar zusammen, so wie Sonne und Mond, Mars und Venus, Ying und Yang, Arsch und Eimer - aber egal. Immerhin finde ich einen Lichtschalter, der sich sinnigerweise links neben der Scheibe, also ganz am Ende des Ganges befindet. Ich möchte in diesem Land einmal mit Profis arbeiten!

Es ist kühl hier unten und merkwürdig friedlich für einen Ort des Todes. Ich bin in der Tomba dei Bacchanti - zu deutsch in der Grabkammer der Bacchanten. Das waren die Anhänger des Rebensaftes, nebst Weingott Bacchus, und vermutlich grundsympathische Leute. Ich drücke meine Nase an die Fensterscheibe, welche mich von dem rostbraunen Fresko trennt, um zu verstehen, was ich hier sehe. Ein Paar beim Liebesreigen, ein lyraspielender Musikant, zwei Löwen, die gazellenähnliches Getier zerfleischen, ein Mann mit einer Flöte, ein Trinkender mit einem Kelch - klar erkennbar in fast unnatürlich kräftigen Erdfarben - Bildnisse, die seit 2.600 Jahren an dieser Höhlenmauer kleben. Und ich habe einen Fensterplatz in dieser Zeitkapsel, die stumm durch die Äonen schwirrt. So etwas ist schwer zu fassen. Im Geschichtsunterricht hatte mich das Betrachten dererlei Abbildungen in schlafähnliche Zustände versetzt, doch jetzt, wo ich unmittelbar davorstehe, fesseln sie mich in ihrer Schönheit und Ausdruckskraft. Wie ist es möglich, dass sie so lebendig wirken, als seien sie gestern erst gemalt worden? Vom Forschergeist gepackt und bewaffnet mit einem abgegriffenen Lageplan, ziehe ich nun von Grab zu Grab - wandere von der Höhle des Jägers zu der des Fischers, ziehe weiter in die Höhle der Lotusblüte bis in die Höhle der Unterwelt. Ich drohe aus der Zeit zu fallen - bis es plötzlich voll wird im Orkus. Eine Armada von reiferen Herren in Shorts und bunt besockten Sandalen steigt behäbig in das Reich des Pluto hinab, und die Zeitreise ist beendet.

„Blau war die kostbarste Farbe, und in den Gräbern liegen die reichsten der Etrusker", referiert der Gästeführer. „Wie reich waren sie denn?", fragt ein älterer Herr. „So reich, dass sie sogar Soldaten hatten", erfahre ich und bekomme Platzangst. Am Eingang wartet schon die nächste Reisegruppe. Es sind Norweger. Zeit, in die Toskana zu fahren - das Wunder von Tarquinia ist vorbei.

Ich komme gut voran auf dem Weg nach Norden, fliege vorbei an Montalto di Castro, einem Zeltplatz namens California, an frischgepflügten, schwarzbraunen Äckern, begleitet von einem Schwarm Vögeln, und am Himmel hängen die üblichen Quellwölkchen. Die Luft ist klar, und wir schrubben ordentlich Kilometer an diesem Vormittag. In der gelben Tankstelle 70 km vor Grosseto macht sich der Tankwart über Mimis spärlichen Hubraum von 50 Kubik lustig, doch ich lächele nur milde. Ich träume den Traum von Monte Argentario - einer Halbinsel, die verlockend aussieht auf der Karte. „Molto bello", liest der Mann am Zapfhahn meine Gedanken und zeigt auf einen Ort namens Porto Ercole. Ich nicke kurz, verstaue die Karte und gebe Vollgas. Kurz vor Orbetello muss man den Abzweig auf die SS 440 nehmen, wenn man die Lagunenstadt, die wie ein verkrüppelter Zeigefinger ins Meer hineinragt, erreichen will. Entlang der Bausünden vergangener Jahrzehnte, steuern Mimi und ich an einer Salzmühle vorbei auf einen Asphaltstreifen inmitten des Meeres zu. Vor mir liegen die Berge der Halbinsel, um mich herum wogen die Wellen, und unter mir surrt mein Maschinchen. Wenn ich hier leben würde, würde ich den ganzen Tag diese eine Straße rauf und runter fahren. Ich blinke links und nehme den Abzweig nach Porto Ercole - dem Hafen des Herkules, prügele Mimi auf der steilen Panoramastraße aus dem Ort heraus, geradewegs auf einen steingewordenen Kindertraum von einer Ritterburg zu. „Forte Stella" steht auf der Infotafel, deren Text ich ignoriere. Mimis Motor kühlt im Schatten einer gigantischen Festungsmauer herunter, wobei sie aussieht wie ein buntes Mobilchen von Lego Duplo. Ich schaue auf die Bucht von Porte Ercole, und jenseits der Klippen rauscht das Meer. Das ist womöglich der schönste Ort der Reise - hier oben in den Bergen, im Schatten einer sternförmigen Burg, irgendwo am Mar Tirreno.

Aber ich muss weiter - ich muss versuchen die Halbinsel zu umrunden - das brauche ich für meinen Seelenfrieden. Doch die angestaute Energie verpufft in einer Sackgasse. Schulterzucken, Kehrtwende. Es nützt ja nichts, oder was würde Konfuzius dazu sagen? Wenigstens hält die neue Unterwäsche, was ihre Optik verspricht. Sie hält mich warm auf dem Weg zurück. Ich verabschiede mich von der Sternenburg, heize ein letztes, leidenschaftliches Mal über die Meeresstraße und fahre weiter über Grosseto, Castiglione della Pescaia und Follonica, bis ich in der Dämmerung Piombino erreiche. Hier ist es gut, sagt mein Bauchgefühl.

An der Rezeption des „Hotel Roma" sitzt ein komischer Kauz, der mit der Lupe über eine faltige Gazette fährt. Mit müdem Dackelblick schaut er zu mir auf, um dann das Allerschönste überhaupt zu sagen: „Selbstverständlich haben wir ein preiswertes Bett für Sie. Aber ja, Ihre Vespa steht hier absolut sicher." „Grazie Signore, wollen Sie mich heiraten?", entgegne ich. Er lacht nur und zeigt auf seinen Ehering. So wird das nichts mit uns beiden. Es ist kurz vor Sonnenuntergang und ich sprinte zum Hafen hinunter, denn heute wird der Feuerball nicht irgendwo, sondern direkt über der Insel Elba untergehen. Und mit ein wenig Glück könnte ich noch die Umrisse Korsikas am Horizont schimmern sehen - diese frühen Herbstsonnenuntergänge sind der reinste Freizeitstress! Gerade noch rechtzeitig finde ich eine Bank, füttere die Möwen mit altem Brot und warte auf den Moment, in dem das Sonnenlicht endgültig hinter dem Felsen verschwindet. Windstille, der Flügelschlag einer hungrigen Möwe, Kussgeräusche des Paares nebenan, Sternenaufgang, Viertelmond. Ich muss von den Liebenden weg, weil ich mich in ihrer Gegenwart einsamer fühle, als ich es eigentlich bin, und mir schnell einen Platz suchen, der meine Seele wärmt. Ich streune am Hafenkai entlang und reibe meine Nase an den Fenstern der Kneipen. Das wärmste Licht strömt aus der „Buffalo" Bar, die wie eine Blockhütte aussieht. Sie ist menschenleer, der Typ am Tresen spült seinen Schnaps mit einem ordentlichen Schluck Bier hinunter, und ich bin unschlüssig, ob ich eintreten soll oder nicht. „Come on in. We have enough space here", tönt es kratzig aus dem Inneren. Jetzt muss ich wohl, denke ich und nehme mit leichtem Unbehagen die Speisekarte entgegen. Doch schon ein kurzer Blick hinein überzeugt. Ich nehme einen doppelten Cheeseburger und ein Maß Oktoberfestbier als erholsame Entschlackungsmaßname von den üblichen Teigwaren.

„Writing a book?", fragt der Kellner, der eher wie ein Holzfäller aussieht, mit breitestem, amerikanischen Akzent.

„Maybe", antworte ich und schaue verlegen von meinem Tagebuch auf, denn mir gefällt der muskulöse Typ mit den raspelkurzen Haaren. „I`m Jared from Niagara Falls in Niagara County, welcome to my bar." „Nice to meet you." Er

Weite

platziert zwei Maß Bier auf dem Holztisch, setzt sich zu mir und erzählt seine Geschichte: Vier Jahre Berufssoldat in Afghanistan, danach weltreisender Geschäftsmann und zu guter Letzt die Verwirklichung seines Traumes von einer eigenen Bar hier in Piombino. Das klingt nach einem gelebten Leben. „Alles, was du hier siehst, habe ich selbst gebaut", verkündet er stolz und preist sein Werk in Eiche rustikal. Die für Italien ungewöhnliche Kneipe ist urgemütlich, dennoch läuft das Geschäft schlecht. „Die Eurokrise ist in Italien angekommen", berichtet er mit sorgenvoller Miene und ext ein Glas Jägermeister. „Ich verstehe das nicht. Das hier ist das einzige nichtitalienische Lokal im Umkreis von 50 km", seufzt er und füllt sein leeres Glas. „So, und jetzt erzähl mir deine Geschichte. Ich kann etwas Aufmunterung gebrauchen."
Ich versuche, mein Abenteuer mit Mimi in Worte zu fassen, woraufhin seine Augen zu leuchten beginnen. „How cool is that" strahlt er. „Gib mir dein Tagebuch, dann schreibe ich dir die schönsten Orte in der Toskana auf." „Ich hoffe, deine Lieblingsorte liegen am Meer", antworte ich lallend, denn das Maß Bier beginnt seine Wirkung zu entfalten. „Was, du willst in der Toskana lungomare fahren? Das geht nicht!", sagt der Lebenskünstler entschieden. „Die wahre Toskana ist im Inland. Wenn du nur am Meer entlang fährst, verpasst du das. Warte, ich hole mal eine Karte." Der Barmann skizziert eine

Route auf dem Papier, und ich habe den Eindruck, er würde sie am liebsten selber fahren. „Ach ja, du musst unbedingt die Wildschweinpasta probieren. Es ist gerade Saison. Ich bin nämlich Jäger, musst du wissen", und zum Beweis zückt er ein Foto, wo er mit Flinte, Hut und einem erlegten Tier zu sehen ist. Nun kommen die ersten Gäste. „Bier auf`s Haus für alle", verkündet Jared, und ich beginne zu ahnen, warum seine Geschäfte so schlecht laufen. „Diese junge Frau hier fährt gerade mit einem Fünfziger-Roller um Italien", verkündet er stolz, doch sie gucken nur mit Trauerblick an mir vorbei, und ich erfahre auch bald, warum. „Heute ist es auf den Tag genau ein Jahr her, dass mein Mann bei einem Tauchunfall ums Leben kam. Es passierte hier ganz in der Nähe, und jetzt betrinke ich mich, um diesen Tag zu überstehen", schluchzt die junge Frau hemmungslos. Ihr Begleiter reicht ein Taschentuch, legt den Arm um sie, und Jared gießt noch eine Runde nach. „Das ist mein Geschenk für meine Freundin - Alkohol satt, um den Schmerz zu betäuben", flüstert er. Und ich merke, dass es Zeit ist, zu gehen, denn diese Zusammenkunft hier ist privat. „Ruf mich bitte an, und erzähl` mir, wie deine Etappe war", sagt Jared. Ich verspreche es und küsse ihn zum Abschied auf die Wange.

Fremdschmerz und bayrisches Bier, und mir schwirrt der Kopf. Zurück im Hotel, sitzt Sergio immer noch da, wie ich ihn vor Stunden vorgefunden hatte - mit Lupe und Journal.

„Traurig, Signora?", fragt er. „Nur nachdenklich", antworte ich. „Warte", sagt er und schiebt einen doppelten Bitter über den Tresen. „Trink das, das hilft bei Problemen."

„Diesen Satz habe ich heute schon einmal gehört", entgegne ich und nehme einen vorsichtigen Schluck. Das Zeug ätzt wie Säure in der Kehle. „Diesen Fusel kriege ich nicht runter", protestiere ich und verziehe das Gesicht. „Kein Problem, ich kümmere mich um den Rest", spricht er und kippt das Zeug in einem Guss hinunter. Endlich im Bett, dreht sich die Deckenlampe über mir, und nur wenige Augenblicke später huldige ich dem Gott des Porzellans in innigster Umarmung mit dem Toilettenbecken - das letzte Bier war eindeutig schlecht. Die Sauferei muss ein Ende haben!

18.10. Der Morgen beginnt, wie der Tag endete, und Sergio serviert Kaffee und Cornetto zum Frühstück. „Aspirin?" Ich nicke nur, denn an der Stelle, wo mein Sprachzentrum eigentlich nach italienischen Vokabeln suchen sollte, dröhnen nur Presslufthämmer.

Der frische Fahrtwind und die Arznei verschaffen etwas Linderung und bestärken meine Hoffnung, dass die eben aufgenommene Nahrung diesmal im Körper verbleibt. Mimi und mein Ich befinden sich in einem dicht bewaldeten, toskanischen Irgendwo. Am Straßenrand parken reihenweise Jeeps, und der Knall in der Ferne klingt wie ein Schuss. Mein Verdacht: Wildschweinjagd. Die khakifarbene Vespa im Rückspiegel setzt zum Überholmanöver an. Im Sattel sitzen zwei bauchige, grünbeleibte Herren mit fedrigem Hutschmuck, und der Hintermann, welcher eine Bockflinte auf dem Rücken trägt, droht langsam vom Sitz zu rutschen. Dieser groteske Anblick zerrt ein längst vergessenes Kindheitsbild aus den Untiefen meines Bewusstseins hervor, und ich sehe Vater auf seiner Schwalbe sitzen mit geschultertem Drilling im dunkelgrünen Lodenmantel. Ich muss lachen, weil ich weiß, dass es durchaus sonderbar ist, dass Männer, die Gewehre tragen, Heimatgefühle auslösen können. Auf unserem Forsthof habe ich so manche Jagd miterlebt, zog als Treiber durchs Gebüsch, versank hüfttief im Matsch und musste mir von spottenden Jungjägern aufhelfen lassen. Mit dem Jagdhorn verblies ich die Strecke, aß Erbsensuppe aus der Gulaschkanone, lauschte dem Jägerlatein und dem lallenden „Horridogesang" von Vaters Waidgenossen. Das war die Zeit, als ich wildes, dreckiges Naturkind mit Lotte durch unseren Wald heizte, auf der Suche nach störrischem Schafsvieh oder anderen Abenteuern. Und ich träume von Heinz Gierer, dem Wildschwein am Spieß-Mann, der mir hin und wieder einen Happen zart-blutigen Fleisches zum Naschen zusteckte, um sich anschließend zufrieden sein fettiges Messer an seiner speckbraunen Lederschürze abzuwischen ...

Zur Mittagszeit erreiche ich das beschauliche Städtchen Massa Marittima, und ich verspüre ein unglaubliches Verlangen nach Wildschweinbraten. Im „Tre Archi", direkt an der Piazza, finde ich, was ich begehre. Cinghiale Tagliolini heißt die italienische Variante, und die schmeckt köstlich.
„Danke für das wunderbare Essen. Als Försterstochter weiß ich einen guten Braten sehr zu schätzen", plappere ich, und der Kellner grinst über das ganze Gesicht. „Wo kommen sie denn her?" „Aus Norddeutschland" „Gibt es da etwa auch Wildschweine?" „Aber ja, sehr viele sogar" „Da bin ich aber beruhigt." Helles Lachen. „Die Rechnung bitte!"
Auf dem Marktplatz pulsiert das Leben. Zwei Müllmänner in orangenen Latzhosen schieben Tonnen vor sich her, ein Schulbus speit einen Haufen

Kinder aus, zwölf Glockenschläge dröhnen aus dem Campanile, und die Sonne blendet - es ist Mittagszeit in Massa.

Jareds Weg führt mich weiter in das Landesinnere hinein, durch endlose Wälder auf engen, kurvigen Straßen, begleitet von den modrigen Gerüchen des Herbstes. Die Inseln der Zivilisation heißen Prata, Gabellino, Boccheggiano oder Palazetto, die, jede für sich allein, im weiten Meer laubiger Wildnis schwimmen. Genau in dem Moment, in dem es am absurdesten erscheint, taucht mitten auf einem Feld die Ruine von San Galgano auf. Jared hatte sie als einen mystischen Ort mitten in der Natur beschrieben, um den sich die seltsame Legende vom Ritter Galgano Guidotti rankt, der einst sein Schwert in einen Stein gerammt haben soll.

Ich parke Mimi an der letztmöglichen Zypresse, betrete den gotischen Koloss aus hellem Tuffgestein und schaue hinauf in seine tiefblaue Himmelskuppel, denn dem ehemaligen Zisterzienserkloster fehlt das Dach. Andrei Tarkowski hat hier die legendäre Schlussszene seines Kultfilms „Nostalghia" gedreht und somit San Galgano ein cineastisches Denkmal gesetzt: Verdis Introitus erklingt, der Held sitzt einsam und verlassen auf dem nackten Boden und streichelt einen Hund, während dicke Schneeflocken auf den Boden der Ruine rieseln. Wäre ich Tarkowski, hätte ich einen Greifvogel über das azurne Him-

Wildschwein-Pasta

melsdach schweben und das Werk aus der Vogelperspektive enden lassen, aber ich bin leider kein Kultregisseur. „Warum kann ich denn kein Ritter sein, der Schwerter in Steine rammen kann?", höre ich Jared bierselig klagen, und ich schmunzle, weil dieser Ort perfekt zu dem Träumer passt. Im Inneren des Kirchenschiffs ist es so friedlich und still, dass ich kaum zu atmen wage, geschweige denn den Säulengang entlang zu wandeln. In meinem inneren Ohr höre ich das Requiem summen und stehe regungslos da, versunken in einer Art Standmeditation. Als ich irgendwann erwache, fällt mir wieder ein, warum ich eigentlich hergekommen bin - ich wollte ein Schwert in einem Stein suchen. An der runden Kapelle von Montesiepi erhasche ich das flüchtige Lächeln eines Weinbauern auf seinem Traktor und suche das sakrale Rund nach Schwertern in Steinen ab. Und ich erblicke es tatsächlich - ein Schwert in einem Stein, und es steckt dort gerade so, als wäre es nicht durch einen Felsen, sondern durch den Rahm warmer Butter geglitten. Mit funkelnden Augen hatte Jared von der Legende des Galgano Guidotti berichtet - ein lasterhafter Ritter, dem eines Tages der Erzengel Michael erschienen war, und der sich danach in die Einsamkeit von Montesiepi zurückgezogen hatte, um dort sein Leben dem Gebet zu widmen. Als Zeichen seiner Läuterung rammte er sein Schwert in den Stein, und dort steckt es heute noch - wenngleich auch hinter Plexiglas. Einem Räuber, der versuchte, es herauszuziehen, wurden von einem Wolf beide Arme abgebissen, deren Knochen nun zum Erschrecken argloser Reisender, in einer Vitrine ausgestellt sind - schauderhaft dieser Anblick gelblicher Knochen auf rotem Samt.

Im Souvenirshop nebenan sitzt eine kittelbeschürzte Omi, die jammert: „Sie sind erst die dritte Kundin heute. Wenn das so weiter geht, kann ich meinen Laden hier dicht machen. Wenn Sie wüssten, was allein schon der Strom kostet", winkt sie ab. Ist ja schon gut, ich kaufe ja etwas, denke ich, nehme zwei kitschige Kühlschrankmagnete und sehe zu, dass ich Land gewinne. Warum mir gerade jetzt der ketzerische Gedanke kommt, dass die Armknochen vielleicht von ihrer jammernden Vorgängerin stammen könnten, weiß ich wirklich nicht.

Ich fahre weiter ins nahegelegene Siena, um einen kurzen Blick auf den weltberühmten Dom zu erhaschen, doch es ist mir zu voll in seinem Inneren. Ich entscheide mich für die SR2 Richtung San Gimignano. Doch das kreisrunde, wachturmbespickte Panorama von Monteriggioni lockt mich vom Wege ab, und die Stadt der Türme muss warten. Am Verbotsschild vorbei, fahre ich den Kieselweg bis zum Ende hinauf, parke Mimi am Stadttor unter einem Baum und quetsche mich mitten durch die urbane Enge einer gewaltigen Festungsanlage. Den einstigen Angriffen der verhassten Florentiner mochte sie wohl trotzen, doch gegen den heutigen Massentourismus haben selbst die mächtigen Mauern Monteriggionis keine Chance. Schnell raus hier, lieber drehe ich noch eine schöne Mimi-Runde um die Burg. Hoffentlich wächst sich die Sache mit dem Umrunden von Ländern und Gebäuden nicht zu einem Fetisch aus.

Auf dem Weg nach Nordwesten weichen die Wälder vor einem leuchtenden Meer tiefroter Rebstöcke zurück, Zypressenalleen, Steinmauern und wilde Hecken zerteilen die Weinfelder - Chianti heißt das Zauberwort, und ich bekomme plötzlich Durst. Es ist erstaunlich, wie stark mein Hirn auf die Reizworte Wildschwein und Wein reagiert.

Auch San Gimignano ist mir zu voll - ein schnelles Fior di Latte, eine Postkarte, und ich sitze wieder auf dem Kutschbock. Leere Straßen lassen Platz zum Schlangenlinienfahren durch die postkartenselige Landschaft, und mir wird klar, dass es das Fahren selbst ist, das mich beseelt. Meine Wonne ist rot, stinkt, hat 50 Kubik und knattert gemächlich der Abendsonne entgegen.

In Volterra muss ich ein Bett suchen. Es ist kurz nach Sieben und die Sonne versinkt schon über der Stadt, die die Zahnspangenträger dieser Welt aus diversen Twilight-Filmen kennen dürften. Menschenleer der Marktplatz, ein Windhauch verschiebt das Laub von A nach B, Pflastersteine glänzen im Laternenlicht, und der muffige Geruch alten Gemäuers kriecht durch die dunklen Gassen. Hier könnte man wirklich einen Vampirfilm drehen, aber ich wünschte, Tarkowski hätte es getan. Die Herbergsmutter des B+B „Primavera" weiß über die Vampirfrage genaustens bescheid: „Das Buch spielt zwar in Volterra, aber gedreht wurde in Montepulciano. Man munkelt, die Stadtväter hätten den Regisseur mit Geld überredet, in Montepulciano zu filmen", referiert sie. Ein guter Girlie-Tourist hätte das natürlich gewusst und wäre schon längst in der ca. 120 km entfernten Weinmetropole auf den Spuren Robert Pattinsons gewandelt. Doch ich fernseholoses Etwas erfahre solche Wichtigkeiten nur am Rande. Die Sache mit der Wildschweinpasta finde ich da schon spannender und kehre in eine dieser typischen Tavernen ein, in denen das Wasser teurer ist als der Wein. Il vino fa buon sangue - der Wein macht gutes Blut, besagt ein altes Sprichwort, und für die Gesundheit tut man doch alles - einen Quartolino feinsten Vino Rossos für einen Euro und meine Blutwerte! Preisbewusste Alkoholiker oder Menschen mit Anämie wandern besser in die Toskana aus. Just, als ich beginne, lustvoll meine Gabel um einen Berg Wildschwein-Spaghetti zu kurbeln, höre ich Meckerlaute in mutmaßlich fränkischer Mundart. „De Underkumbft is wirklich des Allerledschte, findst ned auch Siegfried? Und wie die hier Audofahren, wie die erschden Menschn!", beckmessert es vom Nachbartisch. Doch Siggi seufzt nur müde. Er ist Kummer gewohnt. Da kann einem doch glatt die Teigware im Halse stecken bleiben! Vielleicht sollte ich statt dieses Büchleins lieber eine Bittschrift an das deutsche Volk verfassen: „Bitte, bitte entspannt euch, ihr Teutonen oder wie der Jugendliche sagen würde, chillt doch mal, nehmt die Dinge nicht so ernst, geht früher zu Bett oder steht später auf, nehmt euch mehr Zeit für die Menschen, die ihr liebt und achtet die Andersartigkeit eurer Mitmenschen, lasst ruhig einmal fünf gerade sein und tut mal wieder was Verrücktes! In Liebe, Eure Nati."

Wieder an der frischen Luft, danke ich Jared für seine Spitzennavigation durch das wilde Toskanistan.
„So you saw the sword?", fragt er. „Oh yes!", antworte ich. „How cool is that!" Recht hat er.

19.10. „New Moon – Bis(s) zur Mittagsstunde - für nur 30 Euro wandeln Sie auf den Spuren der Twilight-Saga", steht auf dem Kundenstopper vor der Touristeninformation, den ich fast über den Haufen gerannt hätte. Dieser neumodische Vampirwahnsinn nervt gewaltig. So, das musste mal gesagt werden, bevor ich weiterziehe. Ein flüchtiger Blick auf das städtische Amphitheater, und ich bin schon wieder auf der Straße, fahre vorbei an Äckern, deren dunkelbraune Böden vor Nässe triefen, durch dichten Morgennebel, umweht von einem wirklich kalten Wind, als kleiner Vorgeschmack auf den Winter. Kurz gesagt, kein Rollerwetter. Seit meiner verbalen Meisterleistung von Tarquinia allerdings sehe ich der allgemeinen Wetterlage mit Gleichmut entgegen. Seither sitze ich flächenentspannt und total im Reinen mit mir selbst auf meiner Pritsche und harre der Dinge, die da kommen. Heute: Weinfelder, Zypressenhaine, Weinfelder, ein paar Hügel, ein Fluß, ein Schild: „Caravaggio a Legoli", und schon sehe ich mich rechts blinkend die Hauptstraße verlassen. Vielleicht kann ich hier in dieser Einöde ein Werk des Meisters schauen. Doch bevor ich auch an nur irgendetwas Kulturelles denken kann, muss ich in das eine kleine Café gleich neben der Kirche einkehren, wo drei hornalte Männer auf Plastikstühlen Karten spielen und ein fetter Kater auf dem Stuhl daneben döst. Von den Altbauten baumelt Baumwollunterwäsche, eine Glocke läutet, und ich werde beäugt wie eine Außerirdische, die zum ersten Mal ein Tramezzino isst. Und wenn ich mir meine abgewetzten Klamotten so ansehe, kann ich ihre Verwunderung durchaus verstehen, ist doch die Funktionsunterwäsche aus Tarquinia der einzig intakte Teil meiner Garderobe. Vagabundinnen sind selten geworden in unserer heutigen Zeit, und ausgeblichene Hosen und löchrige Polos einer Dame leider unschicklich.

Ich suche lieber nach dem Werk Caravaggios. Ihm ist es egal, wie seine Bewunderer aussehen. Ein Mütterchen legt ihr Buch aus der Hand und führt mich zum Glockenturm hinauf, von dem ein riesiges Plakat heruntergehängt. „Bittesehr, ihr Caravaggio", zeigt sie zum Turm hinauf. „Unser Museum ist leider schon geschlossen". Ich muss meine Enttäuschung verbergen, denn ein Foto ist kein Ersatz für ein Original, doch die Alte freut`s, weil so endlich Touristen nach Legoli kommen. „Sie sind heute schon die dritte, Signora, ist das nicht wunderbar?" Ja, es ist nicht wunderbar, denke ich, bedanke mich artig und schnurre hurtig von dannen.

Im Speckgürtel Pontederas wird es urbaner, und dieser Randbezirk könnte ebenso gut auch zu Wuppertal oder Detmold gehören, denn Plattenbauten kennen keine Regionalität. Ich düse straff auf Pisa zu, doch endlich angekommen, staune ich über die Hässlichkeit dieser Stadt - mal abgesehen von der Piazza dei Miraculi mit ihrem berühmten schiefen Turm. Ich schieße ein schnelles Foto, denn wer weiß wie lange das Ding noch steht, und fahre weiter Richtung Lucca - eine Stadt, mit der ich die angenehmen Erinnerungen meiner Schulabschlussfahrt verbinde. Das war kurz vor dem Millenium, zu einer Zeit, in der Mobiltelefon und Internet noch wirres Zeug für Nerds waren. Das war die Ära der Boybands und des DJ Bobo, eine Zeit, in der man noch Tamagotchis fütterte und Tetris auf dicken, grauen Gameboys spielte, die grausame Epoche der Radlerhose und anderer unverzeihlicher Modesünden, wie der bunt gemusterten Leggins. Ich spreche von der Zeit der de Mol, der Kiesbauer und ganz besonders von Hans Meiser - kurz, die Zeit meiner Jugend. Viel weiß ich nicht mehr von Lucca, außer, dass hier mein liebster Pucchini zur Welt kam, und dass die Piazza deshalb rund ist, weil sie auf den

Grundmauern eines antiken Amphitheaters errichtet wurde. Was mich allerdings auf der Klassenfahrt am meisten beeindruckt hatte, war der allererster Kontakt mit einem tiefschwarzen, koffeinhaltigen Heißgetränk namens Espresso. Nie werde ich vergessen, wie der erste Schluck eines Caffe Latte meinen Gaumen streichelte und wie ich daheim versuchte, das Geschmackserlebnis mit jahrelangen, vergeblichen Experimenten im Filterkaffeebereich zu wiederholen. Erst viel später beendeten die kleinen, sechseckigen Maschinchen meine Suche.

Ich frage mich zur Jugendherberge durch und habe, der Nebensaison sei Dank, nur eine Zimmergenossin. Doch die hat es in sich. Carmela ist eine Vollblutkalabresin mit entsprechendem Temperament. Sie redet ohne Punkt und Komma und fuchtelt dabei wild mit ihren Armen umher. Ich bin erst drei Minuten mit ihr zusammen, und mir wird schwindelig. Zu allem Überfluss beginne ich, die Logorrhoe der Frau mit den streng zurück gekämmten, grauen Haaren und dem Damenbart zu verstehen und warte auf einen günstigen Moment zur Flucht. Sie scheint mein Unbehagen zu bemerken, tätschelt meinen Oberarm und rückt mir immer näher auf den Pelz. Gleich wird sie mich knebeln und mich zwingen, ihre gesamte Lebensgeschichte zu hören. Ich simuliere einen mittelschweren Hustenanfall und komme frei. Endlich auf der Piazza staune ich, wie ich Lucca in meiner Erinnerung verklärt habe. Das Städtlein ist zwar immer noch bildschön, doch die Obdachlosen auf den Parkbänken und die ständig aufheulenden Polizeisirenen sind mir neu, ebenso wie die vielen Radfahrer, die genauso sportlich unterwegs sind wie die Mofas von Napoli. Ob es so etwas wie die Bronx von Italien gibt? Das trübe Wetter passt zur dunklen, melancholischen Stimmung einer Pucchini-Oper, und Robert Pattinson hätte auch ebenso gut hier seine Zähne zeigen können. Ob die Trübsal seiner Heimatstadt Lucca den Meister der Opera Seria zu seinen traurigen Frauenschicksalen inspiriert hat? Lucca erscheint mir heute trüber als damals, und das positivste am heutigen Abend scheint mir die fleischlastige, toskanische Küche zu sein, denn mir ist unbehaglich in dieser Stadt. Ich habe das Gefühl, dass ich verfolgt werde und beschleunige meinen Schritt, bis ich keuchend die Herbergstür hinter mir zuschlage.

Carmela ist noch nicht da, was bedeutet, dass ich unbehelligt zu Bett gehen kann. Zu nächtlicher Stunde poltert das Vollweib herein, knipst die komplette Festbeleuchtung an und macht sich lautstark bettfertig. Ich grolle innerlich, stelle mich aber schlafend, während sie sich reichlich Zeit für ihre Abendhygiene nimmt. Als das Licht endlich ausgeht, bin ich endgültig verdammt, denn die Kalabresin schnarcht wie ein Holzfäller. Nicht einmal die Ohropax helfen, und so tritt der seltene Fall ein, dass ich in dieser Nacht keine einzige Sekunde schlafe.

20.10. „Grazie per il collaboratio - vielen Dank für die Zusammenarbeit, ihr Herbergsleiter Roberto Stasi", steht auf dem Schild neben der Dusche, und die Frau im Spiegel, mit den dunklen Augenringen, ist mir vollkommen unbekannt. Nur ein „fleppo de coffein", wie man hier so schön sagt, ein Schuss Koffein kann mich jetzt noch retten. „Ecco il tuo cappucchino, bimba", sagt der Kellner mit spitzbübischem Lächeln. „Hey, ich bin kein kleines Mädchen", antworte ich mit gespielter Entrüstung. „Doch, du bist ein kleines Mädchen", entgegnet er. Solange er mich nicht Großmutter nennt, ist ja alles in Ordnung, denke ich und wische bald darauf die ersten Tautropfen von Mimis Sitzbank. Es ist ein wunderschöner, klarer Samstagmorgen, und ich werfe einen letzten Blick auf die beeindruckenden Wallanlagen. Jedoch bevor ich mich richtig von Lucca verabschieden kann, winkt mich die Kelle des Grauens zu sich heran – Polizeikontrolle, und mein Herzschlag beschleunigt sich. Ich ziehe Personalausweis und Führerschein aus der Bauchtasche, Polizist und Polizistin beäugen beides skeptisch und telefonieren lange. Eine Deutsche auf einem Moped erwartet man hier wohl nicht. Ich werde nervös, denn die beiden Beamten diskutieren und wedeln mit meinen Papieren herum. Ich gebe ja zu, dass mein Licht kaputt ist und werde das Bußgeld anstandslos bezahlen, schwöre ich innerlich, während meine Ängste wachsen. Mein alter, lappriger Führerschein in zartem Rosa ist doch noch gültig, oder hätte ich mir längst eine neumodische Chipkarte besorgen müssen? Was passiert, wenn er ungültig ist? Komme ich dann ins Gefängnis? Die beiden Beamten kommen auf mich zu - der Moment der Urteilsverkündung ist da. Die beiden wechseln einen kurzen Blick, und ich darf weiterfahren. Welch Erleichterung! Das defekte Licht hat sie überhaupt nicht interessiert, wie es hier in Italien überhaupt niemanden zu kümmern scheint, auf welchen Schrottvehikeln man sich fortbewegt.

Kurz vor Massa Rosa auf der SS 443, als sich mein Puls gerade wieder normalisiert hat, sehe ich kurioses Verkehrsschild mit der Aufschrift „Pucchini". Soll das etwa ein Ort sein? Wenn ja, muss ich, Freundin der italienischen Oper, diesen dringlichst besuchen. Immerhin verdankt Mimi der Hauptfigur aus „La

Boheme" ihren Namen. Ich folge den Hinweisschildern und lande nicht etwa am Geburtshaus des Komponisten, sondern vor einer Bar namens „Sexy Disco" mit Tabledance, Stripshow und der gesamten Palette käuflicher Erotik. Ob sich die Damen zu italienischen Opernhits entkleiden? Die Gilda-Arie „Sempra libera" aus Verdis „La Traviata" bekäme dann erst einen tieferen Sinn ... An diesem Vormittag ist es jedoch still vor dem Etablissement - neue musikwissenschaftliche Erkenntnisse können somit nicht gewonnen werden. Das bedeutet Kehrtwende und ab ans Meer. Toskana, ich kehre dir den Rücken. Ich habe genug von dir.

Kapitel 11

Fast wie von selbst rollt Mimi die 439 hinunter auf den Strand von Viareggio zu, wobei seltsame Gedanken durch meine Hirnschalen wandern. Schuld ist die „Sexy Disco Pucchini". Sie hat das Kopfkino angeknipst und spult nun obskure Filme vor dem inneren Auge ab. Ich sehe ein Bordell in Bayreuth, das den Namen „Venusberg" trägt und kurz darauf ein Bonner Freudenhaus mit Namen „Erotica", wo alle neun Beethovensinfonien in Endlosschleife laufen und der Gast beim Erkennen des Schicksalsmotives aus der Fünften einen Gratiscocktail erhält - eine groteske Vorstellung!

Die frivole Gedankenblase zerplatzt an einer steinernen Wand bestehend aus den Hotels, Restaurants und Casinos der Badeorte Lido di Camaiore, Forte dei Marmi, Capanne-Prato-Cinquale, Marina di Carrara und Marinella di Sarzana.

Erst hinter La Spezia lockert die Betonfaust zögerlich den Griff während meine Rote mit einer mittleren Geschwindigkeit von 25 km/h die Serpentinen Richtung Cinque Terre hochkraucht. Ihr plärrendes Motorengeräusch nehme ich schon gar nicht mehr wahr, klingt es doch seit ungefähr 7.800 km so, als wolle der Auspuff jedem Moment abfallen.

Jenseits der Leitplanke tost die Ligurische Riviera, linkerhand führt eine grüne Treppe aus unzähligen Rebstöcken himmelwärts, und unten im Tal kleben pastellfarbene Häuser an den Felswänden. Das könnte schon Riomaggiore sein, die erste der „fünf Erden". Mein Ziel heißt indes Manarola, aus dem einfachen Grund, dass „Nummer zwei" ein Hostel zu bieten hat und die anderen Orte nicht. So einfach ist das Leben im Budgetbereich.

Manarola liegt an der Spitze eines gewaltigen Berges, und ich finde das Hostel auf Anhieb. Es befindet sich direkt gegenüber der Kirche, in deren Schatten ich Mimi abstelle. Natürlich gibt es Schilder, die das verbieten (das gesamte Dorf ist eine einzige „traffico limitato"-Zone), doch ich ignoriere diese und fahre bis direkt vor die Tür. Rollerfahrer dürfen das. An der Piazza gibt es keine Autos, dafür aber eine Menge bunter Schiffchen, die parken wie Autos und dem Ort ein verschlafenes Antlitz verleihen.

Im Ristorante mit Aussicht fädle ich gerade ein paar Spaghetti al Ragu auf meine Gabel (im restlichen Teil der Welt heißt das übrigens Bolognese), als plötzlich eines der Boote an mir vorbeirollt. Drei Männer schieben es vor sich her, gefolgt von einer Schar schaulustigen Volkes. Ich lasse die Gabel fallen und gehe mit ihnen. Am Rande der Klippe kommt der Tross zum Stehen. Auf Drei wird der Kahn gehoben und per Fernbedienung zu Wasser gelassen. Zeitlupenartig bewegt er sich nun auf den wogenden Abgrund zu, an dessen Ende ein Männlein auf seinen Empfang wartet. „Nu gugge mal Erika, een flieschendes Boot", staunt es, und der reifere Herr aus dem Sächsischen links von mir schickt sich an, seine „Praktika" umgehend auf das Sensationsobjekt auszurichten.

Manarola-Boote sind die neuen Autos

Unterdessen überzeugt sich seine Gattin mit nur wenigen routinierten Kontrollgriffen vom perfekten Sitz ihrer Frisur und bringt sich strahlend davor in Pose. Der juvenile Tourist hingegen sucht mit überdimensionierten Tablets nach dem perfekten Winkel für sein Foto (schließlich soll es sogleich bei facebook gepostet werden) und sieht dabei ungefähr so aus, als hätte er ein digitales Brett vor dem Kopf. Als der Nachen, endlich unten angekommen, gemächlich von dannen gleitet, löst sich die Menschentraube wieder auf - und meine Spaghetti sind kalt. Ich frage mich, wer auf die glorreiche Idee kam, in dieser unwirtlichen Gegend ein Dorf zu bauen. Allein schon der Gedanke an derartige Mühsal ermüdet mich, und ich beschließe, den Rest des Tages auf einem Felsen zu verbringen. Dabei werde ich mich keinen Zentimeter fortbewegen - als stummes Plädoyer für den Müßiggang. Und wie ich dort so friedlich vor mich hin atme, weht der Duft feinsten, chilligen Doppelapfels zu mir herüber. Eine Gruppe Jugendlicher vom Gestein nebenan hat ihre Shisha ausgepackt und lässt nun den Schlauch der Entspannung herumwandern. Der Dunst verstärkt meinen ohnehin schon süßen Dämmerzustand und kitzelt sanft in der Nase. So vergeht der Tag.

Die „Via del Amore", welche Riomaggiore und Manarola auf dem Fußweg miteinander verbindet, ist gut frequentiert. Doch statt Liebespaaren tummeln sich wanderbeschuhte Outdoorhelden in atmungsaktiver Kleidung auf dem Pfad. Im Dorf Corniglia gegenüber gehen schon die Lichter an, die Sonne blitzt nur noch als kleiner, violetter Punkt zwischen zwei bauschigen Wattewolken hervor, und das Meer stellt sich tot. Zeit, die Hostelbar aufzusuchen. „Want to share?", fragt eine kleine, blondgelockte Frau, die mir mit charmantem Lächeln eine Karaffe Rotwein entgegen hält. „Sure", antworte ich. Die Grinsebacke heißt Camille und ist mir sofort sympathisch. Nach ihrer Weltreise möchte sie als Regisseurin am Theater arbeiten, aber sonderlich eilig hat sie es damit nicht. „Ich will erst die Welt sehen, arbeiten kann ich dann immer noch", spricht sie und erhebt ihr Glas. Darauf trinke ich gerne. Von meiner kleinen Theaterwelt erzähle ich lieber nichts. Ich möchte der jungen Frau nicht die Illusion eines freien, schöpferischen Künstlerlebens nehmen. Ich gehe lieber zu Antonio, Chianti nachfüllen, als ich ein bekanntes Gesicht sehe. Es ist Catherina aus Melbourne, die sich gerade mit Pasta und Vino bewaffnet. Oh wie ich diese kleine, italienische Backpackerwelt liebe! Bis in die frühen Morgenstunden hocken wir beisammen, holen die Flausen aus unseren Köpfen, schmieden Pläne, verwerfen sie wieder, wir lachen, trinken, tauschen Lebenskünstlerlatein aus und singen das Lied von der glücklichen Suche. Gegen drei Uhr morgens löst sich die Runde auf, aber im Schlafsaal brennt noch Licht. Zimmergenossin Audrey sitzt auf dem Doppelstockbett und befüllt ihr Tagebuch. Die Rucksackreisende aus San Francisco ist schon seit fünf Jahren unterwegs und finanziert ihr Abenteuer mit Gelegenheitsjobs. „Gibt es Schnee in Schottland?", fragt sie. „Ich habe nämlich ein Jobangebot aus Glasgow erhalten", fügt sie an. „Also, wenn du wirklich Schnee sehen möchtest, würde ich nach Island oder Alaska reisen, aber Glasgow soll ja eine tolle Stadt sein", murmele ich, drehe mich auf meine Schlafseite und höre nur noch, wie Audrey irgendetwas von einer Kirche faselt, bis ich endgültig ins Koma falle.

22.10. Um sieben Uhr in der Früh` stehe ich im Bett. Draußen donnert die Kirchenglocke. „Sag` nicht, ich hätte dich nicht gewarnt", lacht Audrey. „Gestern Morgen hat sie ganze 38 Mal geläutet. Ich habe jeden einzelnen Schlag gezählt", verkündet sie stolz. „Na, herzlichen Glückwunsch", erwidere ich und ziehe mir stöhnend die Decke über den Kopf. Im Frühstücksraum stieren die Gäste auf ihre Tablets und Smartphones, und wie sie so suchen und buchen, entgeht ihnen die friedlich verträumte Morgenstimmung auf der Terrasse. Es weht ein laues Lüftchen, die Vögel brüllen, die Sonne hat schon ihr strahlendstes Licht angeknipst, am Himmel wirbeln sich winzige Schleierwölkchen zu wundersamen Gebilden zusammen, und aus der Küche weht ein feiner Kaffeeduft. Ich fahre mit dem Finger über die Landkarte bis nach Menton und wieder zuruck. Ich muss mich entscheiden. Gehe ich auf Nummer sicher und nehme den direkten Weg zum Autozug, oder schaffe ich es noch, die Via Aurelia bis nach Frankreich hinunter zu fahren? Ich vertage die Entscheidung und breche auf.

An Mimis Sitz flattert ein Knöllchen. Nach unzähligen Verstößen gegen die Straßenverkehrsordnung, die bisher niemanden interessierten, ist dies nun der erste zaghafte Kontakt mit dem Arm des Gesetzes. Ich zerknülle das Papier, stupse es vom Sitz und stopfe die Tasche in das Topcase. Die „Poste Italiane" wird sich der Sache schon annehmen. Wobei, wenn ich mir die fröhlichen Beamten auf Capri so bei der Arbeit vorstelle, ist die ordnungsgemäße Zustellung eines Bußgeldbescheides ernsthaft anzuzweifeln.

Auf der schmalen SP 51 kringeln wir uns durch den von Weinbergen geprägten Küstenstreifen. Der Untergrund ist mehr Loch als Straße, es gibt jede

Menge Baustellen, und die extrem kurvige Strecke ist in einem Wort gesagt abenteuerlich. Wie zwei Staubkörner in einer infiniten Helix winden wir uns durch die Kurven, vorbei an Volastra, Bonassola, Deiva Marina und Baia del Silenzio bis hinunter nach Rapallo. Ein alter Wachturm am Hafen bewacht den Schlaf des Städtchens an der Riviera di Levante. Ich spaziere am Lungomare entlang, als ein junges Mädchen mit wedelnder Speisekarte auf mich zu gelaufen kommt. „Heute servieren wir Pasta mit frischen Meeresfrüchten, Signora, bitte nehmen Sie doch Platz!", ruft es und zeigt dabei mit frechem Grinsen seine niedliche Zahnlücke. Verdutzt nehme ich die Karte entgegen. „Wie alt bist du denn?", will ich wissen. „Neun", antwortet sie stolz. „Und wie heißt du?" „Mathilde." „Bist du nicht viel zu jung zum Kellnern?", necke ich sie. „Ich arbeite in Teilzeit", entgegnet sie trocken, und ihre bildschöne Mutter, die hinter dem Tresen hervorkommt, kann sich das Lachen nicht verkneifen. „Mathilde wäre am liebsten schon erwachsen, müssen Sie wissen", erklärt sie und zupft ihrem blondgelockten Engel eine Locke zurecht. Doch der will davon nichts hören, zückt einen Notizblock und erwartet meine Bestellung. „Spaghetti alle Vongole - eine wirklich gute Wahl, Signora", lobt sie und rauscht eiligen Schrittes Richtung Küche davon. „Bitteschön, ihre Pasta mit extra viel Parmesan, Signora. Wohl zu speisen!", präsentiert sie wenig später einen vollen Teller dampfender Nudeln. „Grazie." „Niente." Der Parmesan ist das Viagra des Nordens, habe ich gestern von Antonio gelernt, und zum Beweis hatte sich der liebenswerte Macho mit süffisantem Lächeln einen extra großen Löffel über seine Canneloni gestreut. Nun, das weiße Gold mag die Sinne wohl beleben, doch was hat man davon, wenn man sich an der darunter liegenden Eierteigware hemmungslos überfrisst? „Müde, Signora?" Ich nicke. „Wenn Sie möchten, bringe ich Ihnen einen Café Ristretto, und Sie können es sich gerne draußen bequem machen", flötet der gastronomische Nachwuchs und weist mir einen der Liegestühle auf der Sonnenterrasse zu. Die Kleine spielt die Rolle der Erwachsenen wirklich überzeugend. Unter wachsamer Beobachtung sinke ich in eine Welle aus buntem Stoff, beginne den streng verordneten Mittagsschlaf, und Mathilde ist zufrieden.

Mit frischen Kräften kann es nun weiter gehen, ins nahegelegene Portofino. Das ehemalige Fischerdorf auf der gleichnamigen Halbinsel soll der teuerste Ort des gesamten Landes sein, und den muss ich natürlich sehen. Ich parke Mimi vor einer rosaroten Villa und laufe hinunter zum Hafen, der, an einer winzigen Bucht des Golfo di Tigullio gelegen, von einer Flotte aus

Luxusyachten und Kreuzfahrtschiffen förmlich gesprengt wird. Die Cafés, Restaurants und Boutiquen bieten wenig Ware für viel Geld, Schwärme junger Passantinnen schwingen ihre Gucci-Täschen lässig an cremefarbenen Cocktailkleidchen vorbei und sehen dabei so aus, als wären sie frisch aus dem aktuellen Herbstkatalog gehüpft. Ich erinnere mich noch gut an einen Sommerurlaub in St. Tropez, in dem ich unsagbar unter dem Gefühl litt, als hässliches Entlein umringt von schlanken Schwänen zu sein. Mit kritischem Blick schaue ich auf mein wohl gediehenes Pastabäuchlein, auf meine ausgeblichene Hose und auf mein fransiges Paar Stoffschuhe hinunter und merke: Ich muss hier schleunigst wieder weg - sonst nimmt mein weibliches Ego noch ernsthaften Schaden. Die lila (dieses Detail wollte ich eigentlich verschweigen) Funktionsunterwäsche aus Tarquinia ist wenigstens gut unter Hemd und Hose verborgen, doch die von den Reisestrapazen und täglicher Handwäsche hervorgerufene allgemeine Zerstörung meiner Garderobe lässt sich nicht mehr vertuschen. Warum musste ich auch hierher fahren, wo doch selbst im stumpfsinnigsten Selbsthilfe-Ratgeber geschrieben steht, dass Vergleichen unglücklich macht. Was Portofino und St. Tropez angeht, bleiben also nur zwei Möglichkeiten: Entweder, ich kehre mit zwanzig Kilo weniger in einem perfekt sitzenden Audrey-Hepburn-Kleid zurück, oder aber der nächste Urlaub findet wie gewohnt an der Ostsee statt.

Nach diesem inneren Monolog betätige ich erleichtert Mimis Startknopf und surre gemächlich von hinnen. Wie frei und geborgen ich mich dagegen auf der Landstraße fühle. Liegt es vielleicht daran, dass es ihr völlig egal ist, wer auf ihr herumfährt, oder wie dieser Jemand aussieht? Egal ob Penner, Exot, Maybachpilot, Trucker, Caravan- oder Kleinwagenfahrer - sie nimmt jedermann auf ihren teernen Buckel.

Zurück auf der 1 führt kurz vor Genua eine Hochstraße, wie ich sie sonst nur aus Tokio kenne, durch die Metropole hindurch, und bringt mich auf Augenhöhe mit den Dächern der Stadt. Mal sind es hässliche Wohnsilos, mal prächtige Altbauten oder sogar Wolkenkratzer, die sich über ein riesiges Gebiet am Golfo di Genova entlang ausbreiten. Diese anhaltende Präsenz des Urbanen deprimiert mich. Ich brauche Natur um mich herum.

Erst in der Gegend um Arenzano wird es ländlicher, und ich kann mich endlich nach einem Schlafplatz umsehen. Die „Albergo Tavernetta" im Küstenstädtchen Varazze deckt fast alle Anforderungen meines Kriterienkataloges an ein passendes Quartier ab. Sie bietet ein günstiges Bett inklusive Früh-

Für solche Straßen werden kleine „Mimis" gebaut

stück, ein Wasserklosett auf dem Zimmer, liegt verkehrsgünstig nahe an der SS 1, und der Strand ist fußläufig erreichbar - nur schön ist sie nicht. Aber irgendetwas fehlt ja immer.

Ich stehe knietief in der Riviera di Ponente und erwarte den Moment, in dem die himmlische Feuerkugel mit dem Meer verschmilzt. Das Wasser ist noch warm, der Kieselsand piekt an den Füßen, und der Gedanke an den nahenden Abschied schmerzt. Muss ich wirklich schon zurück in das Land der nörgelnden Kartoffelfresser? Ach, wäre das bedingungslose Grundeinkommen nur schon eingeführt. Dann würde ich noch bis zum Frühjahr das rollende dolce fare niente zelebrieren ... Aber was nützt das Leben im Konjunktiv? Im Pub um die Ecke läuft ein Fußballspiel der Serie A, ich trinke Virgin Mojito und hocke mal wieder über der Landkarte. Mit dem Daumen messe ich die Distanzen. Es bleiben noch etwa 600 km auf italienischem Boden - und fünf Tage Zeit. Der Ausflug nach Frankreich sollte also klappen. Zufrieden falte ich die Karte zusammen; der Lungomaretraum geht weiter.

In der Lobby des „Tavernetto" läuft die zweite Halbzeit, Rom geht in Führung, was die drei Zuschauer schweigend zur Kenntnis nehmen. Das schätze ich an der Spezies Mann, sie redet nicht viel, und ich kann rekordverdächtig früh und stocknüchtern zu Bett gehen. Dieses schwankt zwar bei jeder Bewegung bedrohlich hin und her, doch ich bin viel zu müde, um mir darüber noch ernsthafte Sorgen zu machen.

23.10. Mein Etappenziel heißt Menton. Das bedeutet ganze 140 km auf der Aurelia und wieder zurück. Das macht nach Adam Riese ganze 280 km Fahrspaß an der Blumen- und Palmenriviera. Ich bin in Hochstimmung. In unserem Südfrankreichurlaub sind Schatzi und ich nur bis Monaco gekommen, weil mir speiübel wurde im Mietwagen. Diese Reisekrankheit ist einer der Gründe, warum ich zum glücklichen Rollerfahrer wurde. Der Fahrtwind verscheucht Müdigkeit und Brechreiz, und ich bin insgesamt der Natur ein Stückchen näher, als im blechernen Kokon eines Autos.

Die ligurische Landschaft erinnert an die guten alten Louis de Funès-Filme aus den 1960iger Jahren. Nur dass heute keine durchgeknallte Nonne in ihrem 2CV durch die Pinienwälder säbelt. Ganz im Gegenteil, es ist friedlich an diesem Montag Mittag, die Sonne lacht, es geht kaum Wind, und an dem hellen Gestein kriechen Meere von blühenden Sukkulenten dem Lichte entgegen. Jetzt verstehe ich, warum „Carina-Reisen" die Riviera dei Fiori im aktuellen Katalog als Top-Ziel anpreist. Meine sparsamen Eltern buchten früh und werden demnächst im modernen Reisebus eben diese Strecke zum Schnäppchenpreis entlangtuckern. Der Busfahrer wird wieder Ströme von Filterkaffee und Schnäpschen neben einem endlosen Bockwurstvorrat bereit halten, und die Rentner werden ein fröhliches Wiedersehen bei unsäglicher Schlagermusik feiern - ich bin sicher, das wird wunderschön. Vielleicht sollte ich auch etwas für den Bordkomfort tun und Mimi nach Vorbild des ersten Wernerfilmes mit Bockwurst- und Bierdosenhalter aufrüsten.

Rundum sorglos driften wir nach Westen. An hellen Wänden aus Sandstein schabt sich die „Aurelia" an der ligurischen Küste entlang, vorbei an Savona, Noli, Finale Ligure, Loano und Albenga, bis kurz hinter Imperia die 8.000 km-Marke purzelt - ich sage „Chapeau, mein kleiner Kampfzwerg" und streichle liebevoll über seinen Tacho.

In San Remo wechselt plötzlich das Wetter. Der Himmel zieht einen dunklen Vorhang über das Blau, Wind kommt auf, und kurz hinter Ventimiglia beginnt es, wie aus Eimern zu gießen. Noch bevor ich es schaffe, die Sitzbank zu öffnen und den Regenmantel über zu werfen, bin ich nass bis auf die Knochen. Hagelgleich prasseln die Wassertropfen auf uns nieder, und da ist es mir gerade mal Wurst, dass die Orte auf den Hinweisschildern jetzt schon französische Namen tragen. Menton, Roquebrune-Cap-Martin, Monaco, Eze, Nice - die Grenze ist hoffentlich nah. Ich ziehe das Helmvisier zu, kralle meine zitternden Hände fest um den Griff und mache mich ganz klein, um dem Sturm keine Angriffsfläche zu bieten. Ich komme an einem Dörfchen vorbei, das Latte heißt, doch ich bin zu sehr mit dem Unwetter beschäftigt, um irgendwelche Juxfotos zu schießen. Schockgefrostet und völlig durchnässt rolle ich an dem blauen, mit EU-Sternen verzierten Schild vorbei. Ich bin in Frankreich und total erschöpft.

In der Brasserie „New Jack`s" an der Promenade du Soleil komme ich ins Stottern, und das obwohl ich fast jedes Wort verstehe. Gerade erst habe ich mich an das Italienische gewöhnt, und nun soll ich so kurz vor dem Urlaubsende auch noch mit einer zweiten Fremdsprache anfangen. Das ist der reinste Gehirnfasching! Der Teil der Festplatte, auf dem ich nach dem Abi die französischen Satzkonstruktionen sorgsam abgelegt hatte, ist nun mit italienischen Phrasen besetzt. Doch „Heute streiken die Kofferträger", würde mir auch auf Französisch nun kaum helfen. Wortlos zeige ich auf die Nummer 20 der Speisekarte in der Hoffnung, es mögen warme Nudeln sein. „Île flottante" steht da. Ich habe keine Ahnung, was das heißt, aber es wird schon etwas zu essen sein. Auf diese Weise habe ich in Asien wochenlang überlebt! Und was die Getränke angeht, bringe ich nur ein kurzes „Café" über die Lippen. Die Frau mit der Schürze nickt mit dem Kopf und sagt „Bien sur". „Voilà Madame, Île flottante", präsentiert sie kurz darauf einen Kelch mit einer undefinierbaren, gelblichen Speise. Offenbar habe ich Dessert bestellt. Na super. Wenigstens ist der Kaffee heiß, die Kleidung klebt nicht mehr komplett am Körper, und die süße Versuchung, an deren Boden ein See aus Karamell schwimmt, schmeckt gar nicht mal so übel. Beim Bezahlen jedoch merkeln sich die Mundwinkel wieder streng nach unten, denn die Preise sind gepfeffert, und ich bin weder satt noch trocken.

Frierend laufe ich durch den Ort. An der Promenade ist nichts los, der Strand ist leer, ein herrenloser Hund schnüffelt die Papierkörbe nach Essbarem ab, und es duftet nach Regen - die Stadt scheint für den Winterschlaf zu proben. Rein äußerlich ist sie nicht von einem ligurischen Ort zu unterscheiden. Nur das kantable Näseln der Kellnerin hat ihre französische Herkunft verraten. Vielleicht hätte ich mir den Umweg auch sparen können. Aber wenigstens kann ich jetzt damit angeben, dass ich es bis hierher geschafft habe. Es ist zwar nichts Aufregendes passiert, ich habe Essen bestellt, das ich gar nicht wollte, und mir wahrscheinlich einen Schnupfen geholt, aber ich war an der Cote d`Azur. Ich tanke noch einmal, denn das Benzin ist günstig so kurz vor der Grenze. Nicht dass das bei Mimis Monstertank irgendwie ins Gewicht fiele, aber es geht um`s Prinzip. An der Zapfsäule ist niemand. In Frankreich tankt man also deutsch. Das bedeutet, man muss sein Gefährt selbst befüllen und an der Kasse zahlen. Der kleine, freundliche Service des vor Ort abkassiert werdens, wird mir fehlen. Zugegeben, man könnte den Beruf des Tankwartes auch abschaffen, ist er doch, auf gut Ostdeutsch ausgedrückt, eine reine Arbeitsbeschaffungsmaßnahme. Doch auch wenn künstlich eine Arbeit erschaffen wird, die nicht unbedingt lebensnotwendig erscheint und leichterhand wegrationalisiert werden könnte, so ist sie doch auf ihre Weise charmant und liebenswert. Ein Plausch über das Wetter, ein freundliches Lächeln, ein lustiger Spruch vom Herren im Blaumann gestalten doch den Aufenthalt am Zapfhahn wesentlich angenehmer. Während dieser Reise habe ich einige solcher ABM-Berufe kennengelernt. Zum Beispiel arbeiten in größeren Supermärkten Menschen, die einem das Obst förmlich aus der Hand reißen, nur um es abzuwiegen, was ich schnell zu schätzen lernte. Am meisten mag ich jedoch den Beruf des Baustellenschilderumdrehers - nachfolgend kurz BSU genannt. Der BSU ist paarweise und vorwiegend an süditalienischen Baustellen anzutreffen, wobei der eine mit einem roten Schild für „Stopp" am Baustellenanfang Posten bezieht und der andere am Baustellenende mit einem grünen Schild auf das „Go" seines Kollegen wartet. Somit erhalten zwei Menschen eine Beschäftigung, die in Deutschland längst zusammen Hartz VIII bezogen hätten. „Die Bedarfsampel-Segen oder Fluch?", fiele mir da als passender Buchtitel ein. Diese tiefsinnige Reflexion über die südliche Arbeitssoziologie hat mich - wieder vorbei am Örtchen Latte - das Fotografieren gänzlich vergessen lassen. Erst als ich den zarten Schimmer eines Regenbogens am Horizont erahne, komme ich zum Stehen und bemühe meine Lumix. Es nieselt. Faserige Sonnenstrahlen brechen sich ihre Bahn durch die poröse Wolkendecke und beleuchten das halbrunde Naturwunder, das meine Kamera nicht einzufangen vermag. Kaum vorbei an San Remo, bleibt es endgültig trocken. Ich lege den gelben Mantel ab, um meiner Garderobe die Chance zu geben, am Leibe zu trocknen. Und tatsächlich kommt so etwas wie Fahrspaß auf.

Ich habe das Gefühl, vom steinernen Damm der Aurelia über den Ozean getragen zu werden, der - würde er nicht von riesigen Felswänden festgehalten - im unendlichen Meeresblau davonschwebte. Genussvoll lege ich mich in eine Kurve, fahre mal Schlangenlinien, mal lasse ich die Beine locker vom Trittbrett baumeln. Bis ich in Imperia genug davon habe und Punkt 17 Uhr an der bröckeligen Fassade des Hotel „Italia" innehalte. Das marode Bauwerk an der Hauptstraße zieht mich in seinen Bann, und ich betrachte es erst eine reichliche Weile, bis ich seine Schwelle übertrete. An der Rezeption stippt ein ergrauter Herr im roten Strickpullunder Brotstückchen in eine Fischkonserve und guckt mich an, als hätte er schon lange keinen Kunden mehr gesehen. Und der Rezeptionist ist nicht nur verwundert, sondern auch sehr langsam. Allein schon, bis er den Unterschied zwischen Zimmerschlüssel und Fischkonserve erkennt, vergehen Äonen, und ich poche ein ungeduldiges Kugelschreiberostinato auf die Unterlage, auf der ich schon vor Minuten die Formalien hätte ausfüllen sollen. Säße Mr. Pullunder in Berlin Mitte, wäre er längst gelyncht worden, aber in Imperia scheint ihn sein Arbeitstempo weder Job noch Leben zu kosten. Andererseits wäre es auch zutiefst unethisch, einen Mitarbeiter kurz vor dem Eintritt in die Regelaltersrente wegen Langsamkeit zu feuern ...

Nach erfolgreich abgeschlossener Willkommensprozedur laufe ich durch ein Wirrwarr von Gassen und Straßen über weitläufige Plätze, die Treppe hoch bis zum Dach dieser Stadt, bis der Weg an einem gotischen Kreuzgang endet. „Santa Chiara" steht auf dem steinernen Schild neben dem Eingang, und ich vermute, er gehörte zu einem Kloster. Ich setzte mich in einen der Fensterbögen und atme schwer. Mein Blick schweift über Berge, Stadt und Meer, und der Schweiß rinnt mir am Körper herunter. Der Weg hierher war nicht leicht, ich bin erschöpft und verspüre eine ungeheuere Sehnsucht, mindestens eine Woche lang durchzuschlafen.

Das Internetcafé neben dem Hotel schließt vor meiner Nase, aber der kleine Bookshop an der Ecke hat noch auf. Es ist das erste Mal, dass ich eine italienische Buchhandlung betrete, und was finde ich? Ein deutsches Buch. „Tschick" von Wolfgang Herrendorf. Ich lese den Klappentext und kaufe es. Zurück im Hotel begrüßt mich der Pullundermann per Handschlag und hat sich dafür extra von seinem Glas Vino erhoben. „Wie alt ist eigentlich dieses Hotel hier?", will ich wissen und lasse meinen Blick über die kunstvoll bemalte Decke schweifen. „Anno 1886", antwortet er mit weihevoller Stimme und befüllt mit zittriger Hand sein Glas. Ein fetter Kater umschleicht die Tischbeine und später die der Köchin, weil diese ihm ein paar Speisereste zuwirft, die er gierig verschlingt. Der hagere Kellner mit dem schütteren Haar sieht in seinem schlecht sitzendem Anzug eher aus wie ein Physikprofessor denn ein Gastronom, und die ersten Gäste trudeln ein. Die tierliebe Köchin reicht mein Essen über die Durchreiche und wirft mir dabei einen warmherzigen Blick zu, so als wolle sie mir sagen „Cara, das habe ich mit Liebe für dich gemacht." Dazu intoniert Elvis sein schmalziges „It`s now or never", und ich ertappe mich dabei, im wiegenden Takt des Liedes mitzuschunkeln. Dann betritt ein „Wolle-Rote-Rose-Kaufen-Mann" den Saal. Man bedenkt ihn mit kühlen Blicken, und niemand kauft etwas. Fast tut er mir ein bisschen leid, aber Schnittblumen halten sich so schlecht auf dem Roller. Mein Blick gleitet über ein Neuschwansteinwandpuzzle hinauf zur Decke, wo Propellerlüfter ihre Kreise ziehen und dabei solche Wellen schlagen, dass die Gardinen hektisch umhertänzeln und die herbstliche Fensterdekoration zu verwehen droht. Man ist schon eingestellt auf Halloween. Daher dominieren fragwürdige Orangetöne den Raum und zwielichtige Plastikkürbisse prangen auf den Spanfaserplatten der Tische. Drumherum sind bunte Attrappen von Äpfeln, Bananen und anderen Obsten sinnfällig drappiert. Passend zu diesen hippieesken Farben tönt es „If you`re going to San Francisco" aus der Box - womit ich heute keinen Alkohol mehr brauche, um in eine fröhlich-debile Stimmung zu kommen. Das „Italia" - ein Hotel so bunt wie eine Revue am Broadway. Nach dem Schlussakkord gehe ich zu Bett. Es kann nicht mehr besser werden, und vor lauter Frohsinn renne ich fast gegen eine Flügeltür auf dem Weg ins Zimmer. Auf dem Kanal „La 7" debattieren Herren in mausgrauen Anzügen über die Aktivitäten der Mafia in der Lombardei, während ich zähneputzend den Charme des Etablissements näher untersuche: grüne Fensterläden, eine Kommode aus den 1920ern mit klemmenden Schubladen, eine Bibel im Nachttisch, milchgrüne Badarmaturen, ein wackelnder Wasserhahn, ein goldumrahmtes Landschaftsbild, Kunstblumen - ein merkwürdiger Ort, dieses Hotel „Italia".

24.10. Im Frühstücksfernsehen läuft „La signora del West" - den deutschen Serienguckern besser bekannt als Dr. Quinn, Ärztin aus Leidenschaft, und der Pastor verspielt gerade seine Kirche.
Beim Frühstück ist das Personal von gestern vollzählig angetreten, und auch der Kater ist wieder da. Er schnurrt, wahrscheinlich nach ausgiebiger Mahlzeit, friedlich auf einem Sessel vor sich hin. Das Buffet ist gut, diesmal

mit echtem Obst und Süßspeisen gefüllt, und ich tunke einen Zwieback in meinen Milchkaffee - ein herrlicher Morgen - an dem das letzte Stückchen der „Aurelia", dieser uralten Küstenstraße, welche schon die Römer als Handelsstraße nutzten, auf mich wartet.

Ich fahre langsam und genussvoll, muss jedes Bild in mich aufsaugen und die Sonnenstrahlen einfangen, denn diese Stunden in Licht und Wärme müssen für den ganzen Winter reichen. Beim Gedanken an die Kälte krampft sich mein Magen zusammen, und ich schiebe ihn schnell wieder beiseite. Das Leben geschieht im Hier und Jetzt!

Ein weißer Leuchtturm überstrahlt das Revier von Capo Vado – wieder so ein Ort zum Bleiben - doch ich muss weiter über die verdammten Serpentinen fahren, die mich unweigerlich nach Genua bringen. Mein Gott, ich will nicht, dass es endet. Trotzig wie ein Kind stehe ich am Tankautomaten. Die Maschine hat meinen Fünfeuroschein geschluckt ohne Benzin aus dem Schlauch zu pusten, und es ist mal wieder Siesta. Das heißt, warten bis der Tankwart kommt und den ganzen Mittag in Arenzano verbringen. Ist das etwa ein Zeichen? Ein kleiner Wink des Universums, das mir zuraunt „bitte geh` noch nicht."?

Ich kehre in einer Strandbar am Lungomare ein, bestelle eine Pizza Pugliese, und frage mich, ob ich nicht einfach den Rest des Tages am Strand verbringen und erst morgen ins Gebirge fahren soll. Genussvoll beiße ich in das bunt belegte Flachbrot, und ich erkenne, dass dieser Tag ein Geschenk ist - so wie die anderen Tage auch - nur dass ich es heute ganz klar sehe. Ich schiele hinüber auf die andere Straßenseite zum Hotel „Serena", dessen blaue Fensterläden windschief von der hellroten Fassade herunterhängen. Wenn es hier ein günstiges Bett gibt, bleibe ich.

Die Wirtin bietet eine Kammer für 20 Euro, wir sind im Geschäft, und das Schicksal hat entschieden - die Mission Abbaden kann beginnen. Das Wasser ist glasklar bei 20 Grad Optimaltemperatur, ich schwimme ganz allein, wobei mir ein bisschen unheimlich zumute ist. Wieder sicher und ohne plötzlich eingebildete Haiattacke an Land, schiebe ich ein paar Kieselsteine und Muscheln beiseite und döse über dem gestern gekauften Buch ein. Erst am Abend erwache ich wieder.

Zurück im Hotel, sitzen die Besitzer Emanuela und Sebastiano gemütlich beisammen mit ihrer Kundschaft und laden mich in ihre Runde ein. Zwei Postbeamte aus dem Süden sind für ein paar Monate in den Norden versetzt und wohnen solange hier. „Das Serena ist fast schon unser Wohnzimmer, und Emanuela kocht ebensogut wie unsere Mama", sagt der ältere von beiden und streichelt der sympathischen Frau über die Schulter. Auch ich fühle mich sofort heimisch in diesem fast 200 Jahre alten, wunderschönen Bauwerk mit seinen warmherzigen Besitzern. Die sechs Meter hohe Decke ist kunstvoll bemalt, an der Wand hängt ein ausdrucksvolles Jesusbild, und die stilvollen Jugendstilmöbel verleihen dem Speisesaal ein gemütlich-schickes Ambiente. Die Italiener haben die göttliche Gabe (oder es mangelt am nötigen Kleingeld?), die Dinge so zu lassen, wie sie sind, womit so manche grausige Modesünde der Architektur oder Inneneinrichtung an ihnen vorüber geht. Zum Abschied schenkt mir Emanuela ein kleines Marienbild mit dem 23. Psalm auf der Rückseite, und empfiehlt mir, die Kirche des Ortes zu besuchen, bevor ich weiter ziehe. „Mögen dich der heilige Vater und die Erzengel beschützen auf deinem weiterem Weg!", spricht sie, nimmt mich in den Arm und küsst mich auf die Stirn. Werde ich im Gebirge so viel Beistand brauchen? Sicherheitshalber folge ich ihrem Rat und erblicke bald das imposante Gotteshaus und platze mitten in die heilige Messe. Ich trete schnell ein, mache den für Katholiken üblichen Knicks vor der letzten Bankreihe, bekreuzige mich und suche mir einen Platz. Doch schon nach ein paar Minuten schleiche ich wieder davon. Mir ist heute nicht nach beten zumute. Dafür ist das Wetter viel zu schön, und ich habe Kaffeedurst. Die Erzengel müssen es auch ohne meine Gebete richten.

In meiner geliebten Strandbar „Il Kiosko" läuft mein „RTL 102.5 Sommersoundtrack", Kid Rock singt „Sweet home Alabama", und ich futtere Kekse, die Pirlo heißen. Die werden hier in Arenzano hergestellt und schmecken köstlich. „Ich dachte Pirlo sei ein Fußballer", sage ich zum Kellner. „Ja genau, bei Milan", erwidert er. „Aber die hier sind besser", finde ich. Ach, könnte ich es doch nur mitnehmen, dieses federleichte Lebensgefühl - dieses warme, lichterfüllte dolce fare niente. Ich nippe an meinem Mandel-Granite und muss an das Ende von „Tschick" denken (ja, ich habe das Buch in einem Zug durchgelesen), wo Mutter und Sohn alle Wertsachen und Möbel und zum Schluss sogar sich selbst in den Pool werfen. Unten auf dem Boden hockend lassen sie Blubberblasen aufsteigen und amüsieren sich über die vom Nachbarn gerufenen Polizisten, die ratlos zu ihnen hinunter schauen. Und ich frage mich, was ich über Bord werfen müsste, um wieder Blubberblasen aus dem Pool der Freude aufsteigen zu lassen.

Mezzagiorno - jetzt muss es sein. Ich breche auf und atme jeden einzelnen Meter Lungomare bis Genua. Adieu mein endloser, azurblauer Freund.

Kapitel 12

Mein Weg ins Landesinnere führt mitten durch ein geographisches Vakuum, das nichts weiter ist als ein grün-grauer Fleck auf der Landkarte. Der Teerstreifen der 45 scheint mit seinen Myriaden von Tunneln der einzig zivile Fixpunkt in einer gottvergessenen Gegend zu sein. Das graue Band aus Pech führt mich immer weiter fort von Genua, hinauf in eine frostklirrende Bergwelt. Die Sonne hat längst ihre Kraft verloren, und mein dampfender Atem verfliegt in der Ödnis, während ein nagendes Gefühl des Zweifelns über meine Bauchdecke kriecht. Bis Cremona ist es noch weit - noch 130 km durch das alpine Kühlhaus des Appenin – und ich frage mich, ob mich hier oben jemand finden wird, wenn ich erfrierend am Straßenrand liege.

Ich balle meine Fäuste fester um den Lenker, so fest, dass die Handknöchel weiß hervortreten und zu schmerzen beginnen, nur um das Zittern nicht mehr zu spüren. Ich brauche dringend Nahrung und Wärme, aber weit und breit ist kein Dorf in Sicht. Ponte Trebbia, das völlig unvermittelt hinter einer Kurve auftaucht und ebenso schnell wieder verschwindet, ist eher eine Ansammlung sechs mausgrauer Häuschen als eine veritable Ortschaft. „Ostaia Becassa", lese ich noch im Vorbeifahren und lege eine Vollbremsung hin. Eine Stiege mit Pilzen, die auf der Schwelle eines Hauses steht, hat diese Kurzschlussreaktion ausgelöst. „Nahrung und Wärme, Nahrung und Wärme", bibbere ich, bocke Mimi auf und trete vorsichtig ein. Ein schmaler Korridor führt in einen seltsamen Raum, der mit seiner Wanddekoration aussieht wie das Fanhauptquartier des FC Genua. Jeder freie Fleck des Saales ist mit Wimpeln, Postern und Trikots in Blau-Rot zugekleistert, und sogar das als Deckenlampe umfunktionierte Wagenrad leuchtet in den Farben des FC. Das reinste Vereinsheim ist das hier, aber die Gäste haben allesamt duftende Pilzravioli auf ihren Tellern. Vorsichtshalber ordere ich noch eine Portion Panna Cotta mit dazu, um mir eine wärmende Fettschicht anzufuttern. Und da ist ein Dessert, das ausschließlich aus Sahne, Fett und Zucker besteht schonmal ein guter Anfang.

„Übermorgen soll es schneien", sagt mein Tischnachbar mit sorgenvoller Stimme. „Das ist unmöglich. Ich war doch eben noch im Meer schwimmen", erwidere ich fassungslos.

„Kindchen, das Meer ist das Meer, und das hier sind die Berge", spricht der Alte und klingt dabei unglaublich weise. „Sie sind mit dem Roller ganz allein hier draußen?", fragt er auf meinen Helm weisend. „Das ist aber leichtsinnig von Ihnen", rügt er, und ich spüre, dass er nur zu gerne wüsste, was mich herführt. Aber ich bleibe stumm und verabschiede mich eilig, weil ich ahne, dass diese Strecke meine ganze Kraft kosten wird.

Keine zehn Minuten wieder auf dem Kutschbock, beginnt mich die Kältepeitsche erneut zu geißeln. „Wie konnte ich minderbemittelte Kuh nur meine Handschuhe daheim vergessen und Erfrierungen vierten Grades riskieren? Welch' himmelschreiende Blödheit!", verfluche ich mich. Und ein Brummkreisel aus destruktiven Fragen und Vorwürfen schwirrt durch meinen Schädel.

In Piacenza bin ich nur noch ein in sich zusammengesunkener Eisklumpen, der sich mit schmerzenden Fäusten an den Lenker krallt und nicht mehr klar denken kann. Verzweifelten Blickes scanne ich die Fassaden nach Hotel-Schildern ab. Doch es gibt keine. Ich stoppe vor der Touri-Info. Die Dame am Tresen überlässt mir eine Liste mit Unterkünften nebst Stadtplan und ruft „Viel Glück". Aber ich bin schon längst wieder weg.

Systematisch klappere ich die Herbergen ab, doch die sind entweder ausgebucht, geschlossen oder zu teuer. Es dunkelt schon, ein irrsinnig stechender Schmerz durchzieht meinen Körper, und ich weiß noch immer nicht, wo ich heute Nacht schlafen soll. Diesen Moment habe ich immer gefürchtet - diesen absoluten Nullpunkt, an dem es nicht mehr weiter geht. Ich fahre rechts ran, lege den Kopf auf den Tacho und weine hemmungslos. Doch selbst das tut weh. Mit schmerzverzerrtem Gesicht blicke ich auf und sehe ein abgewracktes Schild hinter dem Schleier meiner Tränen. „Il Commercio" steht da. Eilig trockne ich die Augen und betrete ein Restaurant, in dem ich nie freiwillig essen würde. Allein schon der Anblick der Eingangstür, die aussieht wie die einer HO-Gaststätte, schmerzt in den Augen, und die kackbraune Holztäfelung des Gastraumes weckt schlimme Vorahnungen. Doch ich bin verzweifelt genug, um jenen Satz auszusprechen: „Vermieten Sie auch Zimmer?" „Aber sicher", erwidert der Kellner. „Haben Sie eins frei?", frage ich weiter. „Gewiss, es kostet 20 Euro", antwortet er. „Ich nehme es", höre ich mich sagen und weiß noch im selben Moment, dass das ein schwerer Fehler ist. Der Ober, der mit seiner Römernase und den halblangen Locken aussieht wie Andrea Bocelli (wie fast jeder hier), führt mich über einen dunklen Hof in ein Hinterhaus, dessen Flur erbärmlich nach Putzmittel stinkt - was auch nicht verwunderlich ist, denn eine Putzfrau verteilt gerade eine schaumige Lache auf dem Linoleumboden, welche sie mit einem Schrubber unmotiviert vor sich herschiebt. Von den Wänden bröselt der Putz, von der Decke baumelt eine nackte Glühbirne, die nur einen Bruchteil des Flures auszuleuchten vermag, aus dem ein Höllenlärm dröhnt. Hier bleibe ich keine Sekunde länger, schreit mein Bauchgefühl. Ich bin aber viel zu müde, antwortet der Leib. Ruhe jetzt und einfach einchecken, befiehlt mein Kopf. „Bocelli" wummert gegen die Tür, aus der der Krach kommt, doch niemand hört. Wie auch bei der Lautstärke? Kraftvoll reißt er die Türe auf und brüllt ein militärisches „Ruhe" geradewegs in eine Kammer des Schreckens hinein, bei deren Anblick mich das nackte Grausen erfasst. Auf einem Stuhl sitzt in einem stinkenden Mikrokosmos aus Dreckwäsche und Essensresten in ungefährer Entfernung von etwa zwei Metern ein verwahrloster Tattergreis vor einem Fernsehgerät. Sein Blick ist wirr wie der eines Geisteskranken, seine Jogginghose ist zerfetzt und das Feinrippunterhemd fleckig. Der Alte sieht so unheimlich aus, dass ich ihn vom Fleck weg als Hauptdarsteller für ein Horror-B-Movie gecastet hätte. Wie praktisch, dass der Kellner ausgerechnet die Zimmertür direkt gegenüber mit den Worten „ecco, la vostra camera" aufschließt. Hilfe, ich wohne bei Dr. Mabuse!

„Was ist mit meinem Moped?", frage ich im Brustton der Verzweiflung. „Das parken Sie besser im Innenhof", antwortet „Bocelli" trocken. Ich bin verloren, denke ich und knalle die Tasche auf das Bett.

Wieder im Freien sehe ich nur im Augenwinkel, wie ein rostiger Kombi im Rückwärtsgang gegen meine Mimi donnert. „Eeeeey", brülle ich und mache eine typisch italienische Geste. „Entschuldigung, ich habe es nicht gesehen", ruft der muskelbepackte Fahrer, der betroffen aus dem Fenster schaut. „So helfen Sie doch gefälligst", herrsche ich ihn an, und finde, dass meine Stimme im Italienischen bösartig klingt. Bedröppelt richtet er Mimi auf und begutachtet den Schaden. Ein Spiegel ist ab. „Aber der Motor startet noch", ruft er stolz und schraubt unbeholfen am Spiegel herum. „Bitteschön, wieder wie neu", verkündet er und trollt sich. Doch solide Wertarbeit sieht anders aus. Ich schüttele den Kopf. Wenn man nicht alles selber macht. Das Lenkradschloss ist auch kaputt - Piacenza, wir haben einen schlechten Start!

Auf den Schreck muss ich erst einmal eine Spirituose trinken und betrete in einer Mischung aus Abscheu und dem Durst der Verzweiflung den gut gefüllten Speisesaal des „Il Commercio". Als ich zum letzten freien Tisch gehe, fühle ich die Blicke von gut zwanzig Augenpaaren auf mir ruhen. Vorsichtig schaue ich mich um. Es sind Männeraugenpaare. Madonna mia, ich bin allein unter Fernfahrern, denn die Herrschaften sehen nicht gerade aus wie Gelehrte. Im TV läuft Milan gegen Malaga, und ich bete, dass schnell ein Tor fällt, damit das Klientel endlich wieder auf den Bildschirm starrt. Nun ahnte ich schon, dass Italien nicht gerade das Matriarchat erfunden hat, dennoch macht mich dieser Überschuss an primitivem Testosteron ein wenig nervös. Malaga spielt stark und am Tisch gegenüber erhitzen sich die Gemüter. „Immer gewinnen die Spanier. Egal ob Tennis, Formel 1 oder Fußball. Ich hab` so die Schnauze voll", schimpft es. Ich ordere eine Karaffe Chianti, denn nüchtern ertrage ich das hier nicht. Mein Blick streift über ein abgeblättertes Trip Advisor-Schild neben der Tür, und ich entspanne mich ein wenig. Siehst du, alles ok, meldet sich mein Verstand. Aber es ist so eklig hier, antwortet meine Seele, und der Gang auf die Toilette bestätigt das. Die Notdurft landet in einer stinkenden Kuhle, genau wie auf einer Autobahnraststätte. Ich spüre grenzenlosen Ekel in mir aufsteigen, und spätestens jetzt ist mir klar, heute Abend besaufe ich mich. „Un Quartolino perfavore", rufe ich „Bocelli" im Vorbeigehen zu. Eine SMS von Victoria ploppt in die gefräßige Stille hinein. „Kleines, du bist mein neues Vorbild was das Leben von Träumen angeht. Ich denk`an dich", lese ich. Für mich klingt das in diesem Moment wie blanker Hohn. Victoria, wenn du mich jetzt sehen könntest, wäre ich gewiss kein Vorbild mehr. Aber wer will denn schon Vorbild sein? Vorbilder sind doof, denke ich und bestelle noch eine Karaffe.

Gegen Mitternacht leeren sich der Saal und Karaffe Nummer drei. Jetzt kann ich es wagen. Hicksend und frierend halte ich mein Handy in den schwarzen Innenhof und folge dem chemischen Gestank in den Hausflur. Die Glühbirne funzelt über den langen Korridor, und je näher ich meinem Zimmer komme, desto stärker dröhnt der Lärm des Dr. Mabuse. Misstrauisch beäuge ich seine Tür. Ob der mir was antut, frage ich mich und gehe systematisch alle verfügbaren Kampfsportarten durch. Mit hektischen Bewegungen öffne ich mein Zimmer und knalle die Türe sofort hinter mir zu. Schwer atmend blicke ich mich im Zimmer um. Es versprüht den Charme eines DDR-Schullandheimes der 1970er Jahre. Aber wenigstens liegt niemand unter dem Bett, und auch die Schränke sind verbrecherfrei. Mit Grausen erinnere ich mich an die von „Bocelli" präsentierte, grüngefliese Gemeinschaftstoilette. Keine zehn Pferde kriegen mich dorthin, und wenn ich zehnmal meine Notdurft unterdrücken muss. Der Latrinengang von vorhin muss bis morgen früh genügen. Basta. Ich krame nach dem Pfefferspray und lege mich in voller Montur ins Bett. Es ist kalt im Zimmer, die Stadtautobahn ist genauso laut wie Mabuses Lärm, und ich habe trotz des zarten Alkoholrausches immer noch Angst. Ich schnappe mir die Decke vom Nachbarbett, platziere die Ohropax neben dem Pfefferspray und drehe den Fernseher auf volle Pulle, nur damit ich den Lärm des Alten nicht ertragen muss. Halbherzig verfolge ich das affektierte Geplärre einer Dauerwerbesendung und warte, dass die segensreiche, bleierne Müdigkeit endlich das Licht meiner müden überreizten Augen ausknipst. Doch es ist zwecklos, ich kann einfach nicht entspannen an diesem Ort - trotz dreier Karaffen Rotwein. Wütend schalte ich den Fernseher aus, stopfe die Ohropax in den Gehörgang, verfluche das Dröhnen von nebenan und ganz besonders Piacenza.

Plötzlich schwitze ich, zerre mir schnaufend die Schichten vom Leib, wälze mich unruhig hin und her, bis mich irgendwann der unruhige Halbschlaf eines Wachhundes überfällt.

25.10. Vor meinem Fenster rattert ein Müllauto, dessen Rundumleuchten mein Zimmer in ein blinkendes, orangenes Licht hüllen. Draußen ist es stockfinster, ich taste nach meinem Handy, und die Uhr zeigt, kurz vor Sieben. Die Nacht des Schreckens ist zu Ende. In Windeseile packe ich meine Sachen zusammen und stürze hinaus ins Freie. Mimi ist noch da. Das Horrorbadezimmer, das ich mit dem Horroropi hätte teilen sollen, kann ich trotz einer starken Notwendigkeit nicht betreten. Ekel besiegt Grundbedürfnis - so einfach ist das. Also stehe ich um Punkt Sieben als erster Frühstücksgast mit Sack und Pack im Raum der grausigen Täfelung, und ich stinke wie ein Lurch. Nächtlicher Angstschweiß und fehlende Morgenhygiene sind eine fatale Kombi.

Eine schwarzgelockte Frau von Anfang 30 stellt mir freudestrahlend ein Stück Rührkuchen vor die Nase. „Eccoloqua, fatto in Casa", verkündet sie stolz, und ich hebe qualvoll die Mundwinkel zu einem Lächeln. Kuchen essen kurz nach Sieben ist nicht leicht. Der Energiebolzen stellt sich als Simona und Lebensgefährtin von „Bocelli" vor. Der Liebe wegen zog sie von Sizilien hierher und hat nun schreckliches Heimweh. „Hier im Norden nennen sie mich Terrona", plappert sie fröhlich. „Was ist das denn?", frage ich. „So ziemlich das Schlimmste, was man einer Sizilianerin sagen kann", antwortet sie.

Simona bringt mich zum Lachen, und auf einmal kommt mir meine Furcht von gestern Nacht hysterisch und albern vor. Zugegeben, das „Il Commercio" ist keine Luxusherberge, doch als Kind des Ostens müsste ich eigentlich mit dunkelbraunen Spanfaserplatten und grünlichen Waschbecken umgehen können. Gab es doch in meinem Heimatdorf sogar ein Möbelwerk, welches den Bezirk Rostock, wenn nicht sogar die gesamte Republik mit zimmerlangen braunen Anbauwänden versorgte. Und nun lasse ich mich von dem Interieur einschüchtern, mit dem ich einst aufwuchs? Wahrscheinlich habe ich ein bisschen zu oft in der „Landlust" geblättert. Ich schieße noch ein Abschiedsfoto von Simona an der „DDR-Tür", sie macht eine Fratze, und ich schließe endgültig Frieden mit diesem Ort - was natürlich viel leichter fällt, wenn man ihn im Rückspiegel sieht.

Über der Landstraße nach Cremona steigt die große hellrote Morgensonne langsam am Himmel empor und leuchtet kraftvoll durch dichte, milchige Nebelfelder. Die kalte Luft kneift Nase und Wangen, meine Fingerkuppen haben ein intaktes Schmerzgedächtnis und zwicken gleich auf gestrigem Topniveau weiter. Ich krame ein Paar Socken aus dem Topcase, um sie als Handschuhe zu benutzen. Ich nehme ein zweites und ein drittes Paar hinzu, aber auch das ist witzlos. Die Tautropfen auf meiner Jacke sind längst zu Eisperlen erstarrt, und ich bin absolut fahruntüchtig. Fahren, frieren, Heißgetränk, fahren, frieren, Heißgetränk - das Spielchen geht so lange, bis ich gegen Zehn das bildschöne Städtchen Cremona im Nebelkleid erblicke. Im erstbesten Kaufhaus erwerbe ich ein dickes paar Handschuhe und frage mich zum Violinenmuseum durch. Die Dame an der Kasse verkauft mir ein Kombiticket, das neben der Besichtigung der Instrumente auch eine akkustische Kostprobe derselben mit einem stadtbekannten „Maestro" enthält. Am Eingang des „Sala dei Violini" steht ein Wachmann, der die Besucher kritischen Blickes auf Verbrechenstauglichkeit prüft, und als ich den Saal betrete, verfinstert sich seine Miene. Wie es scheint, bin ich soeben durch die Gesichtskontrolle gefallen und als potentielle Kriminelle eingestuft worden. Er weicht mir nicht von der Seite, als er mich zu den Vitrinen mit den kostbaren Stradivaris, Guarnieris und Amatis führt, und ich spüre seinen warmen, feuchten Atem im Genick, wobei mich der Schlagstock an seinem Gürtel mehr als nervös macht. Ich muss wirklich furchtbar gefährlich aussehen, denke ich mir und betrachte mich neugierig im Spiegel des Glaskastens.

Neue Touristen betreten den Saal. Jetzt genießen sie die ungeteilte Aufmerksamkeit des Schutzmannes, und ich kann ich mich endlich auf die bildschönen Instrumente konzentrieren. Celli, Bratschen und Geigen mit wundervoller Maserung und rotbrauner Farbe verströmen zeitlose Anmut und flüstern mir zu: Hol` uns hier raus, wir wollen gespielt werden.

„Meine Herrschaften, in fünf Minuten beginnt die Anhörung", tönt Mr. Bodyguard, und ich finde mich im gut gefüllten Auditorium des Museo dei Violini ein.

Der „Maestro" ist ein Mann von vielleicht 80 Jahren mit schlohweißem, wirren Haar, der in seinem zwei Nummern zu großen Nadelstreifenanzug ertrinkt und mit kratziger Stimme verkündet: „Meine Damen und Herren, ich präsentiere Ihnen jetzt eine 500 Jahre alte Violine aus dem Hause Amati und spiele Passagen aus den Konzerten von Vivaldi, Bach und Tschaikowski". Dann führt er die Geige zum Kinn, schließt die Augen und macht einen ersten Bogenstrich. Ich erschrecke, kneife die Augen zu schmalen Schlitzen zusammen und lege meine Stirn in Falten. Ich habe keine Ahnung, was der Maestro da spielt und frage mich, wozu ich sieben Jahre Musik studiert habe, wenn ich jetzt nicht einmal Tschaikowski von Vivaldi unterscheiden kann. Mit zittriger Hand führt er den Bogen über die Saiten und macht dabei ein leidendes Gesicht. Das könnte jetzt ein Stück von Bach sein, denke ich, und der Maestro ist deutlich über seinen Zenit. Ein letzter, schiefer Akkord, das Männlein verbeugt sich, die Leute klatschen, und es verschwindet wieder. Verwirrt bleibe ich zurück und stelle fest: Wenn man sein Instrument nicht beherrscht, nützt auch eine Amati nichts. Die Musik ist eben ein ehrliches Handwerk.

„Und, hat es Ihnen gefallen, Signora?", möchte die Frau an der Kasse wissen.
„Si", lüge ich und schleiche hochroten Kopfes davon. Wenigstens war der Saal beheizt, dass ich meine Finger jetzt wieder spüre und mit echten Handschuhen gen Verona weiterziehen kann.

Vor mir liegen noch reichlich 100 km auf der SS 10, von der ich aufgrund des dichten Nebels noch immer nichts mitbekomme, außer, dass ich mich im flachen, ländlichen Raum befinden muss. Flach, weil Mimis Motor rund läuft, und ländlich, weil ein beißender Güllegeruch von den Feldern herüber weht. Die Temperaturen liegen um den Nullpunkt, ich komme kaum voran, und es macht einfach keinen Spaß mehr. Die große Kälte hat den Abschiedsschmerz gefrostet, und ich bin so unendlich müde, dass mir beim Fahren fast die Augen zufallen. Hektisch reiße ich den Lenker herum. Ich drohe von der

Fahrbahn abzukommen und rase auf die Leitplanke zu - Sekundenschlaf. Ich bremse und fange mich mit letzter Kraft auf dem rechten Fuß ab. Das war knapp. Ich atme schwer und lasse die Kolonne Lastwagen hinter mir vorbei ziehen. Dieser Fahrfehler hätte mich fast das leben gekostet. Ich kann mich nicht beruhigen und zittere nur noch. Es wird Zeit, dass die Reise endet.

Es ist kurz vor fünf, ich bin in Verona, habe meine letzte Etappe auf italienischem Boden beendet und keine Energie mehr übrig, mich großartig darüber zu freuen. Ich will nur noch schlafen. Doch Verona hat etwas dagegen. Die Heimat Romeos und Julias hat immer Hauptsaison, und entsprechend gepfeffert sind die Preise. Ich bin schon kurz davor, mein letztes Geld für ein überteuertes Hotelzimmer auf den Kopf zu hauen, als ich ein unscheinbares Schild in der Via Anfiteatro Nummer 10 lese. „Quo Vadis", steht da. Das passt, denke ich und betätige die Klingel. Eine junge, dunkelhäutige Frau öffnet die Tür und erschrickt sich fast zu Tode, als sie mich sieht. Sie hatte jemand anderes erwartet. „Florence Koffi, nice to meet you", sagt sie, als sie sich wieder beruhigt hat. „Ja, ich vermiete. Die Wohnung kostet 50 Euro. Hier sind die Schlüssel. Die Formalitäten erledigen wir dann morgen. Ich muss nämlich gleich weg", sagt sie und drückt mir hastig einen dicken Schlüsselbund in die Hand. So schnell kann es gehen, wenn man nur an der richtigen Tür klingelt. Das „Quo Vadis" ist ein urgemütliches B+B mit stilvollen Möbeln und einem irrsinnig bequemen Bett. Am Kiosk nebenan lege ich mir einen Bier- und Chipsvorrat zu und verbringe den Rest des Tages im Liegen.

26.10. Beinahe ausgeschlafen sitze ich an Miss Koffis Frühstückstisch, lasse mich von ihrer Energie anstecken und laufe wenig später durch das verregnet-graue Verona. Unter dem Schutze des Regenmantels folge ich dem Verlauf des Adige, wirble mit den Füßen durch das knöchelhohe Laub, trinke einen Kaffee an der Brücke, lasse mich vor Julias Denkmal fotografieren, drucke meine Zugtickets für teures Geld im Internetcafé aus, sehe die viel zu lange Schlange vor der Arena, ringe mich zu einem „Och nö" durch und gehe wieder ins Bett. Dort bleibe ich den Rest des Tages und falle in ein Zwanzigstunden-Koma.

27.10. Prasselnder Regen weckt mich. Mein letzter Tag in Italien beginnt. Ich räkle mich, schaue hinaus in das Morgengrau, schütte den Inhalt meiner Tasche kopfüber auf Miss Koffis Fischgrätenparkett aus und betrachte die

Fundstücke einer fast viermonatigen Reise: Fünf Notizbücher, Landkarten, Pflanzensamen aus Taormina, die Kitschmagnete aus San Galgano, zerknüllte Zettel mit Telefonnummern darauf, Meersand ...

Kapitel 13

„Schick mir bitte eine Email, dass du gut angekommen bist, ja?!" Miss Koffi ist besorgt, und dabei liegt das Abenteuer doch schon hinter mir. Ich nicke artig, werfe den gelben Kaftan über, starte eine Abschiedsrunde durch Verona und bestelle meine Henkersmahlzeit im Café an der Brücke - Lasagne und Eis, die beiden Glanzstücke der Cucina Italiana.
Am Bahnhofsvorplatz regelt eine Polizistin mit dem strengen Dirigat ihrer Kelle den Verkehr. Energisch winkt sie mich zu sich heran. „Ihre Papiere bitte", befiehlt sie, wirft einen kritischen Blick hinein, und ihre Miene verfinstert sich. „Signora, Sie sind illegal hier. Ihr Moped ist in Italien nicht zugelassen", verkündet sie mit scharfem Ton. „Ich will doch nur zum Autozug", stottere ich, während mein Puls in die Höhe schnellt. „Hier gibt es keinen Autozug", keift die stark blondierte Mittvierzigerin. „Sie warten hier!", bellt sie weiter, ruft zwei Kollegen herbei, schildert den Fall, und jetzt gucken auch die böse. Ich will nicht in den Knast, wimmert mein inneres Stimmchen. „Hier, sehen Sie doch, das ist mein Ticket. Hier muss es einen Autozug geben", insistiere ich. „Von einem Autozug ist uns nichts bekannt", erwidert der männliche Kollege des Satans mit milderem Blick. „Sie können Ihren Terminal ja gerne suchen, aber Ihr Moped bleibt solange hier", herrscht der Drache dazwischen. Bedröppelt trabe ich los und höre die Polizisten hinter meinem Rücken streiten. „Da steht es doch schwarz auf weiß: Piaggio Motorino, und ein Zugticket hat sie auch", beschwichtigt er. „Aber Enzo, illegal ist illegal", erwidert die Hexe. Es schüttet wie aus Eimern, ein Terminal ist nirgends zu sehen, und ich bin so verzweifelt, dass ich dem erstbesten PKW mit deutschem Kennzeichen hinterher renne. „Halt, halt, halt, Sie müssen mir helfen", brülle ich dem Mittelklassewagen hinterher. Sein Fahrer kurbelt die Scheibe herunter und schaut mich verdutzt an. „Ach ja, der Terminal, der liegt wirklich versteckt", sagt er mit verständnisvollem Blick. „Sehen Sie die kleine Straße da hinten rechts, die leicht bergan geht? Dorthin müssen Sie." „Danke", entgegne ich erleichtert. Jetzt muss ich nur noch an der Beamtin des Grauens vorbei. Mit

Verona-müde, aber glücklich

gesenktem Haupt laufe ich auf die drei Polizisten zu - wohl wissend, dass Polizisten verängstige Bürger lieben - und beschreibe ihnen den Weg zum Terminal. Enzo nickt. „Aber Sie werden Ihr Moped schieben und keinen einzigen verdammten Zentimeter mehr auf italienischem Boden fahren. Dafür sorge ich", brüllt mich die Alte hasserfüllt an. „Nun beruhige dich doch. Es ist schon gut. Lass` sie ziehen", beschwichtigt Enzo und wünscht mir eine gute Reise. Dankbar schüttle ich ihm die Hand und bringe nur ein erleichtertes „Grazie" hervor.

Der Satan hat wieder Posten am Bahnhofsvorplatz bezogen, versucht mit grellen Pfiffen etwas zu regeln, was keiner Regelung bedarf und winkt schon den nächsten armen Verkehrsteilnehmer zu sich heran. Böse alte Frau, armer Enzo, denke ich und schiebe mein Möftel zum Zug.
Am Bahnsteig nach Berlin-Wannsee ist nichts los. Nur eine Handvoll PKW bilden eine kurze Schlange. „Ich kann Euch nur raten, den Bahnhofsvorplatz weiträumig zu umfahren, denn dort wütet die Beamtin des Satans", rufe ich in die Runde. „Die kenne ich schon", lacht ein älterer Herr. „Mit der ist nicht gut Kirschen essen", sagt er und verdreht die Augen.

Dann geht es wieder los: Kopf einziehen, nicht von der schmalen Rampe abkommen und die Frage aller Fragen beantworten. „Lateral oder parallel?", erkundigt man sich diesmal auf Italienisch. Ich grüble. „Hat sie ihren Ständer seitlich oder in der Mitte?", hakt der Bahnmitarbeiter ungeduldig nach. „Mitte", erwidere ich schulterzuckend, und Mimi wird verzurrt. Mein Abteil ist noch leer, als der Zug losrollt. Eine blondgelocke Frau mit runder Hornbrille kommt auf Krücken angehumpelt, öffnet die Schiebetür und sinkt erleichtert in den Sitz. „Fast hätte ich den Zug verpasst", keucht sie. „Friederike", sagt sie und streckt mir schwer atmend ihre Hand zum Gruß entgegen. „Angenehm", erwidere ich und lasse die Frau ersteinmal in Ruhe ankommen. Gelegenheit zum Kennenlernen haben wir ja noch genug.
„Auf der Autobahn war plötzlich ein Ölfilm, und ich habe mich in meinem Smart einmal um 180 Grad gedreht", berichtet sie, als sie sich beruhigt hat. „Fast hätten sie mich nicht mehr mitgenommen", schnauft sie, und wir teilen uns eine Flasche Vino auf den Schreck. Da wird mir erst bewusst, was alles hätte passieren können - auf 8.600 km mit 50 Kubik. Wir teilen unser Essen und unsere Erfahrungen als Alleinreisende im Land des al dente. „Und wie die alten Säcke einen unverhohlen anglotzen in ihren Unterhemden", amü-

siert sich die dreißigjährige Berlinerin, und wir prusten los. „Ein Land voller Machos", füge ich hinzu. „Auf die Machos!" „Auf die Machos!", erheben wir unsere Plastikkelche. Friederike hat zwei Jahre in Italien gelebt und eine Menge zu erzählen.

Die Zeit verstreicht, der Wein verfliegt, während wir versuchen, die Psychologie des Stiefels zu ergründen. Wir öffnen eine zweite Flasche und einigen uns darauf - auch wenn wir dieses Land nicht einmal ansatzweise verstehen können und weiß Gott eine Menge im Argen liegt - wir lieben es.

Von dieser Erkenntnis ganz beseelt, versuchen wir die Betten auszuklappen, doch eins der beiden klemmt. Wir rufen das Fachpersonal um Hilfe, und ein echtes Berliner Original kümmert sich um die Sache. Frau Leupold lese ich auf ihrem Schild und starre ihr aus reiner Neugier, wie so ein Unikat denn wohl heißen mag, unverholen auf die Brust. „Se könn` ma ruhisch Poldi nennen", errät sie meine Gedanken. „Un` dit Mistding klemmt schon wieder. Da muss `n Mann ran", hechelt sie und watschelt von dannen, um wenig später mit einem schnauzbärtigen Helden zurückzukehren, der den Schaden umgehend behebt. „Na bitte", verkündet Poldi und klopft ihrem Kollegen freudig auf die Schulter. „Wünsche jut Nacht die Damen - is übrijens eene historische - denn ditte is de letzte Fahrt - die Strecke ham se nämlich injestellt", verkündet Poldi, zieht energisch die Tür zu, und lässt uns verwirrt zurück.

„Das nächste Mal wirste wohl mit deiner Kleinen über den Brenner müssen", neckt mich Friederike. „Nein danke, keine zehn Pferde kriegen mich mit Mimi ins Hochgebirge. Ich habe noch Frostbeulen von gestern", antworte ich lachend und kuschle mich in meine Decke. Es ist weit nach Mitternacht, meine Abteilgenossin schläft selig, wir sind schon in München, und vor dem Fenster tanzt der erste Schnee. Vor vier Tagen war ich noch baden, denke ich und schlummere ein.

28.10. „Juten Morgen wehrte Fahrjäste, in Kürze erreichen wir Würzburg, und unsere frischen Brötchen ihr Abteil. Derzeit haben wir vier Stunden Verspätung. Möjen Sie uns dit bitte nachseh`n uff unserer letzten Fahrt", höre ich Poldi durch den Lautsprecher flachsen.

Friederike guckt fröhlich unter ihrer Decke hervor, und ich fahre mit dem Zeigefinger durch die Eisblumen am Fenster. Hinter dem Vorhang versinkt die fränkische Herbstwelt unter einem weißen Schleier, und Poldi bringt

Drei Schwestern in Wannsee

Kaffe. „Is` ja wie im Interhotel hier", lobe ich. „Viiiel besser", entgegnet Poldi, und der kleine, blonde Wirbelwind findet die Zeit für einen Plausch. „Dit is mehr wie blödes Fahrscheinjeknipse. Dit is Erlebnisse austauschen. Dit is Abenteuer. Dit is träumen. Mensch, manche Jäste komm` jedet Jahr. Die kenn` ick nu` schon seit 13 Jahre. Ick weeß jar nich`, wie dit sein soll ohne Autozug", erzählt sie mit trauriger Stimme. „Wir können doch Briefe an die Bahn schreiben", schlägt Friederike vor. „Probier`n se`s", antwortet Poldi. „Bis dahin jehn` wa uff`n Speisewagen." „Kennen sie Udo Wapenhans?", frage ich sie. „Udo, den alten Jauner, den kenn` ick", entgegnet sie lachend. „Dit is meen Cousin. Der arbeitet bei der Mitropa", berlinere ich mit. „Kleen is de Welt", sagt Poldi und umarmt uns zum Abschied.

In Berlin-Wannsee sehe ich meine Schwestern am Bahnsteig stehen, und ein unglaubliches Gefühl der Freude rinnt durch meinen Körper. „Wir sind zu Hause", rufe ich fröhlich und nehme Friederike in den Arm. Unter dem Gejohle meiner beiden Großen fahre ich freudequietschend von der Rampe hinunter und laufe in ihre Arme. „Willkommen zu Hause mein Schatz", sagt Tina und wuschelt mir durch die Haare. „Mensch, vier Stunden Verspätung", setze ich zu einer Entschuldigung an. „Die haben wir gut genutzt", sagen die beiden und nehmen mich in ihre Mitte.

„Mimi wird wohl im Caputher Schuppen überwintern müssen", stellt Tini sachlich fest. „Und Nicki passt auf sie auf", erwidere ich augenzwinkernd und bin heilfroh, nicht mehr mit Mimi nach Sachsen zurück fahren zu müssen. Tini und Biggi fahren mir mit dem Auto hinterher, unsere kleine Kolonne verursacht einen Stau, und es herrscht bitterer Frost. „Halte durch meine Kleine. Bald sitzen wir am warmen Ofen", ermuntert mich Biggi an der Ampel, und ihr warmer, weißer Atem weht zu mir heraus. „Ggggggut", bibbere ich zurück und kralle mich energisch am Lenker fest.

Wenig später ist der Rotwein entkorkt, und ich beiße lustvoll in ein Salamibrot. „Wie ich das vermisst habe", schmatze ich. „Lass dir aber noch Platz!", sagt Tina. „Was gibt es denn?", frage ich. „Ofenfrische Havelbrassen", flötet sie.

Epilog

Es ist der erste warme Tag im April, als ich Mimi aus dem Caputher Schuppen hole. Ich stupse Nicki vom Sitz, setze die frisch geladene Batterie ein, betätige den Startknopf und lausche dem seligen Geknatter meiner Roten. Der Tankwart aus dem Brandenburgischen, der einst den Spiegel festschraubte, erkennt mich wieder. „Na, heute wieder `n Zwölfer junge Frau?", fragt er lachend. „Nö, heut` nich`", antworte ich. „Ich nehme einen Kaffee!"

Mimi und das Meer

Europa in vollen Zügen

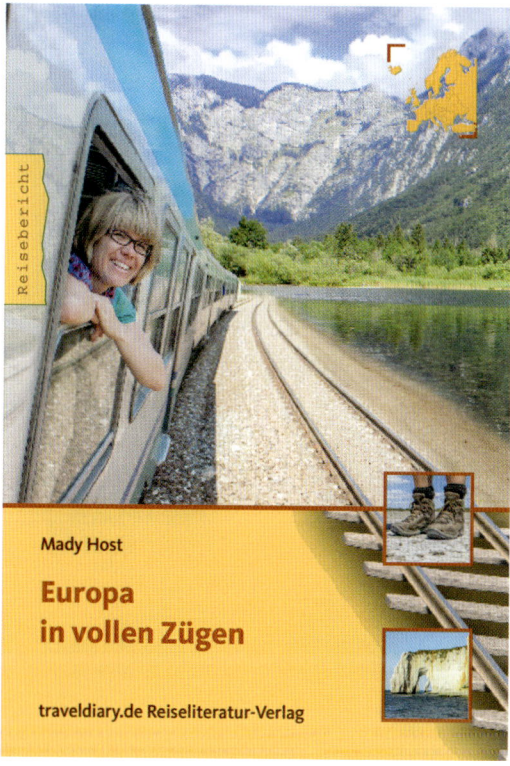

Kräftiger Regen peitscht an die Glasscheiben des Waggons und verschleiert den Blick auf herrliche Landschaften. Doch ungeachtet des Wetters gleitet der Zug geruhsam durch tiefgrüne Schluchten und bringt unsere Autorin von einem Schauplatz zum nächsten.

In Tschechien stellt Mady Host sich der Frage, welche Nation denn nun das beste Bier braut, in Österreich lässt sie Wiener Blut durch ihre Adern pulsieren und sich in Slowenien von Einheimischen in entlegene Ecken entführen. Gemeinsam mit ihrer Reisebegleiterin Cornelia zeltet sie mitten in Venedig und campiert über den Dächern von Cannes, wandert als genügsame Pilgerin durch die bergige Schweiz, spioniert am Eiffelturm Hütchenspieler aus und erfährt mehr und mehr, was typisch für Europa und seine Nationen ist?

Erhältlich im Buchhandel und auf http://shop.traveldiary.de.

Ost-Erfahrung

Lange war es nur ein Traum, dann packt Nicola Haardt ihr Fahrrad und fährt los - immer gen Osten. Ihr Ziel ist der Baikalsee, mehr als 6.000 km Luftlinie von ihrer Heimat entfernt. Ihr Weg führt sie durch Europa über den Ural bis nach Sibirien und Zentralasien ...

Ein halbes Jahr lang radelt Nicola durch Osteuropa, das Baltikum und Russland, bis sie den Baikal erreicht. Überwältigt entscheidet sie spontan, in Sibirien zu überwintern, bevor sie über die Stan-Staaten den Rückweg antritt. Letztendlich ist sie 1 ½ Jahre unterwegs, legt 20.000 außergewöhnliche Kilometer auf dem Rad zurück.

Erhältlich im Buchhandel und auf http://shop.traveldiary.de.